Dietmar Waterkamp
Pädagogische Klugheit

Bibliografische Information der Deutschen Nationalbibliothek
Die Deutsche Nationalbibliothek verzeichnet diese Publikation in der Deutschen Nationalbibliografie; detaillierte bibliografische Daten sind im Internet über http://dnb.d-nb.de abrufbar.

Bibliographic information published by the Deutsche Nationalbibliothek
The Deutsche Nationalbibliothek lists this publication in the Deutsche Nationalbibliografie; detailed bibliographic data are available in the Internet at http://dnb.d-nb.de.

ISBN 978-3-944331-05-8

Verlag der Wissenschaften GmbH
Bergstraße 70
01069 Dresden
Tel.: +49 (0351) 47 96 97 20
Fax: +49 (0351) 47 96 08 19
www.tudpress.de

Printed in Germany.
Umschlagbild: Photograph of Helen Keller with doll and Anne Sullivan, Thaxter Parks Spencer Papers, R. Stanton Avery Special Collections, New England Historic Genealogical Society.
Image courtesy of the New England Historic Genealogical Society, www.AmericanAncestors.org.

Dietmar Waterkamp

Pädagogische Klugheit

Dresdner Vorlesungen 2010/11 und 2013

TUDpress

Inhalt

Vorwort des Autors

Im folgenden wird der Text einer Vorlesung abgedruckt, die im Wintersemester 2010/11 an der Fakultät Erziehungswissenschaften der TU Dresden gehalten wurde und im Sommersemester 2013 wiederholt wurde. Die Vorlesung richtete sich zu beiden Zeitpunkten an erste oder zweite Semester im Bachelor-Studium, und zwar beim früheren Termin an Studierende des Studiums für das höhere Lehramt an Gymnasien und an Studierende des Studiums der Sozialpädagogik und beim späteren Termin nur an Studierende des Lehramtsstudiums, weil die Vermischung der Studiengänge nicht mehr möglich war.

Die Vorlesung kann dem Wissenschaftsgebiet der Allgemeinen Pädagogik zugeordnet werden, wenn auch diese Bezeichnung in den Strukturen der Fakultät nicht mehr vorhanden ist. Sie ist in dem Sinne allgemein, als sie Herausforderungen thematisiert, die sich in jeder pädagogischen Berufstätigkeit stellen. Die Sicht der Vorlesung ist ganz auf die Handlungsmöglichkeiten der erziehenden Person gerichtet, so dass Pädagogen in ihrem Berufsverständnis angesprochen werden. Es wird eine Zuspitzung der pädagogischen Reflexionen auf Situationen angestrebt, die sich in allen pädagogischen Berufsfeldern ergeben. Auf diese Weise soll pädagogisches Wissen verdichtet werden.

Der Autor sieht die Verdichtung, die pädagogisches Wissen und pädagogisches Reflektieren in diesem Buch erfahren, inzwischen als eine Chance an, wenngleich sie aus der universitätsinternen Zusammendrängung der allgemein-pädagogischen Lehre auf einen Restbestand hervorgegangen ist. Je geringer der zugeteilte Zeitumfang wird und je höher die Zahl der pflichtmäßig teilnehmenden Studierenden gesteigert wird, umso mehr ist der Hochschullehrer gefordert, die Pädagogik auf ihre wesentlichen Aussagen zurückzuführen. Allgemeine Pädagogik, Historische Pädagogik und Vergleichende Pädagogik verschmelzen in diesem Buch unter dem Gesichtspunkt der Handlungsrelevanz.

Parallel zu dem Text der Vorlesungen wird für jedes Vorlesungsthema die Lektüre von gekennzeichneten Textauszügen aus Werken der erwähnten Pädagogen empfohlen. So können die originären Texte und die Interpretationen in den Vorlesungen in eine Beziehung gesetzt werden, um Diskussionsthemen und eigenständige Gedanken der Studierenden zu generieren. Für vertieftes Arbeiten der Studierenden können die ausgewählten Literaturhinweise im Anschluss an jede Vorlesung genutzt werden.

Dresden, im Sommersemester 2013

1. Vorlesung
Die Stärkung Ihrer Identität als Pädagogen

I.

Sie wissen ja wie schwer es ist, einen Rucksack zu packen. Man will möglichst viel hineinbekommen, aber er darf auch nicht zu schwer und zu voll werden. Man geht auf eine Reise, hat noch keine festen Quartiere, man muss für die Nacht vorsorgen, mit Iso-Matte und Schlafsack, aber man muss auch für den Tag vorsorgen, mit einigen Nahrungsmitteln. Alles soll so sein, dass man vorgesorgt hat für die Reise, denn das große Geld kann man nicht ausgeben.

Das ist ein kleines Abbild unseres Lebensplanes. Wir haben vor, eines Tages auf die große Berufsreise unseres Lebens zu gehen. Wir werden eines Tages Lehrer sein oder Sozialpädagogen oder in der Wirtschaft tätig sein. Das wird eine Lebensreise sein, denn bestimmt werden wir nach und nach mehrere Arbeitsstellen haben, werden an mehreren Orten arbeiten, vielleicht sogar den Beruf wechseln. Wir bereiten uns vor. Wir packen sorgfältig unseren Rucksack. Das tun wir im Studium. Wir erwerben Wissen und Können, das wir auf unserer Berufsreise brauchen werden. Was wir im Studium lernen, nehmen wir mit in unseren Beruf. Wir sind ausgerüstet, wir fühlen uns relativ sicher. So sind die Erwartungen, die auf das Studium gerichtet sind.

Stellen wir uns demgegenüber vor, wir stünden in einer unbekannten Landschaft ohne Rucksack, auch das ist ein Abbild des Berufslebens. Wir finden uns in einer Situation vor, für die es kein Vorbild gibt, auf die uns niemand vorbereitet hat. Im Rucksack unseres Studiums befindet sich nichts, was wir jetzt gebrauchen könnten. In einer solchen Situation wird uns klar, dass wir eigene Wege und Lösungen finden müssen.

II.

Da klingt ein Wort wie »pädagogische Klugheit« gut. Klug handeln – das muss man, wenn man etwas Neues beginnt und auch wenn man Auswege aus einer schwierigen Lage sucht. Pädagogische Klugheit sollte man erwerben, erst im Studium, dann in der Praxis – wenn pädagogische Klugheit überhaupt so einfach zu erwerben ist. An den Rucksack habe ich erinnert, weil ich nicht weiß, wie ich Ihren Rucksack mit pädagogischer Klugheit füllen kann. Pädagogische Klugheit ist im Grunde gar nicht lehrbar.

Wie überhaupt das Wichtigste im Leben nicht lehrbar ist – sagen wir, eine gute Mutter, ein guter Vater sein, wirtschaftlichen Erfolg haben, gesund bleiben. Pädagogische Klugheit hat auch etwas mit Reife zu tun. Aber Reife kann man auch nicht lehren. Sie stellt sich ein – so hoffen wir. Natürlich hat sie auch mit Wissen und Erfahrung zu tun.

Was ich tun kann in der Vorlesung, ist, dass ich Ihnen Beispiele klugen pädagogischen Handeln zeige. Diese können wir genauer betrachten, um zu sehen, wie die betreffenden Pädagogen gehandelt haben. So bekommen wir heraus, was pädagogische Klugheit ausmacht, besonders wenn wir sie an herausragenden Pädagogen studieren. Wir müssen dazu gedruckte Geschichten aus der Pädagogik finden. Bestimmt gibt es auch heute viele herausragende Pädagogen, aber wir wissen nichts von ihnen, weil sie nicht schreiben und niemand anderes über sie schreibt. Wenn etwas Geschriebenes vorliegt, kann man ins Einzelne gehen und kann Texte ausdeuten. Berichte sind der Stoff, aus dem die Pädagogik gemacht ist, genauer gesagt: Es ist ein Stoff, aus dem die Pädagogik gemacht ist. **Die Pädagogik braucht Berichte**. Berichte, Berichte und dazu Reflexionen und Ausdeutungen. Manche Pädagogen haben wichtige Erfahrungen auch in die Form fiktiver Literatur gekleidet, also Erzählungen oder gar Romane geschrieben. Diese sind ebenfalls zu deuten. Man könnte einwenden: Heute besorgt sich die Pädagogik doch auch anderen Stoff: Pädagogen organisieren Umfragen, machen Interviews, drehen Videos und Filme. Das ist auch sehr hilfreich, aber dieser informative Stoff wird meistens auch um Berichte ergänzt. Berichte und Reflexionen von Pädagogen betreffen oft einen größeren Zeitraum, während Filmaufnahmen punktuell sind. Trotzdem sind sie eine wertvolle Quelle.

Dass es auch heute hervorragende Pädagogen gibt, die klug handeln, merke ich z. B. dann, wenn Studenten sagen: Meine Mutter ist Lehrerin und sie macht das so, oder an ihrer Schule wird das Problem so gelöst. Früher gab es in der Wissenschaft eine Bewegung unter dem Slogan: die Erfahrungen guter Lehrer verallgemeinern. Man beobachtete den Unterricht der Lehrer, beschrieb ihr Verhalten und formulierte Grundsätze ihres Handelns. Ihr Handeln galt als vorbildlich. Etwas Ähnliches will ich hier tun mit Blick auf Berichte bekannter Pädagogen. Die Betrachtung klugen pädagogischen Handelns und die Reflexion darüber schaffen eine Bereitschaft, sich mit den Anforderungen eines klugen pädagogischen Handelns auseinander zu setzen und sich auf diese Weise auf die spätere Berufsausübung gedanklich vorzubereiten.

IV.

Sie fragen vielleicht: Was ist denn nun pädagogische Klugheit? Ist es der Gedankenblitz, der einen aus einer schwierigen Situation befreit? Den Gedankenblitz kann es geben, aber er kommt nicht aus heiterem Himmel. Ein guter Gedanke, der ein

Problem löst, entwickelt sich, er hat eine Vorbereitung. In der pädagogischen Klugheit steckt jeweils ein Gedanke, ein weit reichender, grundsätzlicher Gedanke mit tiefen Wurzeln. Pädagogische Klugheit ist also durchaus eine Sache des Erkennens und des Deutens. Wissen, Erfahrungen gehören dazu und auch Reflexion als Nachdenken und Überdenken kommen dazu. Man muss sich die jeweilige Situation klar machen, man muss erkennen, worin das Problem besteht, man muss Vermutungen anstellen über die Motive des Verhaltens von Kindern und Jugendlichen und man muss mögliche Reaktionen vorwegnehmen, sich bildlich vorstellen, die bei Kindern oder Jugendlichen entstehen können in Antwort auf die Schritte des Lehrenden.

Das Sich-Vergegenwärtigen, das bildliche Vorwegnehmen ist etwas sehr Wichtiges, es stellt eine emotionale Beziehung zu den Kindern und Jugendlichen her. Pädagogische Klugheit ist nicht nur Analyse und Planung, sie hat eine emotionale Dimension und darüber hinaus eine Willensdimension. Ohne eine emotionale Beziehung, eine zugewendete Beziehung zu den Kindern, Jugendlichen oder Erwachsenen, zu denen man in einem pädagogischen Verhältnis steht, kommen auch nicht die Gedanken, die man für neue pädagogische Wege braucht.

Hinter der positiven emotionalen Beziehung zu den Menschen, mit denen man arbeiten soll oder arbeiten möchte, steht noch etwas anderes, ein noch größeres Ziel. Man möchte ein Beispiel schaffen, das auch im Umgang mit anderen Menschen Geltung haben kann. Als Pädagogen entwickeln wir eine Vision vom gemeinsamen Lernen, und diese Vision führt uns dazu, neue pädagogische Schritte zu tun. Vision hat mit unserer Willenskraft zu tun. Wir werden beharrlicher in der Verfolgung unserer Ziele, wir nutzen die sich bietenden Gelegenheiten und die Mittel, die nützlich sind für die Erreichung des Ziels, wir überwinden Hindernisse und Rückschläge, wir geben uns nicht mit Scheinlösungen zufrieden, wir wollen gründlichen Erfolg erreichen. So ist pädagogische Klugheit also mit der ganzen Person des Pädagogen verbunden. Sie wurzelt im Intellekt, im Wissen, im Fühlen und Wollen des Pädagogen. Das ist aber zugleich der Grund, warum sie nicht lehrbar ist. Sie entsteht aus der Selbsterziehung des Pädagogen. Zu dieser Selbsterziehung kann ich Anregungen geben, kann Beispiele vorstellen und Grundsätze benennen. Diese Vorlesung will nichts anderes als Sie zur **Selbsterziehung als Pädagoge** anregen.

V.

Klingt Ihnen das zu anspruchsvoll oder klingt es Ihnen vielleicht aufdringlich? Wir sitzen doch in einer Vorlesung, um Wissensinhalte an uns vorüberziehen zu lassen. Mit unserer Person muss das doch nichts zu tun haben. Wir prüfen, was wir hören – intellektuell. Das ist eine gute Haltung, ohne Frage. Aber man darf nicht vergessen, dass Pädagogik einerseits zwar Wissenschaft, andererseits aber auch Kunst ist. Einerseits gibt es eine Erziehungswissenschaft, andererseits eine Erziehungskunst. In die Kunst gehen immer Intellekt, Gefühl und Wollen ein, sogar Leidenschaft. Der Künstler gibt in jedem Kunstwerk ein Stück von sich, er kehrt sein Inneres nach außen. Das tut auch der Erzieher. Wenn er mit Kindern und Jugendlichen umgeht, bleibt er nicht unberührt, engagiert sich. Er hofft, etwas zu erreichen und sorgt sich darum, ob seine Zuwendung bei dem Kinde oder Jugendlichen ankommt. Der Lehrer lehrt nicht nur einen Stoff, er lehrt auch sich, er lässt sein Engagement erkennen, seine Lebenseinstellung, seine Werte. Erst recht der Sozialpädagoge, er lässt die Kinder oder Jugendlichen fühlen, wie ihr Verhalten auf ihn wirkt, er lässt sie seine Freude oder seine Enttäuschung fühlen. Es hat keinen Sinn, die Erziehungskunst durch Erziehungswissenschaft ersetzen zu wollen und es hat auch keinen Sinn, nur noch Erziehungskunst zu lehren. Beides ist nicht identisch, aber beides ist auch nicht zu trennen. Eine Erziehungswissenschaft, die den Kontakt zur Erziehungskunst verliert, driftet ab in andere Wissenschaften und verliert ihren Gegenstand. Eine Erziehungskunst ohne Erziehungswissenschaft kann sich verrennen in einseitige ungeprüfte Ideen. Einer der ersten, die in Deutschland eine Erziehungswissenschaft begründeten, war Johann Friedrich Herbart, der vor etwa 180 Jahren in Königsberg lehrte. Er hat der Erziehungswissenschaft den so genannten pädagogischen Takt an die Seite gestellt, den er ein Kleinod der Erziehungskunst nannte. Ich benenne ihn hier als »pädagogische Klugheit« und meine damit Ähnliches wie es bei Herbart der »pädagogische Takt« ist. Wer also ein pädagogisches Studium betreibt, sei es ein Lehramtstudium oder die Sozialpädagogik oder die Heilpädagogik, lässt sich auf ein Existieren zwischen Wissenschaft und Praxis ein. Er kann nicht distanzierter Intellektueller bleiben, sozusagen teilnahmslos. Er wird sich engagieren, er wird merken, dass er als Pädagoge zu deuten, zu fühlen und zu handeln beginnt. Wer ein solches Studium betreibt, wird mehr und mehr eine Selbsterziehung aktivieren.

VI.

Sie werden sehen, dass zur Selbsterziehung des Pädagogen durchaus komplexe intellektuelle Leistungen gehören. Zugleich zielt sie auf die innere Haltung und das Handeln als Pädagoge. Daher spitze ich jedes Thema der Vorlesung zu einer Handlungsmaxime zu. Ich gebe mit jedem Thema sozusagen einen praktischen Merksatz mit. Sie können die Merksätze sammeln als ein Merkblatt mit Aufforderungen zum klugen pädagogischen Handeln. Das ist sozusagen der Extrakt der Vorlesung, den Sie davon tragen können: ein Brevier der pädagogischen Klugheit, so wie die Mönche früher oder auch noch heute ein Brevier mit den Gebeten bei sich trugen, die zu den gegebenen Stunden zu beten waren. Mein kleines Brevier der pädagogischen Klugheit ist nicht für das tägliche Memorieren gedacht, nur von Zeit zu Zeit sollten Sie es anschauen und sich Gedanken zu Ihrem eigenen pädagogischen Handeln machen.

Ich kann mich auch auf einen berühmten Schriftsteller zum Thema »Klugheit« berufen. Im 17. Jahrhundert schrieb der Spanier Balthasar Gracián ein Buch, das er Handorakel nannte, mit dem Untertitel »Die Kunst der Klugheit«. »Handorakel« bedeutet: Es war kein dickes Buch, sondern ein kleines, das man in der Tasche trug, um schnell Rat zu bekommen. Das Buch ist eine Sammlung von Handlungsmaximen, also Ratschlägen zum klugen Handeln. Jede Maxime wird durch wenige Sätze erläutert. Insgesamt sind es 300 Maximen. Das sind natürlich sehr viele, eine wahre Sammlung. Ich gebe ein Beispiel für eine Maxime, die auf die Vorlesung passt: »Die Kunst des Ausdrucks besitzen: Sie besteht nicht in der Deutlichkeit, sondern in der Lebendigkeit des Vortrags.« Das ist nicht schlecht gedacht: Die Menschen wollen gar nicht alles verstehen, sondern wollen sehen, dass der Vortragende sich für sein Thema engagiert. Gewiss, die reine Aufklärung ist das nicht, dem Verstand der Menschen wird nicht viel zugetraut. Noch ein weiteres Beispiel kann zeigen, dass die Maximen des Gracián ganz schön hintersinnig waren. »Die Hoffnung ist eine große Verfälschung der Wahrheit: die Klugheit weise sie zurecht und sorge dafür, dass der Genuss die Erwartung übertreffe.« Das klingt ziemlich verschlüsselt. Also: Es ist besser, sich keine Hoffnung zu machen und lieber positiv überrascht zu werden. Es ist auch besser, keine Hoffnung zu wecken, dann werden die Leute am Schluss vielleicht positiv überrascht. Man ahnt schon, warum der deutsche Philosoph Arthur Schopenhauer in den Titel dieses Buches das Wort »Weltklugheit« aufgenommen hat. Er formte den Titel so: »Handorakel und die Kunst der Weltklugheit«. Es ging nach seiner Meinung in dem Buch darum, wie man sich in der Politik geschickt behauptet und Einfluss gewinnt. Immerhin war Schopenhauer der erste, der eine deutsche Übersetzung aus dem spanischen Original herstellte. Das war im 19. Jahrhundert, fast zwei Jahrhunderte nach dem Erscheinen des Buches.

VII

Ich übernehme von Gracián nur die Konzentration auf Maximen, auf Grundsätze des Handelns. Aber ich formuliere nur zehn Grundsätze. Gracián hatte die ganze Literatur abgesucht und von überall her solche Maxime übernommen. Ich formuliere meine eigenen. »300« – so viele gibt es vielleicht gar nicht in der Pädagogik. Es geht mir auch nicht um das geschickte, raffinierte Handeln, das andere vielleicht nicht durchschauen. Gracián hat ja nicht viel vom Verstand und guten Willen seiner Mitmenschen gehalten. Darum begeisterte sich auch Schopenhauer an ihm. Den resignierenden Skeptizismus Graciáns und Schopenhauers will ich nicht nachahmen, vielmehr möchte ich etwas Optimistisches sagen und hoffe, dass es gelingt. Wir leben in einer anderen Zeit als Gracián. Gracián war Jesuit, also Mitglied des Ordens der so genannten Gesellschaft Jesu. Darin ging es streng zu und ein so kluger Kopf wie Gracián tat gut daran, nicht alles zu sagen, was er dachte, gab es doch immer noch die Inquisition und den Scheiterhaufen. Schließlich aber wurde dem Orden Gracián's Skeptizismus doch suspekt. Der Orden verbot ihm zu veröffentlichen, er durfte an der Universität nicht mehr lehren und wurde unter Hausarrest gestellt, also weitgehend isoliert. Er schätzte also seine Oberen keineswegs verkehrt ein, wenn er zu kluger Vorsicht mahnte. Ich hoffe, solche Zeiten kommen zumindest in Europa nicht wieder.

Auf jeden Fall gefällt mir die Idee des Handorakels: des kleinen Schatzes an Sätzen, die einem in unklaren Situationen helfen können. Die Maximen, die ich in dieser Vorlesung entwickeln möchte, sollen wirklich praktisch sein. Sie sollen für viele pädagogische Situationen und Verhältnisse relevant sein. Der Pädagoge soll sein Verhalten daran überprüfen, soll seine Praxis kritisch durchdenken, soll zugleich auch Mut schöpfen in der Hinsicht, dass er über andere Möglichkeiten des Handelns nachdenkt und neue Wege erkennt. Ein Orakel kann man befragen, um eine passende Antwort für die jeweilige Situation zu bekommen. Im Altertum blieben diese Antworten rätselhaft, geheimnisvoll. Aber in Wahrheit geht es um die Selbstbefragung, um das Reflektieren dessen, was man tut und was man will.

VIII

Ich gebe einige Beispiele für solche Maximen:

»Gib dem fruchtbaren Moment eine Chance!«

Es gibt im Kontinuum der Kommunikation zwischen Erziehern und Klienten – Kinder oder Erwachsene – besondere herausgehobene Momente. Manchmal nennt man sie Aha – Momente. Dieser Ausdruck besagt, dass der fruchtbare Moment bereits genutzt wurde. Es ist auch möglich, dass er ungenutzt verstreicht.

Eine andere Maxime lautet:

»Mache die zu Erziehenden zu Selbst-Erziehern!«

Man kann diese Maxime auch so wenden: Mache die zu Unterrichtenden zu Selbstlernern. Wenn das gelingt, bedeutet es eine neue Dynamik des Erziehungsprozesses. Es wäre eine Entlastung für den Erzieher, zugleich fordert es eine aufmerksame Begleitung des Selbstlernens.

Schließlich eine dritte Maxime:

»Lass Dein Vorhaben dialogisch werden!«

Es geht also um den Wechsel der Blickrichtung: Sieh dein Vorhaben aus der Sicht deiner Klienten, rege sie an, ihre Weltsicht in Bezug auf das Vorhaben auszudrücken, gib ihnen die Chance zur Problemformulierung und auch zur gegenseitigen Kommunikation!

Die Maximen sind eine Komprimierung der Pädagogik, eine Konzentration, nämlich auf die Person des Pädagogen. Sie konzentrieren sich auf das, was der Erzieher tun kann und soll. Sie konzentrieren sich nicht auf all das Beklagenswerte, mit dem Pädagogen es zu tun haben, auch nicht auf das, was Pädagogen falsch machen und nicht tun sollten. Die Verdichtung versuche ich deshalb, weil diese Vorlesung zur Allgemeinen Erziehungswissenschaft oder zur »Allgemeinen Pädagogik« zählt. Das Allgemeine ist ja nicht »Alles Mögliche«, das Allerlei, das »von Allem Etwas«, sondern der Kern, um den es geht, das Zentrale: Das Allgemeine ist das. was Pädagogik wirklich kann. Es ist das, was der Pädagoge wirklich braucht, um Pädagoge zu sein, das was ihn oder sie zum Pädagogen macht.

IX.

Ganz bewusst setze ich dabei nicht die Situation voraus, dass Sie als junge Pädagogen später in eine gut funktionierende Institution kommen, eine gute Beratungsstelle, ein gutes Kinderheim, ein gutes Therapiezentrum, ein gutes Bildungsunternehmen, eine gute Schule. Natürlich wäre das wünschenswert und ich würde es Ihnen gönnen. Dort würden Sie sozusagen getragen von einem guten kollegialen Geist, einer guten pädagogischen Atmosphäre. Ja, gut wäre das und es täte gerade dem Berufsanfänger gut. Aber ich finde es weiser, diese Voraussetzung nicht zu machen. Vielmehr möchte ich Sie dazu stimulieren, sich Ihre pädagogische Atmosphäre und die Kollegialität selbst zu schaffen. Es ist nicht leicht so zu handeln, dass alle Verantwortung bei mir selbst liegt, also bei Ihnen selbst, aber auf diese Weise stehen Sie auf eigenen Beinen! Sie können nicht alles bewegen und alles ändern – aber um überhaupt handeln zu können, handeln Sie unter der Devise, dass alle Verantwortung bei Ihnen liegt! Handeln Sie unter der Devise, dass sich durch Ihr Handeln tatsächlich etwas bewegen und verändern lässt. Beharrliches Handeln braucht Grundsätze, ohne Grundsätze schwankt unser Handeln und wird wirkungslos. Grundsätze müssen in uns verankert sein, deshalb sollten wir frühzeitig über Grundsätze reflektieren. Diese müssen sich festigen. Ich könnte auch sagen: Es geht mir um ein Empowerment, um eine Selbststärkung, darum, dass Sie sich selbst als Pädagogen befähigen. Zumindest, dass Sie sich auf diesen Weg begeben.

2. Vorlesung
»Gib im pädagogischen Handeln dem ›fruchtbaren Moment‹ eine Chance!«

Die Vorlesung verfolgt das Ziel, die Hörer schon zu Beginn ihres Studiums mit dem pädagogischen Handeln vertraut zu machen. Für die meisten kommt das pädagogische Handeln erst später im pädagogischen Beruf. Für manche kommt es aber schon jetzt: in einem Praktikum oder in der eigenen Familie. Die Vorlesung möchte erreichen, dass Sie sich die Frage zu Eigen machen: Wie handele ich pädagogisch klug?

Man könnte Klugheit auch etwas einseitig verstehen: als Geschicklichkeit, Raffinesse, Schlauheit – also immer mit dem Unterton: Andere auch täuschen können, die Schwächen anderer ausnutzen können, den eigenen Vorteil wahren können, gewinnen wollen, immer einen Schritt vor den anderen sein. In der ersten Vorlesung haben wir das Büchlein von Balthasar Gracián aus dem 17. Jahrhundert als ein Beispiel für Grundsätze klugen Handelns näher betrachtet. Er verstand Klugheit so, dass sie dazu dient, den eigenen Rang zu behaupten, sich nach oben durchzulavieren, sich vor dem Ehrgeiz der anderen zu schützen. Später nannte man das die Weltklugheit und meinte damit, es sei eine diplomatische, politische Klugheit. Dieses kann aber keine pädagogische Klugheit sein. Für die Pädagogik ist es fatal, mit Halbwahrheiten zu arbeiten, andere manipulieren zu wollen, sich selbst immer ins beste Licht zu rücken, die eigenen Absichten geheim zu halten, auf den eigenen Vorteil aus zu sein. Pädagogische Klugheit entfaltet sich nur, wenn sie mit gutem Willen verbunden ist, also gutem Willen für die anvertrauten Lernenden oder Klienten, wenn sie mit Ehrlichkeit verbunden ist und auch mit Uneigennützigkeit. Das heißt: Pädagogische Klugheit setzt eine pädagogische Berufsauffassung voraus, der Pädagoge ist der positiven Entwicklung seines Gegenübers verpflichtet, also der Lernenden, der Ratsuchenden. Die pädagogische Klugheit ist eingebettet in die pädagogische Verantwortlichkeit.

Wenden wir uns einem ersten Grundsatz klugen pädagogischen Handelns zu: *»Gib im pädagogischen Handeln den ›fruchtbaren Moment‹ eine Chance!«* Was soll das bedeuten? Was ist der »fruchtbare Moment«? Darauf gebe ich erst einmal sozusagen eine wissenschaftliche Antwort. Den Begriff hat der Schriftsteller Gotthold Ephraim Lessing im 18. Jahrhundert eingeführt. Er machte sich Gedanken darüber, in welchem Verhältnis die Werke bildender Kunst, z. B. also Skulpturen, zu Kunstwerken der Dichtung stünden wie das Drama auf der Bühne, die Erzählung, das Gedicht. Das bildende Kunstwerk kann nicht einen längeren Zeitablauf erzählen, es muss einen Moment erfassen, aber dieser soll präzise sein, er soll fruchtbar sein, um das Vorher und das Nachher erahnen zu lassen. Also: Ein Porträt eines Menschen ist eben keine Erzählung über das Leben dieses Menschen, aber das Porträt soll fruchtbar sein, um das Wesen des Menschen sichtbar zu machen, es soll sozusagen einen Moment in der Lebenskurve dieses Menschen ins Bild bringen, der dem Kenner eine Ahnung davon gibt, wie diese Person zu diesem Gesichtsausdruck gelangt ist, wie die dargestellte Person diese Gestalt gewonnen hat, und auch eine Ahnung davon gibt, wie der Weg dieser Person weitergehen kann. Ein Porträtkünstler muss sich mit dem gesamten Leben des Menschen beschäftigen, den er darstellt. Doch wie wird der Begriff »fruchtbarer Moment« in der Pädagogik gesehen?

Nehmen wir z.B. den Pädagogen **Martin Wagenschein**. Er war ein Physiklehrer und später Professor für Didaktik der Physik. Er formulierte zum fruchtbaren Moment: Im fruchtbaren Moment entsteht die Brücke, die vom Rätselhaften zum Vertrauten führt. Das bedeutet: Erst einmal erscheint dem Lernenden eine Aufgabe oder ein Thema unklar, rätselhaft oder unlösbar, und dann kommt eine Klarheit und die Lösung wird klar, wird fast einfach und vertraut. Wagenschein sagte nicht zufällig: Rätselhaft. Mit Rätseln hat er sich beschäftigt und nennt z.B. Schillers Bühnenstück Turandot. Die schöne chinesische Prinzessin legte ihren Werbern immer drei Rätsel vor. Konnten sie nur eines nicht lösen, waren sie des Todes. So rächte sie viele böse Taten der Männer an den Frauen. Erst der edle Prinz löst die Rätsel und gewinnt die Prinzessin. Schiller hat viele solcher Rätsel gedichtet, denn die Zuschauer sollten zur nächsten Aufführung von Turandot wiederkommen und natürlich neue Rätsel hören. Sie durften dann mit raten und Lösungen rufen.

Nur ein Rätsel will ich nennen: »Und kannst du den Kristall mir nennen? Ihm gleicht an Wert kein Edelstein, er leuchtet, ohne je zu brennen, das ganze Weltall saugt er ein, der Himmel selbst ist abgemalt, in seinem wundervollen Ring. Und doch ist, was er von sich strahlet, oft schöner, als was er empfing.«

Was ist hier beim Versuch der Lösung der fruchtbare Moment? Die Wörter Kristall, Edelstein und auch Ring führen uns in die Welt der Steine, der Edelsteine. Aber es gibt auch »einsaugen«, »leuchten«, »strahlen«, da bauen wir uns vielleicht die Brücke »Licht« und kommen auf das Auge. Wir müssen also die erste Assoziationskette verlassen und eine Analogie finden. Die kommt wie ein glücklicher Einfall, eine Intuition. Aber wenn die Analogie da ist, ist alles klar.

Ein weiteres Beispiel für einen »fruchtbaren Moment«: Früher verbrachte eine Reihe von Studenten der Sozialpädagogik in unserer Fakultät ein Studienjahr an einer befreundeten Universität in den USA. Das Studiensystem ist dort anders. Eine Studentin sagte nach der Rückkehr: »Dort habe ich zum ersten Mal gelernt, ein wissenschaftliches Buch von vorne bis hinten durchzulesen, in kurzer Zeit. Diese Fähigkeit will ich jetzt nicht mehr verlieren.« Hier haben wir also auch einen fruchtbaren Moment: Zum ersten Mal im Studium ist es gelungen, ein Buch in relativ kurzer Zeit vollständig durchzulesen. Eine Fähigkeit, die neu war und die sich die Studentin gar nicht zugetraut hatte. Die neu gewonnene Fähigkeit wollte sie nicht mehr verlieren – leider waren die Studienabläufe in Dresden so, dass sie doch wieder verloren ging. Das Leseverhalten änderte sich wieder. Ein solcher fruchtbarer Moment ist also ein Erlebnis von der Art: Jetzt kann ich es, jetzt sitzt es endlich, jetzt habe ich es mir zu Eigen gemacht. Es kann in vielen Gebieten des Wissens oder Könnens auftreten, z. B. beim Üben eines Musikstückes am Klavier, z. B. beim Einüben eines Bewegungsablaufes im Sport, beim Lösen einer komplexen Aufgabe am Computer. Immer geht ein längeres Bemühen und Versuchen voraus, immer gibt es auch Momente, in denen man an der Aufgabe verzweifelt, nie ist vorherzusagen, wann die neue Fähigkeit auftritt, und immer, wenn sie sich einstellt, ist dem Betroffenen klar: Das ist es, jetzt habe ich es. Es ist eine große Erleichterung und eine Freude, es ist eben ein fruchtbarer Moment.

Eine andere Art des fruchtbaren Moments schildert **Johann Heinrich Pestalozzi**, ohne Frage der bedeutendste Pädagoge, der in deutscher Sprache schrieb. Pestalozzi hat in einer bestimmten Phase seines Lebens seine umfassenden pädagogischen Gedanken in einem Roman niedergelegt, einem großen vierteiligen Werk. Der Titel ist »**Lienhard und Gertrud**«. Also zwei Personen, genauer gesagt, ein Ehepaar. Es ist tätig in einer Handlung, die einen wesentlichen Wendepunkt im Leben des Ehemannes bedeutet. Der Ehemann ist Lienhard, leider ist er Trinker und die Familie, zu der mehrere Kinder gehören, daher verarmt. Gertrud, die Ehefrau, braucht ihre ganze Kraft, um dennoch eine saubere Haushaltung und eine geordnete Erziehung ihrer Kinder aufrecht zu erhalten. Denn Lienhard zieht es immer wieder in das Wirtshaus des Dorfes, und der Wirt macht ihn bewusst abhängig, schreibt Lienhards Schulden an und erreicht schließlich, dass das Stück Land, von dem die Familie bisher lebte, an ihn übertragen wird, um die Schulden auszugleichen. Gertrud und die Kinder verrichten Heimarbeit, sie spinnen Wolle, um wenigstens einen kleinen Verdienst zu haben. Schließlich schafft es Gertrud, dass Lienhard darüber erschrickt, in welche Not er seine Familie gebracht hat, und er beschließt, das Wirtshaus nicht mehr zu betreten. Es kommt der Augenblick, in dem Lienhard auf das Wirtshaus zugeht – und es dann doch schafft, daran vorbei zu gehen. Ganz unscheinbar – und doch war ein Knoten geplatzt. Jetzt weiß Lienhard: Er kann ohne die Gesellschaft im Wirtshaus und ohne Weintrinken leben. Es geht, er hat die Kraft. Er weint über sich, sein bisheriges Leben und über die neue Chance. Er hat dann sogar mit Hilfe seiner Frau die Kraft, den Wirt, der bei ihm zu Hause erscheint, um sein langjähriges Opfer zurück zu locken, abzuweisen.

Das war nicht leicht, denn er war doch all die Zeit über der schwächere gewesen. Dieses Vorbeigehen am Wirtshaus war ein fruchtbarer Moment, aus ihm bezog Lienhard neue Stärke. Vielleicht wurde der Moment von niemandem außer Gertrud bemerkt, ein ganz unscheinbarer Moment, aber der Moment lenkt Lienhard in eine neue Richtung. Pestalozzi beschreibt nicht nur diesen fruchtbaren Moment, Pestalozzi ist viel zu sehr Pädagoge, um nicht genau auf das Handeln Gertruds zu schauen. Welches pädagogische Handeln war nötig, um diesen fruchtbaren Moment geschehen zu lassen? Lienhard hatte lange nicht bemerkt, mit welcher Anstrengung Gertrud ein sauberes und geordnetes Heim aufrechterhielt. Sie saß nicht nur mit den Kindern vor den Spinnrädern, sie betete mit den Kindern, die Kinder lernten, ihren Lohn einzuteilen und auch zu sparen, ja sie lernten sogar, Nachbarskindern, die nur sehr unregelmäßig Essen bekamen, von ihrem Essen abzugeben. Vielleicht hätte Lienhard gar nicht bemerkt, was Gertrud leistete, und auch was er seiner Familie antat, wenn er nicht im Nachbarhaus den erschütternden Niedergang einer Familie wahrgenommen hätte. Gertrud war es, die vorsichtig seinen Blick dorthin lenkte. Der Nachbar, auch ohne Einkommen wie Lienhard, musste seine Kinder allein durchbringen, weil die Frau im Kindbett gestorben war. Er hatte noch seine Mutter dabei, die mit zunehmender Sorge sah, wie die Kinder verwilderten, zu lügen und stehlen begannen, weil der Vater zu wenig auf sie achtete. Dann lag die Mutter im Sterben und Gertrud holte Lienhard mit an ihr Sterbebett. Dort flehte die Sterbende Gertrud an, für ihre Enkelkinder mit einzustehen, sie erzieherisch zu begleiten, damit sie nicht auf eine Verbrecherbahn kämen. Lienhard sah die Unordnung im Haushalt, die eingetreten war, seit die Mutter krank war. Er erschrak über die Sorge der alten Frau und über das, was er sah. Plötzlich wurde ihm klar, dass er dabei war, seine Familie auch ins Elend zu stürzen. Er weinte sehr, bat Gertrud um Verzeihung und war entschlossen, sich von dem Wirt loszumachen. Gertrud hat lange auf diesen Moment gewartet, auf das Erschrecken über sich selbst. Sie hat ihm nicht mit Worten zugesetzt, sondern wollte durch geduldige Bemühung überzeugen: ihren sauberen Haushalt, die gut geführten Kinder. Und als die Gelegenheit da war, führte sie Lienhard zu einem Blick in das Elend, das durch die Verwahrlosung entstehen kann. Lienhard muss es durch den Kopf geschossen sein: Wenn Gertrud in derselben Not und Sorge sterben müsste wie die Mutter des Nachbarn, das könnte er nicht aushalten. So kam das, was so schwer zustande kommt: die Einsicht in die eigene unhaltbare Lage, das Erschrecken über die fatalen Folgen eigenen Tuns, ein innerer Zusammenbruch, der sich im Tränenausbruch vollzog.

Man könnte auch diesen Zusammenbruch einen fruchtbaren Moment nennen, aber Pestalozzi wusste, dass es auch eine gefährliche Situation ist. Eine neue Kraft ist noch nicht da, die Umkehr noch nicht geschafft. Die ungeschönte Sicht seiner selbst kann auch dahin führen, dass man in der Selbstanklage, in der Selbstnegation stecken bleibt. Dann richtet man noch Schlimmeres an und wird richtig zur Bedrohung für seine Umwelt. Es musste ein weiterer fruchtbarer Moment kommen, der wirkliche fruchtbare Moment: die Erfahrung eines neuen Könnens. Und sei es auch noch so ein kleines Können, über das Nichtgefährdete nur lächeln können. Diese kleine Könnenserfahrung oder Krafterfahrung kann große positive Folgen haben. Gertrud half wieder – indirekt und ohne Worte. Sie ging mit Lienhard zusammen am Wirtshaus vorbei – das war schon ein kleiner Beginn, aber die Probe auf ein neues Können war, ob er es allein schaffte. Danach dann kam die noch größere Probe, die ohne jene kleine aber nicht gelungen wäre: Lienhard musste den Mann abweisen, dem er sozusagen sein Gewissen abgeliefert hatte, der die Macht über ihn hatte. Nicht nur Gertrud musste diesen Mann abweisen, der sowieso wusste, dass Gertrud ihn restlos durchschaute, sondern Lienhard musste selbst das Wort ergreifen. Dann erst zog dieser Verführer und Nötiger ab. Für Lienhard ging es noch weiter: Er musste seinen Wandel öffentlich machen – vor der Obrigkeit und vor den Dorfbewohnern. Sein Verführer war jetzt zu seinem Gegner geworden. Lienhard musste wieder Vertrauen bei den Dorfbewohnern gewinnen, damit die Verleumdungen, die jener gegen ihn in die Welt setzte, nicht haften bleiben konnten.

Wir haben hier also ein tief durchdachtes Beispiel vor uns, wie eine von Natur kluge Pädagogin, eine liebende Ehefrau und Mutter, mit Beharrlichkeit und Geduld, mit viel Widerstandskraft auf den fruchtbaren Moment zu arbeitet, auf den Augenblick der Einsicht und auf das Aufkommen neuen Könnens. Es war ihre Hoffnung und auch der Inhalt ihrer Gebete, dass dieser Moment kommen möge. Und sie handelte klug, diesem Moment zur Stärke zu verhelfen, um ihn nicht etwa zu entwerten oder zu vereiteln. Sie machte keine Worte, sie hoffte, dass ihr Handeln mehr Anschauungswirkung haben würde als Worte es hätten. Und es kam ihr ein Geschehen von außen zugute, das nicht ganz überraschend kam, auf das sie sich vorbereiten konnte, das aber doch nicht einfach voraussagbar war: das Sterben der Mutter des Nachbarn. Dieses Geschehen von außen war eine große Verstärkung ihres eigenen Tuns, wenn Gertrud klug handelte. Sie tat es, indem sie Lienhard an das Bett der Sterbenden führte und ihn die verwahrloste Haushaltung sehen ließ. Sie vermied Worte, sie wollte ja auch nicht Recht behalten, sie suchte nach einer Quelle für neues Können – für **Kräfte der Selbstüberwindung**. Pestalozzi hat das Geschilderte gar nicht in allgemeinen Worten angedeutet, wie ich es jetzt getan habe. Er überlässt es dem Leser, die pädagogische Klugheit der Gertrud zu erkennen. Pestalozzi wollte in dieser Lebensphase die Menschen durch Erzählen überzeugen, nicht durch Argumentieren.

Ein so starker pädagogischer Denker wie Pestalozzi, der zugleich ein großartiger

Erzähler war, verstand gewiss etwas vom fruchtbaren Moment im Lebensprozess, in der Entwicklung, die wir durchmachen. Ihm trauen wir diese tiefe Einsicht zu. Aber auch einem gerade einundzwanzigjährigen Mädchen, das noch gar keine Berufserfahrung hat? Woher sollte sie die pädagogische Klugheit haben? Und doch ist das Handeln der 21jährigen **Annie Sullivan** das vielleicht ergreifendste Geschehen, das wir aus der Pädagogikgeschichte kennen. Und es war ein wirkliches Geschehen, nicht nur gedanklich erschlossen wie bei Pestalozzi. Der Text, der Ihnen vorliegt, von Helen E. Waite, klingt auch literarisch, wie eine Erzählung. Es ist auch ein erzählender Text, aber er basiert auf den zahlreichen Briefen, die Annie an ihren früheren Lehrer Dr. Anangnos schickte – den Direktor des Perkins – Institut für Blinde in Boston. Anfangs sendete sie fast täglich einen Brief nach Boston, denn dort warteten die Lehrer und ihre früheren Mitschüler gespannt darauf, ob Annie an Helen Keller etwas ausrichten könnte. Sie galt ja als die beste Schülerin von Dr. Anangnos, obwohl sie selbst starke Probleme mit den Augen hatte. So stand auch ein bisschen der Ruf des Instituts auf dem Spiel, als Annie diese schwierige Aufgabe übernahm mit dem taubblinden siebenjährigen Mädchen aus Alabama. Dennoch muss man sagen, dass einige Einzelheiten aus dem Zusammenleben beider nicht ganz gesichert sind. Helen Keller hat später als Frau ein Buch über ihr Leben mit Annie Sullivan geschrieben – ja, Sie hören richtig: geschrieben. Das tat sie aus ihrer Erinnerung und einige Details stimmen nicht mit den Briefen Annies an Dr. Anangnos überein. Aber das beeinträchtigt nicht die Glaubwürdigkeit der Schilderung von Waite und auch nicht derjenigen von Helen Keller.

Die lange gemeinsame Geschichte von **Annie Sullivan und Helen Keller** ist bewegend und voller Besonderheiten. Annie wich zeitlebens nicht mehr von der Seite Helens – und Annie wurde 70 Jahre alt. Also fast 50 Jahre waren beide verbunden, aus dem Verhältnis von Erzieherin und Lehrerin zum Kind wurde ein Freundschaftsverhältnis, in dem das frühere Kind Helen bald die führende Person wurde. Am 3. April 1887 war Annie Sullivan in Tuscumbia in Alabama angekommen, wenige Tage vor ihrem 21. Geburtstag. 1936 starb sie, Helen Keller überlebte ihre Lehrerin um 32 Jahre, sie wurde 88 Jahre alt, sie starb 1968. Inzwischen war sie eine Berühmtheit, die vom amerikanischen Präsidenten Roosevelt empfangen wurde und auch vom Präsidenten Kennedy, die einen Ehrendoktor bekommen hatte, die Bücher schrieb, Reisen machte nach Europa und mit Hilfe von Annie und später einer weiteren Frau namens Polly Vorträge hielt. Vieles wäre zu erzählen über das erstaunliche Leben dieser taubblinden Frau und auch ihrer Lehrerin und Freundin Annie, die später auch mehr und mehr ihr Augenlicht einbüßte.

Ich stelle diese Geschichte aber dar unter dem Gesichtspunkt der pädagogischen Klugheit der Annie Sullivan. Es beginnt damit, dass Annie sogleich erkennt, dass Helen intelligent ist, z. B. als sie sogleich Annies Tasche untersucht und erfühlt, dass zum Öffnen ein Schlüssel nötig ist, und sie Annie durch Gestik bedeutet, sie möge den Schlüssel nehmen und das Schloss öffnen. Sodann der klare Blick der Annie Sullivan: Wenn ich Helen eine Sprache beibringen will, muss sie mir gehorchen. Das erfordert Kampf mit Helen und auch Kampf mit den Eltern, besonders dem Vater, denn die Eltern haben Helen so erzogen, wie es viele Eltern behinderter Kinder tun. Aus Mitleid dulden sie alles was das Kind tut, wagen nicht streng zu sein. So jung Annie war, sie wusste: Die stetige Nachgiebigkeit ist genau falsch, denn Helen muss auch geführt werden. In der Tat: Schon in der ersten Woche setzt Annie das ganze Vorhaben aufs Spiel. Zum Entsetzen der Eltern führt sie den Kampf mit der widerspenstigen Kleinen. Annie duldet nicht, dass Helen mit den Händen auf den Tellern der anderen Personen am Tisch deren Essen befühlt und betatscht. Sie nimmt Helens Hände energisch weg und führt sie an Helens Körper. Helen ist das nicht gewohnt und setzt sofort die Erkundung des Essens der anderen mit größerer Heftigkeit fort. Annie gibt nicht nach, das Kind wirft sich auf den Boden, stößt Laute aus, gestikuliert wild, wälzt sich. Die Eltern fliehen aus dem Raum, Annie schließt sich mit dem Kind ein, damit es nicht weg kann, und wiederholt den Kampf, bis das Kind schließlich vor seinem Teller mit Brei sitzt und diesen isst. Was heißt »isst«? Annie duldet auch nicht, dass Helen mit den Fingern hineinlangt und mit den Fingern isst, sie drückt ihr immer wieder den Löffel in die Hand. So kann das Frühstück durchaus zwei Stunden dauern.

Warum tut Annie das? Sie behandelt das Kind nicht als ein bedauernswertes hilfloses Kind, von dem man kein geordnetes Benehmen verlangen kann, sondern als ein Kind, das sich genauso benehmen kann, wie man es von einem fast siebenjährigen Kind erwartet. So geht es auch mit dem Anziehen, mit dem Schuhe- Zubinden, dem Waschen und anderem. Den Eltern krampft es das Herz zusammen, dass die junge Annie so konsequent mit ihrem bedauernswerten Kind umgeht, ja ihr sogar auf die Hand schlägt, wenn sie mit der Hand auf den Teller anderer Personen langt. Aber es kommt noch härter: Schon nach einer Woche wünscht Annie, dass Helen und sie von den Eltern getrennt sind. Sie will mit Helen zusammen in das Gartenhaus der Familie ziehen, das etwa 300 m entfernt ist. Es soll neu eingerichtet werden, mit neuen Pflanzen bestückt werden, so dass Helen glauben muss, sie sei weit weg von den Eltern. Sie wird auch nach einem langen Spaziergang im Bogen in das neue Haus geführt. Helen darf keine Hilfe mehr von den Eltern erwarten. Sie soll fühlen, dass sie Annie gehorchen muss. Helens Vater ist immerhin Captain der Südstaatenarmee und hoher Politiker in Alabama, und nun soll er diesem Mädchen aus Boston, das selbst Augenprobleme hatte, nachgeben – soll sich ergeben. Die Verzweiflung der Eltern war einfach schon zu groß und Annie war ihre letzte Chance, sonst hätte er sie zurückgeschickt.

War nun der Aufenthalt im Gartenhaus 14 Tage oder 4 Wochen lang – jedenfalls fasste Helen erstes Vertrauen zu Annie und suchte nach einer Woche auch ihre körperliche Nähe. Annie gewann die Gewissheit, dass sie sie jetzt lenken könne. Zurück im väterlichen Haus kam das alte Verhalten wieder, aber die Eltern hatten verstanden, dass sie Helen mit Annie allein lassen mussten und auf ihre theatralischen Wutanfälle nicht eingehen durften. Annie hatte verstanden, dass sich in Helen große Kämpfe abspielten: Sie lebte wie in einem dunklen undurchdringlichen Gefängnis, aber sie war intelligent, sogar sehr intelligent und wollte ihre Umwelt erkunden, aber sie fand keinen Weg aus dem Gefängnis. Annie stand ihr Ziel klar vor Augen: Helen brauchte eine Sprache, sie muss kommunizieren lernen. Sie hatte keinen Gesichtssinn und keinen Hörsinn, aber ihr Geruchssinn, ihr Tastsinn, ihr Gleichgewichtssinn, ja ihr Ich-Sinn waren präzise und differenziert, sie musste lernen sich mitzuteilen und Mitteilungen anderer zu verstehen.

Wer sollte das besser verstehen als Annie? Sie war in Boston am Perkins Institut vier Jahre lang unterrichtet worden. Es war ein Institut für die Unterrichtung blinder und sehschwacher Kinder und Jugendlicher. Annie hatte mit 5 Jahren eine Bindehautentzündung erlitten, die allmählich die Sehkraft angriff. Aber zunächst half ihr niemand. Mit 10 Jahren wurde sie Vollwaise und kam in ein Armenhaus, in dem Kinder und Erwachsene mehr schlecht als recht lebten. Annie wurde dort Zeugin und sogar Begleiterin des Sterbens von Menschen. Sechs Jahre lang lebte sie dort – mit der Aussicht, nie mehr herauszukommen. Hier stählte sich der Wille des Kindes, sie lernte sich zu wehren, sie lernte ganz allein zu stehen. Sie setzte sich über Verbote hinweg und wendete sich an Inspektoren mit dem Ruf: »Lasst mich lernen, schickt mich in eine Schule!« Schließlich sorgte ein Inspektor dafür, dass sie an das Perkins – Institut kam. Dort traf sie erstens auf einen verständnisvollen Direktor, Dr. Anangnos, der die Begabung und Stärke dieses widerspenstigen Kindes, das sich nichts gefallen ließ, erkannte. Sie stieß dort auch auf eine Wohltäterin, die ihr zwei Augenoperationen bezahlte. Diese ermöglichten einige Jahre relativ guten Sehens, darunter die ersten Jahre mit Helen. Das Wichtigste, das Annie aus den vier- oder viereinhalb Jahren im Perkins-Institut mitnehmen konnte, war die Bekanntschaft mit der schon älteren Frau Laura Bridgeman und das Studium ihres Ausbruchs aus dem Gefängnis der Taubblindheit. Laura Bridgeman war blind und taub seit Kindheit – infolge eines Scharlachfiebers im zweiten Lebensjahr, aber geistig keineswegs behindert. Sie hatte das Glück, schon als Kind ins Perkins-Institut zu kommen und dort auf den Direktor Dr. Howe zu treffen. Dr. Howe half diesem Kind zu kommunizieren – durch eine besondere Fingersprache. Bis dieses gelang, war es ein langer Weg. Denn das Kind musste ja die Schriftsprache erlernen, ohne eine mündliche Sprache zu kennen. Wie sollte das Kind ahnen, dass Sprache aus Lauten besteht, dass es für die Laute Zeichen gibt, also etwas Sichtbares, das es auch nicht sehen konnte, nur fühlen, und dass es schließlich durch Benutzung solcher Zeichen kommunizieren sollte. Dr. Howe ging tatsächlich den Weg über die Buchstaben, indem er auf alltäglichen Gegenständen eine Leiste aus Metall anbrachte mit erhöhten Lettern, die die Bezeichnung für diesen Gegenstand darstellten. Dann richtete er Leisten ein, in die man Buchstaben einsetzen konnte bzw. herausnehmen konnte. So konnte das Kind einen falschen Buchstaben erkennen und auswechseln. Das Kind lernte, aus Buchstaben Wörter zu machen. Aber es dauerte lange, bis es lernte, dass die erfühlbaren Buchstaben zusammen ein Name waren. Danach übertrug Dr. Howe das Buchstabenprinzip auf eine Fingersprache. Das konnte keine Gebärdensprache sein, denn diese muss man sehen, und die Gebärdensprache stellt in der Regel ganze Wörter oder Silben dar, nicht einzelne Buchstaben. Dr. Howe baute aber eine Finger- oder Handsprache auf, in der jede besondere Haltung, Krümmung, Spreizung der Hand oder Finger einen Buchstaben darstellte. Das blinde Kind fühlte mit den eigenen Händen die Handhaltung des Lehrers und konnte schließlich selbst diese Zeichen hervorbringen. Man kann sich vorstellen, wie schwierig es war, dem Kind diese Art der Kommunikation zu vermitteln. Aber schließlich gewannen beide, Lehrer und Kind, eine große Geschicklichkeit und Schnelligkeit in dieser Kommunikation. Dr. Howe hat über die Jahre seiner Sprachübungen und seiner Kommunikation mit Laura detailliert Protokoll geführt – und Annie hat im Perkins-Institut diese Protokolle studiert, ein großes Konvolut. Sie ging auch zu Laura, die noch als ältere Frau im Perkins-Institut lebte und übte mit ihr die Fingersprache. Aber Laura hatte sie schon weitgehend verlernt, weil niemand außer Dr. Howe richtig mit ihr kommunizieren konnte – und er hatte nur einige Jahre Zeit gehabt mit Laura und dann neue Aufgaben übernommen. Annie lernte ihn nicht mehr kennen, weil er inzwischen schon verstorben war.

Jetzt ahnt man, was Annie leisten wollte – und was die Eltern und viele andere im Grunde für unmöglich hielten. Darum war ihr so wichtig zu erkennen, dass Helen eine hohe Intelligenz hatte. Annie aber begann nicht mit den Buchstaben aus Metall, sondern mit der Fingersprache. Das war wiederum klug, denn im Fingerkontakt konnte sie fast immer mit Helen sein, während das Fühlen von Metallbuchstaben Helen nicht lange gefesselt hätte. Annie wollte der natürlichen Sprachlernsituation möglichst nahe kommen. Das kleine nichtbehinderte Kind ist nahezu immer von Sprache umgeben, es lebt schon lange im Fluidum der Sprache, auch wenn es noch nicht spricht. Aber es filtert nach und nach Bedeutungselemente aus diesem angenehmen Rauschen der Sprache. Annie begann also von Anfang mit der Fingersprache, die sie gut beherrschte. Sie hatte eine Puppe für Helen mitgebracht, als sie kam, und fingerte sogleich in Helens Hand: DOLL. Ein Kuchen stand auf dem Tisch, Annie fingerte: CAKE. Und so ging es weiter. Tagelang. Helen wusste nicht was dieses Fingerspiel bedeutete, aber sie versuchte es nachzumachen. Einige Buchstabenfolgen konnte sie bald. Aber wie sollte sie wissen, dass diese Fingerbewegungen Namen bedeuten? Vielleicht half ihr, ähnlich wie damals Laura, dass sie schon drei Monate vor dem 2. Geburtstag alt war, als diese Krankheit sie ereilte, ausgelöst durch eine starke Sonneneinstrahlung. So konnte sie vielleicht noch eine Ahnung davon haben, dass die Menschen den Dingen ihrer Umwelt Namen gaben. Unermüdlich fuhr Annie mit diesem für Helen amüsanten Spiel fort und freute sich, dass Helen einige Buchstabenfolgen nachbildete, aber wartete darauf, dass sie endlich verstand, dass die Fingerzeichen ein Werkzeug waren, sie wartete auf den fruchtbaren Moment, der diese Erkenntnis bringen würde.

Und er kam, kam sogar recht bald. Denn vom 3. März bis 5. April war es nicht lang, sondern erstaunlich kurz. Helen schien die Buchstabenfolge WATER schon zu kennen, weil sie beim Waschen manchmal benutzt wurde. Aber an diesem Tag hatte Annie den Einfall, das Wort WATER noch einmal in anderer Situation zu wiederholen, ohne den Kontext »waschen«, einfach nur WATER. Sie tat das an der Pumpe, ließ das frische kalte Wasser über Helens eine Hand fließen und schrieb in die andere: WATER. Jetzt erst wurde Helen wohl klar, dass dieses ein Wort ist, das immer für das fließende Nass gilt. Es gilt immer, wo Wasser auftaucht, es ist nicht nur eine Fingerfolge beim Waschen. Helen hatte die Funktion des Wortes verstanden. An Helens **freudiger Erregung**, die den Tag über und die folgenden Tage noch anhielt, merkte Annie, dass ein Durchbruch erzielt war. Helen wollte weitere Namen kennenlernen. Bald lernte sie fünf bis sechs Namen pro Tag, die sie immer wiederholen wollte. Annie ging mit dem neuen Können sorgsam um. Erst kamen nur Substantive, dann Verben, dann Adjektive, Adverbien und Modalbezeichnungen. Und Helen ging phantasievoll mit den neuen Schätzen um. Helen kletterte gern in den Bäumen, ließ sich auch vom Ast auf den Boden fallen, sie lernte das Wort »klettern«. Annie brachte ihr das Wort »Pflanzen«, das auch für den Wein galt. Helen kombinierte: Der Wein ist eine Kletterpflanze; sich selbst nannte sie eine Gehpflanze, denn sie bewegte sich nicht aufwärts, sondern vorwärts.

Ihr ganzes Leben blieb Helen von Wörtern und Bezeichnungen fasziniert und liebte Wortspiele. Wir sehen, wie Annie den fruchtbaren Moment ermöglichte. Sie hatte ihr Ziel vor Augen. Sie kämpfte dafür, dass Helen überhaupt in eine aufmerksame Verfassung kam, dass sie aufnahmefähig war. Das war für Annie ein schweres Stück Arbeit, bei dem sie selbst manchen Tränenausbruch hatte. In diesem Kampf siegte ihr starker Wille. Zugleich brachte sie Helen immer wieder in Kontakt mit der Fähigkeit, um die es ihr ging: Sie buchstabierte in ihre Hand. Das ging leicht und spielerisch. Das Erkennen konnte sich einstellen, aber Annie wusste, dass es nicht erzwungen werden konnte. Sie musste geduldig sein und immer neue Möglichkeiten schaffen. Entscheidend war, dass sie noch eine Stufe klarer erkannte, was sie eigentlich von Helen wollte, nämlich die Funktion des Wortes zu erkennen.

So schuf sie die Situation an der Pumpe, in der das Wort noch einmal auftauchte und durch den veränderten Kontext noch klarer auf seinen Gegenstand bezogen werden konnte, das Wasser. Jetzt geschah es, dass Helen die universale Verwendbarkeit von Wörtern verstand, die nichts anderes waren als eine Folge bestimmter Fingerzeichen. Nun war ein Tor geöffnet in eine Welt voller Bedeutungen und Sinn und Helen war erregt von der neu gewonnenen Fähigkeit, tiefer in diese Welt einzudringen. Wie groß und unendlich diese Welt war, erfuhr Helen in ihrem langen weiteren Leben. Annie schützte die neue Fähigkeit, sie schirmte Helen ab gegen alle, die aus ihr ein Wunderkind machen wollten. Es war wahrhaftig ein fruchtbarer Moment, der sich am 5. April 1887 an der Wasserpumpe auf dem Grundstück der Kellers ereignete, und Annie in ihrer bewundernswerten pädagogischen Klugheit hatte diesem Moment die Chance gegeben.

In unserem zweiten Beispiel, zu dem Sie einen Textauszug haben, dem Beispiel des **Sokrates**, nach dem Buch von Friedrich Copei, finden wir auch den Grundzug, dass Sokrates das Bedürfnis nach besserem Verstehen des Problems beim Lernenden, dem Sklaven, anwachsen lässt. Die Atmosphäre, in der sich der Suchende bewegt, wird sozusagen ständig dichter. Es bedarf noch eines Hinweises des Lehrers, nämlich des Hinweises auf die Diagonale, damit die Lösung bewusst wird. Durch seinen voreiligen Fehlversuch ist dem Lernenden erst bewusst geworden, dass die Lösung auf einem höheren Niveau liegt, als er dachte. Er ist bereit, sich auf die Schwierigkeit der Lösung einzulassen.

»Gib im pädagogischen Handeln dem fruchtbaren Moment eine Chance« umfasst mehreres:

- **Versichere dich, dass dein Gegenüber, der Lernende oder der Klient, aufnahmefähig ist, ja sogar aufnahmebereit.**
- **Hilf ihm, seine Aufmerksamkeit auf die Möglichkeit des Könnens zu richten.**
- **Zwinge nicht, sondern lass dein Gegenüber fühlen, dass die Möglichkeit besteht.**
- **Denke noch einmal darüber nach, was Du von ihm erhoffst.**
- **Finde noch genauer heraus, worin die Schwierigkeit für ihn bestehen könnte.**
- **Wenn du das weißt, gib eine Hilfe auf dem Niveau dieser Schwierigkeit. Andernfalls unterschätzt du sein Problem und der fruchtbare Moment kann verfehlt werden.**
- **In all dem gilt: sei geduldig, aber nie unaufmerksam!**

Literatur:

Dräger, Horst: Pestalozzis Idee von der Einheit der Erziehung: Pädagogik, Andragogik, Politik. Frankfurt/M.: Peter Lang Verlag 1989. (Zugleich Habilitationsschrift der Ruhr-Universität Bochum)

Giel, Klaus: Die ästhetische Darstellung der Welt im Naturwissenschaftlichen Unterricht. Bemerkungen zur Didaktik Martin Wagenscheins. In Ludwig Duncker/ Walter Popp (Hrsg.): Kind und Sache. Zur pädagogischen Grundlegung des Sachunterrichts. Weinheim/ München: Juventa Verlag 2. Auflage 1996, S. 163–177. (URL: http://www.klaus-giel.de/doc/Wagenschein.pdf)

Keller, Helen: Geschichte meines Lebens. Mit einer Auswahl aus den Briefen der Autorin von 1887 bis 1901 und einer Beschreibung ihrer Erziehung. Berlin: Evangelische Verlagsanstalt. 1973.

Keller, Helen: Meine Welt. Nachwort von Werner Pieper. Aus dem Amerikanischen von Heinrich Conrad. München: Deutscher Taschenbuchverlag. 1994.

Keller, Helen: Teacher. Meine Lehrerein Anne Sullivan Macy (Aus dem Amerikanischen von Monika Pasch). Stuttgart: Verlag Freies Geistesleben. 2001.

Vorbereitende Lektüre:

Text 1: Helen E. Waite: Öffne mir das Tor zu Welt. Das Leben der taubblinden Helen Keller und ihrer Lehrerin Anne Sullivan. Stuttgart: Verlag Freies Geistesleben. 1986, Auszug S. 31–66.

Text 2: Friedrich Copei: Der fruchtbare Moment im Bildungsprozess. Eingeleitet und herausgegeben von Hans Sprenger. 9. Auflage 1969. Heidelberg: Verlag Quelle & Meyer. Auszug S. 19–21.

3. Vorlesung
»Mache Dein Anliegen elementar!«

In dieser Vorlesung behandeln wir Grundsätze klugen pädagogischen Handelns. In jeder einzelnen Vorlesung kommt ein neuer Grundsatz hervor. Jede Vorlesung fängt also neu an. Der heutige Grundsatz lautet: »Mache dein Anliegen elementar!« Was soll das bedeuten?

Das Wort »elementar« verstehen wir ja meist im Sinne von »einfach«, nur das Einfachste umfassend. Es klingt wie »einfach gemacht«, also wir bieten anderen etwas so dar, dass es für sie einfach ist. Aber man kann es auch als anfänglich verstehen, das ist dem Einfachen ähnlich. Das Elementare sind die Anfänge, von denen man ausgehen muss. Das bedeutet aber nicht, dass wir das Elementare immer schnell erkennen würden. Wir übersehen es, weil wir ständig mit dem Komplexen umgehen. Wir wissen nicht mehr, wie schwierig die Anfänge sind. Wir haben auch vergessen, wie viel Mühe uns die Anfänge gekostet haben. Wir wissen nicht mehr, welche Mühe es machte, lesen und schreiben zu lernen. Wir müssen uns mühsam hineindenken in die Schwierigkeiten, vor denen ein Kind beim Erlernen der Schriftsprache steht. Ebenso beim Erlernen einer Fremdsprache. Es geht darum, dass wir als Pädagogen fragen: Welche Fähigkeit liegt noch vor der Fähigkeit, die wir uns von unserem Gegenüber wünschen? Wir scheitern oft, wenn wir direkt auf die Fähigkeit zugehen, die uns als Ziel vorschwebt. Das Scheitern lehrt uns zu fragen: Gibt es eine Fähigkeit, die die Voraussetzung ist, um die gewünschte Fähigkeit überhaupt erlernen zu können? Diese müssen wir erschließen. Welche die voraus liegende Fähigkeit ist, liegt nicht einfach auf der Hand, und es gibt möglicherweise mehrere Antworten auf diese Frage. Die Erziehungswissenschaft und auch die Psychologie kennen natürlich dieses Problem. Sie haben darauf geantwortet, indem sie Stufen von Fähigkeiten gebildet haben. Wenn ein Pädagoge diese kennt, kann er sich sagen: Wenn diese Stufe zu hoch ist, gehen wir eben eine Stufe herunter, notfalls auch zwei. Dann sichern wir erst einmal die untere Stufe, und wenn diese beherrscht wird, steigen wir auf. So sind die Stufen des Schweizer Psychologen Jean Piaget angeordnet: Er hat die Stufen der Entwicklung des Denkvermögens beim Kinde beschrieben, 4 Stufen insgesamt. Also, von einem gewissen Alter an, beginnend etwa mit 12 Jahren, können Kinder Aufgaben ohne Anschauung, rein gedanklich, nur im Kopf, also mit innerer Anschauung lösen. Auf der früheren Stufe bedürfen sie aber noch des Handelns mit Materialien, z. B. bei der Mengenbildung, der Teilung und Vermehrung, dem Vergleich von Mengen. Sie operieren dann z. B. mit Kastanien.

Der amerikanische Psychologe Abraham Maslow, der von 1908 bis 1979 lebte, hat das Stufenprinzip auf die menschlichen Bedürfnisse angewendet. Er meinte: Ehe man Kinder, ebenso Erwachsene, etwas lehrt, muss man prüfen, ob ihre elementaren Bedürfnisse erfüllt sind. Sonst können sie nicht lernen. Das klingt eigentlich selbstverständlich, aber wir verstoßen oft dagegen. Wie viele Kinder kommen ohne Frühstück in die Schule, ohne eine Ruhepause zu Hause, und wir denken nicht daran oder können nichts dagegen tun, jedenfalls nicht bis zur großen Pause, und haben in den ersten beiden Schulstunden einige unaufmerksame Kinder vor uns. Oder: In Entwicklungsländern werden Bildungsprojekte gestartet, während die Grundbedürfnisse nach Essen, Trinken, nach Schlaf und angemessener Kleidung, nach Gesundheit und Hygiene nicht genügend erfüllt sind. Sicher, da kommt die Ungeduld ins Spiel: Wie lange sollen wir denn warten, bis wir mit einem Schulprojekt beginnen können? Es dauert doch sehr lange, bis die Grundbedürfnisse wirklich befriedigt sind. Maslows sogenannte Bedürfnispyramide umfasst fünf Stufen, beginnend mit den physischen Bedürfnissen.

Dieses sind zwei Stufenmodelle unter spezifischen Gesichtspunkten. Sie können hilfreich sein, aber reichen für die Pädagogik bei weitem nicht aus. Die Pädagogik muss immer konkret fragen: Was liegt dieser bestimmten Fähigkeit voraus? Wir kennen das: Dem Schwimmen lernen liegt voraus, dass das Kind die Tragfähigkeit des Wassers erfühlt; dass es also merkt und in sich aufnimmt, wie das Wasser beim Schwimmen durch Auftrieb hilft. Sei es, dass jemand dem Kind durch einen Haltering Sicherheit gibt oder durch Armflossen den Auftrieb verstärkt. Wir wissen ja auch, dass wir einem Kleinkind nicht einfach einen Ball zuwerfen können, in der Erwartung, es könne ihn auffangen. Wir müssen den Ball zunächst dem Kind zurollen, es muss ihn aufnehmen, vor sich halten, fallen lassen, und das sehr oft, bis es keine Angst mehr vor dem herannahenden Ball hat und bis es spürt, dass es den Ball vor sich halten kann. Dieses sind sehr einfache Vorgänge des Elementarisierens. Viel schwieriger wird es bei behinderten Menschen und behinderten Kindern.

Daher möchte ich besonders dem pädagogischen Handeln von Karl König nachgehen. Der Arzt und Pädagoge König gewann im Laufe seines pädagogischen Umgangs mit behinderten Menschen eine immer tiefere Sicht von der Sinnestätigkeit des Menschen und ihres Zusammenhangs mit seelisch-geistigen Bestrebungen. Dadurch konnte er immer elementarer ansetzen mit pädagogischer Heilbehandlung und mehrere Sinnestätigkeiten zur gegenseitigen Unterstützung bringen. Ich beginne mit den Behinderungsarten, die wir schon bei Helen Keller kennengelernt haben: Blindheit und Taubheit. Können wir uns vorstellen, dass man den Blick des Menschen erzieht? Können wir uns vorstellen, dass man das Lauschen des Menschen erzieht? Das scheinen doch einfach physiologische Gegebenheiten zu sein: Das Auge blickt eben, das Ohr hört oder lauscht eben. Und wenn Auge und Ohr das nicht tun, dann gibt es keinen Blick und kein Lauschen. Es gibt auch nichts zu erziehen. So denken wir – nahezu mechanisch ist unsere Vorstellung von der Tätigkeit von Auge und Ohr. Für uns Sehende und Hörende gilt ja: Wenn das Auge geöffnet ist, kann es ja gar nicht anders als blicken, es kann im geöffneten Zustand nicht nicht blicken. Ebenso das Ohr: Es fängt die Schallwellen auf, es kann gar nicht nicht hören, solange wir es nicht verstopfen. Aber Blick und Lauschen sind nichts Mechanisches, rein mechanisch kann das Auge nicht blicken und das Ohr nicht hören. Denn beides enthält eine Zielrichtung: ein Sich-Richten auf die Quelle oder das Ziel. Zielloses Sehen und Hören ist wie Nicht-Sehen und Nicht-Hören. Das bedeutet: Blicken und Lauschen enthalten einen Willen und der Wille will erzogen sein. Der Blick hält das Gesehene fest, wenigstens kurz, und dieses kurze Festhalten ist ein Willensvorgang. Auch das Lauschen ist ein Ausgerichtet-Sein, es steckt ein Wille darin, das Wahrgenommene auszufiltern aus dem Nichthören oder dem allgemeinen Rauschen. Beim Blicken und Lauschen haben wir es also mit einem Willensvorgang zu tun, nicht nur mit einem physiologischen Vorgang. Wenigstens mit einer Spur von Willen. Aber wenn wir als Pädagogen den Willen nicht aufspüren können, wenn wir kein Zeichen von der Existenz dieses Willens bekommen, müssen wir dann aufgeben und resignieren, weil eben nichts da zu sein scheint? Können wir denn noch elementarer ansetzen?

Der Blick ist ja nach außen gerichtet, er sucht etwas außer sich. König sagte: Es gibt aber auch ein Sehen im Auge, also ein Sehen, das im Auge verbleibt und nicht nach außen will. Wir kennen das auch: Wenn wir nach einem Lichteinfall ins Auge die Augen schließen, sind da oft rote und türkisgrüne Farbfelder. Sie können sogar längere Zeit anhalten. Sie bewegen sich auch. Es gibt also Reflexe des Lichts im Auge. Das Auge ist kein blinder Spiegel, es ist nicht reaktions- und ausdruckslos. Es ist vom Licht berührt und lässt etwas mit sich geschehen. Wir können nicht sagen: Es ist gar nichts im Auge, das Auge ist leer oder das Auge ist stumpf. Vielleicht gibt es auch das. Aber vielleicht können wir das Auge irgendwie reizen, überhaupt zu reagieren. Wir müssen den Augapfel beobachten, vielleicht erkennen wir ein Reagieren auf Licht. Jetzt also sind wir wirklich ganz elementar geworden. Wir sind in einen Zustand vorgedrungen, in dem nichts mehr zu gehen scheint. Aber wir wollen auch in diesem Zustand noch einen Ansatzpunkt finden für eine Erweiterung des Reaktionsspektrums. Vielleicht muss man wie König Arzt und Pädagoge zugleich sein, um sich in den Bereich des anscheinend rein Physiologischen vorzutasten und eine Verbindung mit seelisch-geistigen Qualitäten zu sehen wie der Willensqualität. Für König ist es etwas Großartiges, wenn ein blinder Mensch im Gespräch mit einem anderen versucht, den Blick auf dessen Augen zu richten, auch wenn er sie nicht sieht. Daher: Der Wille geht weiter als die physiologischen Möglichkeiten tragen können. König wurde im

Bemühen um die sehgeschädigten und die blinden Kinder ganz elementar, im pädagogischen Sinne. Er schuf für diese Aufgabe auch ein Stufenmodell, wie wir ja schon von Stufenmodellen gehört haben. Sie dienen dazu, hinreichend elementar zu werden. König unterschied vier Stufen schwerer Sehschädigung. Dazu kommt eine Null-Stufe, sozusagen als unterster Boden, auf dem man im schlimmsten Falle stehen kann. Diese Nullstufe ist das Nicht-Reagieren der Pupille auf jeglichen Lichteinfall.

1. Die erste Stufe ist auch noch geprägt davon, dass kein Interesse an Lichteindrücken besteht. Aber die Pupille weitet sich im Dunklen. Bei plötzlichem Lichteinfall zieht sie sich unwillkürlich zusammen. Die Pupille reagiert also auf starke Lichtunterschiede.
2. In der nächsten Stufe, der zweiten, zeigt das Kind schon eine erste Beziehung zu Lichteindrücken. Es presst häufig seine Augäpfel. In seinem Auge gibt es bereits Lichtspiegelung, Licht und Farbe spiegeln sich.
3. Auf der dritten Stufe gibt es eine Beziehung nach außen, auf die Umwelt. Das Kind deutet z. B. auf eine glitzernde Wasserfläche hin. Es nimmt farbiges Licht wahr, das von einem Schirm reflektiert wird. Also ein Licht, dessen Quelle im Rücken des Kindes aufgestellt wird, das aber auf einen Schirm gerichtet ist, der sich vor dem Kind befindet. Dieser Schirm reflektiert das angestrahlte Licht. Es wird aufwärts und abwärts bewegt und seitwärts. Der Therapeut erkennt, wie das Kind der Bewegung des reflektierten Lichtes folgt. Auch hell erleuchtete Gegenstände, z. B. ein großer Ball, die bewegt werden, können wahrgenommen werden; das Kind folgt den Bewegungen des Gegenstandes. Es gibt also bereits einen Blick. Die Erziehung des Blicks hat begonnen. Die Erziehung kann dahin führen, dass Gegenstände mit markanten Formen, z. B. Ball und Würfel, unterschieden werden. Der Blick hat an Zielstrebigkeit zugenommen.

So unterscheidet König Stufen des anfänglichen Sehens, wir könnten sagen des elementaren Sehens. Die Stufen helfen den Therapeuten zu erkennen, welche Fortschritte Kinder gemacht haben. Am wichtigsten ist der Übergang von Stufe 2 zu Stufe 3. Auf Stufe 3 wendet sich der Gesichtssinn zur Umwelt, es beginnt ein aktives Sehen, auch wenn es für uns Sehende nur ein schemenhaftes Sehen ist. Aber wenn es der Heilpädagogik gelingt, Kinder von Stufe 2 zu Stufe 3 zu führen, so ist es für die Kinder nicht weniger als wenn z. B. Annie Sullivan durch eine Augenoperation für einige Jahre ein relativ gutes Sehen erlangte.

Für die sehgeschädigten Kinder gibt es ein besonderes Behandlungszimmer. Es ist ein verdunkeltes Zimmer, in dem sich nur die wenigen Gegenstände befinden, die für die Behandlung benötigt werden, vor allem eine Theaterlampe, die verstellbar ist, ein Projektionsschirm und ein Stuhl. Die Wände sind weiß. Der Heilpädagoge hilft dem Kind zu entspannen. Besonders bei spastisch gelähmten Kindern muss das sehr sorgfältig geschehen – durch Streichen der gelähmten Körperpartien. Die Kinder bewegen sich oft nach vorn und nehmen den Kopf in die hohlen Handflächen. Leise sprechend ruft der Heilpädagoge dem Kind ein freundliches Erlebnis in Erinnerung. Oder er spielt eine Melodie auf der Leier. Wenn es z. B. um die Unterstützung des anfänglichen Sehvermögens auf Stufe 3 geht, so erfolgt eine Übung in der Anordnung, die ich eben beschrieben habe. Rotes Licht wird im Rücken des Kindes ausgestrahlt auf einen Schirm vor dem Kinde und wird langsam aufwärts und abwärts bewegt und von rechts nach links. Die Augäpfel des Kindes sind noch gar nicht so beweglich, dass sie der Wanderung des Lichtes folgen können. Das Kind folgt vielmehr durch Drehung des Kopfes. Aber die Augenmuskulatur stärkt sich allmählich und nach längerer Zeit kann das Kind dem Licht mit ruhiger Kopfhaltung folgen. Der Lichtschein wird ausgedehnt und dann wieder gebündelt, so entsteht eine weitere Differenzierung. Dem Rot des Lichts folgt bei jeder Übung die Komplementärfarbe Türkis-Grün, so lernt das Auge, Farbe und Komplementärfarbe zu bilden. Man sieht, wie dadurch der Sehwille des Kindes geübt wird: Das Kind lernt, den Blick zu halten und den Blick zu führen. So geschieht eine Erziehung des Blickes. Die Lichtquelle kann später auch wieder vor das Kind gestellt werden, aber zwischen Lichtquelle und Kind wird ein durchsichtiger Vorhang angebracht. Hinter dem Vorhang, also zwischen Lichtquelle und Vorhang, führt jemand eurythmische Bewegungen aus, also Bewegungen aus der anthroposophischen Ausdrucks- und Therapie-Bewegungskultur, die Eurythmie heißt. Die Lichtquelle projiziert die Bewegungen auf den durchsichtigen Vorhang, das Auge des sehgeschädigten Kindes folgt den Farberscheinungen. König hat dafür gesorgt, dass in der Gemeinschaftssiedlung Camphill in Schottland, in der behinderte und nichtbehinderte Menschen zusammenleben, registriert wurde, wie viele der sehgeschädigten und blinden Kinder jeweils die Schwelle zu einer höheren Stufe überschritten. Nicht wenige gelangten von der zweiten zur vierten Stufe. Einige gelangten sogar von der Null-Stufe bis zur zweiten Stufe. Es war Königs Ziel, dass das innere Licht dem äußeren Licht entgegenginge.

Dieses ist ein Beispiel für das Elementarisieren in der Heilpädagogik Königs. Man darf dabei nicht vergessen, dass ein Lerngewinn am unteren Ende der Fähigkeitsskala nicht weniger schwierig und nicht weniger beglückend ist als ein Lerngewinn am oberen Ende der Fähigkeitsskala. Die Schaffung eines Stufenmodells kann hilfreich sein, aber sie ist nicht notwendig für die Elementarisierung eines pädagogischen Anliegens. In Bezug auf taube bzw. gehörgeschädigte Kinder haben die Beobachtungen Königs und seiner Mitarbeiter dazu geführt, zwei Pole der Hörschädigung zu unterscheiden, also zwei Gruppen zu bilden. Auf der einen Seite gibt es taube und hörgeschädigte Kinder, die motorisch erregt sind, unruhig, fahrig im Handeln und nur geringe Kontrolle über ihre Gliedmaßen haben. Ihnen stehen taube und hörgeschädigte Kinder gegenüber, die eher apathisch sind und in ihren Bewegungen lässig, also gleichgültig sind. Solch eine Gruppenbildung unter den tauben und hörgeschädigten Kindern hätte man wohl nicht vermutet, aber sie ging aus den zahlreichen Beobachtungen solcher Kinder hervor, die einen Teil der etwa 180 behinderten Kinder bildeten, die in Camphill lebten zur Zeit als König dort wirkte. Später vergrößerte sich Camphill noch, weitere Camphills wurden in Schottland gegründet und von dort ausgehend in einer Reihe weiterer Länder, auch in Deutschland.

Was hat diese unerwartete Gruppeneinteilung tauber und hörgeschädigter Kinder zu bedeuten? Offensichtlich hat Hören oder Taubsein viel mit der Bewegung zu tun. Noch besser gesagt: Hören und Taubsein hat mit dem richtigen Wechsel von Bewegung und Ruhe zu tun. Hören vollzieht sich nur dann, wenn die Bewegung zu einer harmonischen Ruhe gekommen ist. Im Hören wird die Bewegung zurückgehalten. Wenn wir lauschen, stehen wir reglos. Wenn wir einem Konzert zuhören, sitzen wir still. Bewegung würde uns am Hören hindern, selbst wenn die Bewegung kein Geräusch verursachen würde. Hören braucht einen Ruheraum, zumindest sehr bedächtige Bewegungen. Wir bilden selbst den Ruheraum durch Anhalten der Beweglichkeit unserer Glieder, auch durch gleichmäßiges Atmen. Nur wenn es gelingt, solche Ruheräume herzustellen, kann ein Lauschen entstehen oder – elementarer – ein Wille zum Lauschen. König macht die heilpädagogische Erziehung nicht abhängig von physiologischen Gegebenheiten, obwohl er diese als Arzt kennt. Letztlich will er das Menschsein Behinderter stärken und vollständiger machen – und erreicht damit Fortschritte, die aus physiologischer Sicht zunächst unmöglich erschienen. König sagte z. B., dass Taubheit oder Hörschädigung nicht erblich bedingt seien, sondern meist durch virale Infekte während der Schwangerschaft in den ersten Monaten der embryonalen Entwicklung auftreten. Als Mediziner hatte sich König die Embryologie als Forschungsgebiet gewählt. Vielleicht ist das auch der Hauptgrund dafür, dass er so kreativ elementarisiert, also die Anfänge hinter den komplexen Fähigkeiten erschließt. Er sagt: Bis zum Eintreten einer solchen Infektion war doch der Embryo auf dem Wege zu einem ganzen Menschentum ohne Einschränkung. Das Lauschen, das Sehen, das Sprechen: Alles war doch seine Option, auf das volle Ergreifen dieser Fähigkeiten ging er zu. Es gibt also eine Bereitschaft, es gibt einen Willen zu diesen Fähigkeiten, er muss wohl noch da sein, wenn auch verschüttet, wenn auch gehemmt. Behinderungen entstehen oft dadurch, dass im embryonalen Stadium Hemmungen auftreten, dass weiteres Wachstum seelisch-geistiger Fähigkeiten unterbleibt. Dann kämpft der gebremste, behinderte Wille mit der leiblichen Unzulänglichkeit – wie bei Helen Keller. Es entstehen stärkste innere Konflikte und seelische Schmerzen. Auf diese schaut der Heilpädagoge zuerst, nicht auf die physiologischen Mangelerscheinungen.

Der Heilpädagoge versucht, diesen gebremsten, behinderten Willen zu erreichen. Er hat Möglichkeiten, die er wohlüberlegt einsetzen muss. Musik: sehr einfache, klare Musik, besonders gespielt von der Leier oder auch gesungen oder gesummt. Manchmal setzt er die hohen Töne ein, manchmal die tiefen Töne, je nachdem welche Art der Hemmung er vor sich hat. Manchmal setzt er die Dur-Tonart ein, manchmal die Moll-Tonart. Der Einsatz hängt von der sorgfältigen Beobachtung ab. Er setzt Farben ein und Licht, sorgfältig ausgewählt und dosiert; er setzt Bewegung ein, vor allem eurhythmische Bewegung; er setzt das Malen ein. Er weiß auch, wann er medikamentös helfen muss, sei es mit schulmedizinischen oder anthroposophischen Präparaten. Mit einem Wort Königs kann man es auch so sagen: Die Bildungstendenzen der menschlichen Gestalt sind auch im behinderten Menschen anzutreffen, manchmal sind sie wie geheim. Wir sehen den behinderten Menschen manchmal gewissermaßen in einem Zustand, wie er einem bestimmten embryonalen Stadium entspricht. Z. B. wenn das Stammhirn schon entwickelt ist, also vor allem die Gefühlsfähigkeit, aber der Neokortex noch nicht richtig ausgebildet ist, also das rationale Denken. Beim mongoloiden Kind bzw. Kind mit Down-Syndrom sehen wir deutlich ein Entwicklungsstadium, das wir alle durchlaufen haben, das sozusagen eine Option der menschlichen Genese ist, das wir aber durch die starke Ausprägung des Neokortex nahezu versteckt haben. Im behinderten Menschen begegnen wir einer Möglichkeit unseres Selbst. Diese Möglichkeit ist nicht etwas ganz anderes, sondern eher eine Übertreibung einer Tendenz, die auch in uns vorhanden ist. König hat sich auch mit dem sogenannten Kretin befasst, dem kleinen missgestalteten Kind mit einem seelenlosen Gesichtsausdruck. Man könnte sich mit der medizinischen Auskunft zufrieden geben, dieses Behinderungsbild sei Folge einer Unterfunktion der Schilddrüse. König sieht solch eine Behinderung aber im Zusammenhang mit der ganzen Gestalt des Behinderungstyps. Er sieht an diesem Behinderten die Verhärtung der Leibesgestalt. Sie führt nicht selten zur Verkrüppelung der Gliedmaßen. Für König tritt sie schon in der Embryonalzeit ein. Für König handelt es sich um eine Verfrühung, sozusagen eine Ungeduld. Der Entwicklungswille ist schon sehr früh starr und führt daher zur Verhärtung. Die gesamte Gestalt des Kretin verrät eine frühe Verhärtung der Entwicklung. Woher diese Tendenz auch kommt, die Therapie kann bei diesem Phänomen ansetzen.

So deutet König die Behinderung immer, indem er von der Gestalt der Behinderten ausgeht, von einem Zusammenhang der leiblichen Gestalt mit seelisch-geistigen Tendenzen. Daher ist der Rückgang auf das Zuvorliegende, das Anfängliche oder das Elementare zugleich das Bemühen, den Behinderten in seinen seelisch-geistigen Tendenzen zu erfassen. Das Elementare ist nicht das vereinzelte Atom, sondern eine Auffassung von der Ganzheit des Gegenübers. Daher versteht König Heilpädagogik auch nicht als Spezialdisziplin, die nur auf Behinderte schaut, sondern als einen Teil der Allgemeinen Pädagogik, die Erziehung in ihrer Bedeutung für alle Menschen vorstellt. »Heilung« betrifft alle Menschen, jede Pädagogik muss auch eine heilende, therapeutische Kraft haben. Karl König ist mit E. einer der wenigen großen Pädagogen des 20. Jahrhunderts. Die Herausgabe seiner Schriften und Vortragsmanuskripte hat gerade erst begonnen. Der größere Text von König, den ich in unsere Textsammlung aufgenommen habe, stammt aus dem ersten Band der Werkausgabe.

König wurde 1902 in Wien geboren, Kind jüdischer Eltern. Später, als Medizinstudent, wendete er sich der Anthroposophie zu und trat in die Christengemeinschaft ein. Als die herrschenden Nazis Österreich besetzten, im Jahre 1938, floh er mit einem Kreis befreundeter Ärzte nach England. Von Schottland ging die Camphill-Bewegung aus in mehrere Länder in Europa und Übersee. Karl König starb 1966 in Deutschland, in dem deutschen Camphill Brachenreuthe am Bodensee, in dem er zuletzt lebte. Der starke Heilwille, der in diesem kleinen Mann mit dem großen Kopf lebte, vereinigte in ihm den Mediziner und Pädagogen. Der Heilwille führte ihn zu immer tieferer Sicht der behinderten Menschen, die ihm anvertraut wurden. In dieser Hinsicht wurde seine Heilpädagogik elementar.

Sie könnten fragen: Lässt sich der Grundsatz »Mache dein Anliegen elementar« nur auf die Heilpädagogik anwenden? Gilt er auch für den pädagogischen Umgang mit Nichtbehinderten? Wie sieht der Grundsatz aus, wenn wir mit Nichtbehinderten pädagogisch umgehen? Um zu zeigen, was dieser Grundsatz in der schulischen Pädagogik bedeuten kann, habe ich einen weiteren Pädagogen des 20. Jahrhunderts in die Textsammlung aufgenommen: **Adolf Reichwein**. Reichwein und König kannten sich gegenseitig nicht. Reichwein war 4 Jahre älter als König und genauso wie bei König griff die nationalsozialistische Herrschaft tief in seine Lebensbahn ein. Mit dem Machtantritt der nationalsozialistischen Partei verlor der Sozialdemokrat Reichwein seine Professur an der Akademie für Lehrerbildung in Halle, zog sich als Lehrer an eine Landschule in Brandenburg zurück. Von dort aus kooperierte er im 2. Weltkrieg mit einem Kreis von Widerständlern gegen Hitler. Nach dem gescheiterten Attentat auf Hitler im Juli 1944 wurde er verhaftet und noch 1944 in Berlin hingerichtet. Er wurde 46 Jahre alt. An seiner Landschule in dem Dörfchen Tiefensee in Brandenburg arbeitete Reichwein gern mit Lehrfilmen. Es gelang ihm, seinen Wirkungskreis über das Dörfchen

Tiefensee hinaus auszudehnen und auch eine Aufgabe am Deutschen Museum für Volkskunde zu übernehme, nämlich vorwiegend die Herstellung und den pädagogischen Einsatz von Lehrfilmen. Das konnten Filme zu Märchen sein, also Spielfilme, auch Dokumentarfilme von Expeditionen in besondere Landschaften, z. B. Bergsteigerfilme, ferner didaktisch aufbereitete Dokumentarfilme zu traditionellen Handwerken wie Klöppeln und Korbflechten. Reichwein liebte das Filmen, überhaupt war er von neuer Technik zu begeistern, war Pilot, Motorradfahrer, zugleich liebte er Jugendzeltlager und war Redner in Volkshochschulen und Volkshochschulheimen. Die Lehrer, an deren Ausbildung er in Halle mitwirkte, waren zugleich Volksschullehrer und Volkslehrer, also Erwachsenenbildner. Reichwein war als Pädagoge modern und vielseitig.

In Tiefensee schrieb er die Schrift »Film in der Schule«. Man könnte ja meinen: »Film in der Schule« ist kein Problem. Die Kinder sehen gerne Filme, zumal damals das Medium noch ganz neu war. Es wurden in den Schulbezirken Film – und Bildstellen aufgebaut, an denen die Lehrer sich Filme für ihren Unterricht ausleihen konnten. Aber so vordergründig sah Reichwein die Aufgabe nicht. Er machte sein Anliegen elementarer. Er fragte sich, ob die Schüler im Film wirklich das sehen was sie sehen können. Konnten sie die Bilder und Aussagen des Films wirklich aufnehmen? Konnten sie die Inhalte des neuen Mediums wirklich erfassen? In Lehrfilmen z. B. über Handwerke konnte man das Sehen bereits durch Verlangsamen, also Zeitlupe, durch Heran-Zoomen, durch lange feste Einstellungen, durch Wiederholen unterstützen, man konnte Vorgänge erfassbar machen, die in der Wirklichkeit so schnell ablaufen, dass der ungeübte Beobachter sie nicht genau wahrnimmt. Reichwein erkannte, dass das neue Medium eine Schulung des Sehens erforderte. Dieses musste die Schule leisten. In seiner Schrift »Film in der Schule« hat Reichwein deshalb Gedanken zu einer »Vorschule des Filmsehens« niedergelegt. Also es geht um die Frage: Welche Fähigkeit liegt der gewünschten Fähigkeit voraus, einen Film mit Gewinn zu betrachten?

Die Bildbetrachtung ist die wichtigste Vorstufe des Filmsehens. Wir können zurückdenken an das, was ich in der letzten Vorlesung über Gotthold Ephraim Lessing sagte: der Portraitmaler muss bildnerisch einen fruchtbaren Moment gestalten. Das Bild ist nur eine Momentaufnahme, aber es soll dem Betrachter helfen, die Lebensgeschichte der portraitierten Person zu verstehen. Zu welcher sozialen Schicht gehört die Person, welche Freuden und welche Belastungen spiegelt sein Gesichtsausdruck, wirkt er krank oder gesund, stolz oder geschlagen, abgearbeitet oder verschont von Arbeitslast, pompös oder schlicht? Der Betrachter soll sich hineinsehen in ein Bild und Gedanken fassen über den dargestellten Menschen und dann auch den Künstler. Reichwein möchte es ähnlich machen mit Fotos. Er ermutigt die Lehrer, sich Bildarchive anzulegen, indem sie ausdrucksstarke

Fotos aus illustrierten Zeitschriften ausschneiden. Wir würden heute sagen: aus Magazinen. Ergänzend sollte der Lehrer auch Abbildungen von Portraitzeichnungen und Portraitgemälden von der Hand bekannter Künstler sammeln. So kann er künstlerisch gestaltete Abbildungen mit Fotographien gegenüberstellen, z. B. von einer Bauersfrau. Einen solchen Vergleich sieht Reichwein als wertvoll an für die Seh-Schule. Aus der vergleichenden Bildbetrachtung wird eine vertiefende Bildbetrachtung. Zur Seh-Schule gehört auch das Erfassen einer Bilderfolge, einer Folge von Fotographien. So können Fotos einer Blüte, die aus unterschiedlicher Distanz aufgenommen wurden, nebeneinander betrachtet werden. Was im Film ein Nacheinander ist, wird durch Zoom-Technik hier als Nebeneinander studierbar: man sieht einesteils den gesamten Blütenteller, andernteils schaut man in den Fruchtansatz hinein. Ebenso können wir den Chor des Naumburger Doms in Großaufnahme betrachten und weitere Fotos hinzufügen, die immer mehr Details über die Stifterfiguren Ekkehards und Utas sichtbar machen.

Im Film müssen wir schnell und kombinierend sehen. Daher müssen wir auch folgerichtig sehen. Bei manchen Einstellungen müssen wir etwas mitdenken, was schon vorher gezeigt wurde oder eventuell nur erwähnt wurde. Das Filmsehen ist ein komplexer aktiver Vorgang. Reichwein erkannte, dass der Lehrer die Fähigkeit des Filmsehens durch vorausliegende elementare Fähigkeiten des Bild-Sehens vorbereiten muss. Hier haben wir also ein Beispiel für den Grundsatz »Mache dein Anliegen elementar«, das als didaktisches Beispiel gut verstehbar ist.

Ein weiteres, wiederum komplexes Beispiel möchte ich noch geben. Ich hoffe, dass ich nicht zu weit gehe, wenn ich es unter den pädagogischen Grundsatz einordne »Mache dein Anliegen elementar«. Ich meine den Ansatz der Beratung, den Carl Rogers entwickelt hat. Dieser Ansatz hat zunehmend Gewicht gewonnen in der Sozialpädagogik und fasst mitunter auch Fuß im Schulwesen. Die höheren Semester der Sozialpädagogik wissen sicherlich schon etwas über den Klientzentrierten Beratungsansatz. Er hat sehr tiefe gedankliche Wurzeln und wurde von dem amerikanischen Psychologen **Carl Rogers** in einem langen Suchprozess entwickelt und erprobt. Rogers wurde in demselben Jahr geboren wie Karl König – 1902, wurde aber 85 Jahre alt, starb 1987. Die Bezeichnungen »Klient« und »Beratung« (Counselling) sagen schon etwas über das Elementarisieren. In der Psychotherapie hieß der Ratsuchende oft »Patient« und statt Beratung hieß es meist Psychotherapie oder Psychoanalyse. Das Wort »Therapie« ist auch bei Rogers nicht völlig verschwunden, aber er trug dazu bei, dass sich das Wort »Beratung« so stark durchsetzte. Rogers wollte den Anstrich des Medizinischen für die Beratungshilfe vermeiden. In der Psychotherapie war es üblich, mit einer Diagnose zu beginnen, die mit einer Anamnese und mit Persönlichkeitstests einherging. So sollte das Problem des Patienten ermittelt werden. Rogers aber stellte die Sicht ganz um.

Der Berater sollte nicht auf ein Problem schauen, sondern auf die Person. Dazu aber war die Analogie zur medizinischen Diagnose ganz unpassend. Für Rogers war die Psychotherapie nicht vergleichbar einer medizinischen Therapie. Der Klient wies nicht ein bestimmtes Krankheitsbild auf, es lag vielmehr eine Störung oder Hemmung in seiner Entwicklung vor. Ein Moment des Elementaren besteht darin, dass Rogers die Aussagen der Klienten als echten Ausdruck ihres Fühlens und Denkens akzeptiert. Er sucht nicht dahinter verdeckte oder verdrängte Gefühle. Ein Moment des Elementaren ist auch, dass Rogers das Jetzt und Hier für eine wesentliche Hilfe hält, also das Gespräch mit dem Berater. Rogers sucht nicht nach Ereignissen in der Kindheit, in der Vergangenheit. Vielmehr konzentriert sich Rogers auf das Bedürfnis, mit dem ein Klient in die Beratung kommt. Dieses Bedürfnis ist vor allem, angenommen zu werden, gehört zu werden, den eigenen Gefühlen Ausdruck zu geben und darin verstanden zu werden. Das bedeutet: Es gibt keine besondere Therapie-Technik, sondern die Beziehung zwischen Berater und Klient ist die Hilfe. Der Klient erfährt es dankbar, dass der Berater wahrhaftig ist, glaubwürdig spricht. Er erfährt es dankbar, dass der Berater ihn offensichtlich wertschätzt und Anteil nimmt an seiner Situation. Ebenso, dass er sich einfühlt und zu verstehen versucht. So kann das Gespräch den Klienten ermutigen, eigene Lösungen für sich zu suchen. Wie Rogers sagt: sich selbst zu aktualisieren. Die Psychotherapie, vor allem die Psychoanalyse zur Zeit Rogers verkannte diese unmittelbaren Bedürfnisse des Patienten, sie sah nicht, dass die unerfüllten Bedürfnisse ein gemeinsames Erforschen von Ursachen des Leidens durch Therapeuten und Patienten erschwerten. Die Psychotherapie verkannte die emotionalen Auswirkungen der künstlichen therapeutischen Situation. In dieser war der Therapeut der Wissende, der nach Bestätigung seiner Theorie strebte, und der Patient der Unwissende, der nichts über sein Unbewusstes wusste. Die Folge waren endlos lange Therapie-Prozesse. Rogers aber war bereit, die Konsequenzen aus der Tatsache zu ziehen, dass viele Therapieverhältnisse erfolgslos endeten. Er verkürzte die Beratungsperioden und war bereit, Beratungsverhältnisse abzubrechen, wenn sich keine Selbstaktualisierung einstellte. Er hielt die Vorstellung von Psychoanalytikern für unverantwortlich, dass 100 Therapiesitzungen ein Minimum für den Erfolg seien. Man kann sagen, dass das Elementare in Rogers Weg darin liegt, dass er die aktuelle Person des Klienten zur Geltung brachte, die im Schatten der theoretisch konstruierten Größe »Patient« unsichtbar geblieben war. Das Elementare ist die Beziehung zum Berater, weil es der Anfang ist, das Anfängliche. Sie ist wie ein Modell für weitere Beziehungen. Jede Beziehung ist neu, auch für den Berater. Dieses ist vielleicht ein etwas komplizierter Gedanke, aber er ist für diejenigen gedacht, die sich mit der Aufgabe der Beratung in der Sozialpädagogik schon näher beschäftigt haben.

»Mache dein Anliegen elementar!«

- **Durchdenke dein Anliegen kritisch.**
- **Finde die Fähigkeiten, die der von dir gewünschten Fähigkeit vorausliegen.**
- **Ziehe in Betracht, dass anfängliche Fähigkeiten fehlen könnten, deren Vorhandensein dir selbstverständlich erscheinen.**
- **Sei bereit, zunächst eine oder zwei Stufen im Anspruchsniveau zurück zu gehen, ehe du wieder aufsteigst.**
- **Versperre dir durch deine Theorien von den Lernenden nicht den Blick auf die Aktualität der Lernenden.**

Literatur:

König, Karl: Sinnesentwicklung und Leiberfahrung: heilpädagogische Gesichtspunkte zur Sinneslehre Rudolf Steiners. 3. Auflage: Stuttgart: Verlag Freies Geistesleben 1986.

Vorbereitende Lektüre:

Text 3: Karl König: Die ersten drei Jahre des Kindes. Erwerb des aufrechten Ganges. Erlernen der Muttersprache. Erwachen des Denkens. Stuttgart: Verlag Freies Geistesleben. 3. Auflage der Neuausgabe 2003, Auszug S. 109–110 (*König kommt auf Helen Keller zu sprechen*)

Text 4: Karl König: Das Seelenpflege-bedürftige Kind. Vom Wesen der Heilpädagogik. Hrsg. Von Peter Selg. 1. Auflage 2008. Stuttgart: Verlag Freies Geistesleben, Auszug S. 77–103.

Text 5: Adolf Reichwein: Schaffendes Schulvolk – Film in der Schule. Die Tiefenseer Schulschriften. Kommentierte Neuausgabe, hrsg. von Wolfgang Klafki. Weinheim: Beltz Verlag 1993, Auszug S. 217–231.

4. Vorlesung
»Mache Dein Vorhaben dialogisch!«

Warum braucht man eigentlich diesen Grundsatz? Gespräche sind doch keine besondere Kunst, Gespräche führen wir doch tagtäglich. Was heißt es, ein Vorhaben dialogisch zu machen? In der Pädagogik scheint es nicht so einfach zu sein, eine dialogische Beziehung herzustellen. Die Rollenverteilung in der Pädagogik macht das schwierig. Der eine ist der Lehrende, die anderen sind die Lernenden. Einer spricht, die anderen hören zu. Ähnlich auch in der Kirche. Offensichtlich ist es auch in der Politik nicht anders. »Der Dialog mit den Bürgern wurde vernachlässigt, wir brauchen einen besseren Dialog zwischen Politik und Bürgern« – so hören wir oft. In der pädagogischen Literatur haben wir nicht viele Beispiele für durchgeführte Dialoge zwischen Erzieher und Jugendlichem oder Kind. Wir haben wohl Beispiele für die Kunst der Lehrgespräche – schon seit der Antike. Heute würden wir eher sagen: Unterrichtsgespräche. Die dialogische Struktur ist immer dadurch erschwert, dass ein Gefälle besteht: Der Pädagoge ist der Wissende, der etwas erreichen möchte mit dem Lernenden. Er möchte beim Lernenden Interesse wecken für seine Sache, er möchte eigentlich, dass der Lernende seine Sicht der Dinge übernimmt. Dabei entsteht das berühmte Motivationsproblem. Wie kann der Lehrende den Lernenden für sein Thema, seine Erkenntnis motivieren oder gar begeistern? Oder aber, wenn es mehr um ein Erziehungsproblem geht: Wie erreicht es der Erzieher, dass das Kind oder der Jugendliche sich Regeln des Verhaltens zu Eigen macht, die dem Erzieher notwendig erscheinen? In den pädagogischen Motivationstechniken stecken natürlich Täuschungsmöglichkeiten. Der Lehrer glaubt allzu gerne, die Schüler hätten es verstanden, und sie haben es doch nicht verstanden. Der Lehrer hat ihnen die richtige Antwort suggeriert. Der Jugendliche stimmt der Regel des Verhaltens zu, aber er verinnerlicht sie nicht.

Ich mache Ihnen diese kleine Einleitung, um sie auf die beiden Erzählstücke von **Janusz Korczak** einzustimmen und auch auf das von Alexander Sutherland Neill. Die beiden kleinen unscheinbaren Erzählstücke von Korczak haben mir viel Kopfzerbrechen bereitet und Ihnen kamen sie vielleicht eigenartig vor, als Sie sie lasen. Wir könnten solche Texte einfach beiseite lassen, weil sie uns irritieren. Aber wir müssen auch vermuten: Sie irritieren uns, weil das Problem der dialogischen Beziehung, das dahinter steht, so schwierig ist. Und es sind schließlich Texte von Janusz Korczak. Seine Texte enthalten ja immer viel Realismus. Wir können das schriftstellerisch Fiktive und das Selbst-Erlebte darin schlecht trennen. Korczak hatte zu viel erlebt, hatte einen nüchternen illusionslosen Blick für seine Umwelt erworben, daher dachte er sich keine idealen Geschichten aus. Er schrieb auch viel für Jugendliche und Kinder, und diese wollte er nicht in das Reich des Wünschbaren, in ein ideales Traumreich entführen, sondern sie vorbereiten, sich mit beiden Beinen in die Wirklichkeit zu stellen, auch wenn sie durch kindliche Träume hindurchgehen durften. So hat er uns also manche Dialoge mit Kindern und Jugendlichen aufgeschrieben, die uns durch ihr Misslingen oder ihre unvorhersehbaren Wendungen irritieren, die auch teilweise skurril sind, komisch durch die Übertreibungen; die wir zwei- oder dreimal lesen müssen, um einen Gedanken zu bekommen, was sie uns eigentlich sagen wollen. Dabei agiert Korczak auch selbst, aber er kommt gar nicht gut weg. Unser Pädagogenherz fliegt ihm nicht zu, als sei er der vorbildliche Pädagoge. Er wirkt oft kauzig, ratlos, realitätsfern und doch kommt für den Leser etwas Positives heraus. Man weiß nicht immer, ob der Autor Janusz Korczak mit einer Erzählung eine Botschaft verbindet. Oftmals fühlt man, dass der Erzähler Janusz Korczak nicht ganz derselbe Janusz Korczak sein kann, der in der Erzählung agiert. Das macht ein Stück des Humors aus, der viele Erzählungen Korczaks auszeichnet.

Korczaks Realismus, der manchmal zum Sarkasmus wird, hat ihm schon Jahre vor seinem Ende jede Illusion darüber geraubt, wie sein Leben enden würde und auch das seiner Kinder. Nach der Besetzung Polens durch Wehrmacht und SS im Jahre 1939 gab es keine Chance mehr zur Rettung der Kinder in seinem jüdischen Kinderheim, auch für die Kinder im polnischen Kinderheim war die Gefahr groß. 1940 wurde Korczaks jüdisches Kinderheim in ein Haus im Warschauer jüdischen Ghetto verfrachtet. 1942 wurden Korczak, seine Helferinnen und Helfer und mehr als 200 Kinder des Heims in den Zug getrieben, nach Treblinka bei Warschau verfrachtet und gingen dort bald ins Gas. Korczak wurde 63 oder 64 Jahre alt. Heute sind seine Schriften in 12 Bänden zusammengefasst, die in deutscher Übersetzung vorliegen und sich auch in unserer Fachbibliothek befinden. Zwei ganz kurze Erzählungen habe ich ausgewählt: »Die Einsamkeit der Jugend« über ein Gespräch mit einer Jugendlichen und »Das Vorschulkind«. Letztere Geschichte hat Korczak im Radio vorgetragen, etwa 1936, denn dort hatte er für einige Jahre eine Sendereihe unter dem Titel: Plaudereien des Alten Doktors.

Beide Erzählungen spiegeln seine Tätigkeit als niedergelassener Arzt. In beiden Fällen wünschen die Mütter, die vielleicht Patientinnen bei Korczak waren, dass Korczak mal ein Auge auf ihr Kind hat bzw. sogar ein Gespräch mit dem Kind führt. Der Arzt war auch schon als Pädagoge und Kenner der Kinder bekannt, vor allem durch seine Kinderbücher. Später gab Korczak die Arztpraxis auf und widmete sich seinen zwei Kinderheimen, einem für jüdische Kinder und einem für polnische Kinder. In beiden Erzählungen führt Korczak die Gespräche widerwillig, dem Ansinnen der

Mütter kommt er ungern nach. Vor dem Gespräch mit der Jugendlichen scheint er sich richtig gefürchtet zu haben; auf das Vorschulkind, einen Jungen, will er sich gar nicht richtig einlassen. Der Junge ist etwas vorwitzig und frech und genauso gibt es ihm Korczak zurück. So bekommen wir also keine Gespräche von der Art, wie man idealerweise eine Dialogbereitschaft herstellt und einen wertvollen Dialog zwischen Erzieher und Heranwachsendem führt. Kommt überhaupt pädagogisch etwas heraus aus diesen Gesprächen? Jedenfalls kein Vorbild, das wir nachahmen sollten. So etwas hätte Korczak nicht geschrieben. Eher eine Warnung an den Pädagogen: Stelle es dir nicht so einfach vor mit dem Dialog! Ja, man könnte sogar den Eindruck gewinnen, dass Korczak sagen will: Halte ein bisschen dagegen als Pädagoge, stelle dich etwas auf Abwehr ein! Eigenartig. Diese Haltung würden wir von einem Kind oder Jugendlichen erwarten, die in ein Gespräch mit einem Pädagogen gehen sollen. Will Korczak sagen, dass der Pädagoge vielleicht mehr Angst vor solch einem Gespräch empfindet als das Kind oder der Jugendliche – oder zumindest, dass der Pädagoge genauso unsicher ist? Was könnte dem Pädagogen passieren? Das Kind oder der Jugendliche könnten ihn als Gesprächspartner unmöglich finden und das Gespräch abbrechen oder – schlimmer noch – sich über ihn lustig machen. Der Pädagoge ist also nicht in der souveränen Lage, dass das Kind oder der Jugendliche auf das Gespräch angewiesen wäre und sich dem Pädagogen anpassen würde. In solch einem Gespräch liegt immer auch ein bisschen die Spannung von »gewinnen« und »verlieren«. Es geht ja um das Vertrauen beiderseits. Ein Dialog ist immer etwas prekär oder fragil. Einfacher scheint gesetzlicher Zwang zu sein, aber er verhindert manchmal den Dialog.

Zum Dialog mit der Jugendlichen. Die Mutter kann mit der pubertierenden Tochter nicht sprechen und bittet Korczak, mit ihr zu sprechen. Sie will wissen, woran es liegt, dass alle Gesprächsversuche mit der Tochter schiefgehen. Korczak ist alles andere als beglückt, kann sich aber schlecht entziehen. Seine Gedanken vor dem Gespräch zeigen deutlich, dass er Angst hat vor dem Mädchen. Sie wird geschickt sein, sie wird schnippisch sein, sie wird ihm eine Szene machen und ihn mit Tränen in die Enge treiben, sie wird ihn um Rat fragen und er wird keinen haben. Das Mädchen beginnt das Gespräch sehr vernünftig: Es informiert Korczak über Aussagen der Mutter, die sie als schlimm empfindet. Einmal – dem Sinne nach: sie sei nicht ganz dicht, und dann: sie sei wirr im Kopf. Beides im Grunde dasselbe. Was soll Korczak dazu sagen? Er legt eine lange Kaskade von ziemlich absurden Umkehrungen der mütterlichen Aussagen hin, wobei herauskommt, dass das Mädchen stolz sein kann, wenn sie solche Eigenschaften hat wie die Mutter annimmt. Zum Beispiel: Der Ausdruck, sie sei nicht dicht, heißt wörtlich, ihr fehle die fünfte Daube. Eine Daube ist ein Eisenring, der ein Holzfass zusammenhält. Wenn also eine Daube zu wenig da ist, tritt bald Flüssigkeit durch eine Holznaht im Fass heraus. Korczak sagt ihr: Was soll's, wenn die fünfte Daube fehlt, dann hast du doch vier, das ist doch was! Und wenn du einen wirren Kopf hast, so hast du doch immerhin einen Kopf, in dem was drin ist. Stell dir vor, er wäre leer! So geht es weiter, bis das Mädchen völlig zu Recht sagt: Sie machen sich wohl lustig über mich! Man sieht einen hilflosen Dr. Korczak, der mit rhetorischen Finessen die Situation überspielen will. Mit seinen Vermutungen, die er dem Mädchen anbietet, um endlich eine triviale Erklärung für den Streit mit der Mutter zu haben, tritt er nur ins Fettnäpfchen. Zum Beispiel, sie habe sich vielleicht mit ihrer Freundin gezankt oder sie sei mit ihrer Lehrerin oder ihrem Lehrer unzufrieden. Das ist dem Mädchen zu trivial. Ihr kommt dieser Mann ziemlich ungeeignet vor als Gesprächspartner. »Sie sind ein Vulkan, der erloschen ist«. Korczak bittet um Mitleid mit sich und wünscht sich heimlich, er hätte es mit einem Jungen zu tun. Dennoch nimmt das Mädchen ihn ernster als umgekehrt, sagt ihm, welche Ideale sie habe, nämlich niemand dürfe hungern, und gesteht ihm, dass sie einsam sei. Schon lässt Dr. Korczak wieder eine Kaskade von sich überschlagenden Argumenten los, die besagen, wie heroisch ein Kampf gegen die Einsamkeit sein kann. Allmählich fängt das Mädchen an, sich über den Kauz zu amüsieren. Ihm rutscht es so heraus, dass er sie ein Grünschnäbelchen nennt. Sie amüsiert sich über das Wort. Sie sagt offen, dass sie sich nach Glück sehnt. Er will die Aussage wieder zerreden, gesteht dann aber, dass es Glück wirklich gibt, und auch Ruhm. Endlich ein Minimum an Übereinstimmung. Endlich gibt Korczak diese skurrile Ironie auf. Der Mutter möchte er sagen, sie solle das Mädchen nicht durch den Gebrauch bestimmter Wörter reizen, aber die Mutter kommt sogleich ins Geschimpfe über ihre Tochter.

Was der Schriftsteller Korczak mit dieser Erzählung zeigt, ist, wie vernünftig das Mädchen ist, wie souverän sie mit den Schwächen der Erwachsenen fertig wird. Er zeigt auch, wie absurd die Angst des Gesprächspartners Korczak vor dem Gespräch mit dem Mädchen ist und wie er ein rhetorisches Blendwerk aufzieht, um einem wirklichen Gespräch auszuweichen. Das Mädchen schließlich nimmt das Gespräch humorig und hilft Korczak wenigstens zu einer einzigen ernsthaften Aussage. Der Mutter aber ist nicht zu helfen. So kommt heraus, was bei dem Schriftsteller Korczak oft herauskommt: Das, was die Erwachsenen für sich in Anspruch nehmen, Vernünftigkeit, Mäßigung, Gesprächsfähigkeit, Sorge für den anderen, finden wir bei den Kindern, nicht bei den Erwachsenen. Mit den Kindern könnte man sprechen, wenn die Erwachsenen es könnten. Des Pädagogen Angstvorstellungen vor der Wildheit der Pubertierenden zerstieben in diesem Gespräch. Man könnte sagen: Nach diesem etwas absurden Gespräch könnte ein Gespräch beginnen, aber es ist eigentlich nicht nötig. Denn das Mädchen ist in Ordnung und der Mutter ist nicht zu helfen. Dank der Vernünftigkeit und Offenheit des Mädchens ging dieses Gespräch gerade noch einmal gut. Also: Die Pädagogik kann es durchaus wagen, mit Jugendlichen zu sprechen, nur: Ein Muster dafür wollte Korczak nicht liefern.

Die Gesprächsstücke mit dem kleinen Jungen muten kaum wie Gespräche an, es ist ein skurriles Kräftemessen. Der Junge hat große Lust an der Provokation. Dr. Korczak wehrt unmissverständlich ab. Aber am Anfang bahnt sich durchaus ein Gespräch an. Der Junge ist redselig, gibt viele Informationen über den Umgang mit den Eltern preis, prahlt dabei auch mit den Erfolgen seiner Frechheit. Der Junge will den Doktor in eine Kumpanei hineinziehen: Der Doktor soll ihn vor der Mutter verstecken. Als der Doktor das verweigert, führt der Junge ihm vor, mit welchen Mitteln er seine Mutter tyrannisiert. Von jetzt ab geht es zwischen dem Kind und dem Doktor mehr um einen Schlagabtausch als um ein Gespräch. Als der Doktor ungestört lesen will, scheint der Junge sich wirklich für den Inhalt des Buches zu interessieren. Aber der Doktor scheint ihm schon nicht mehr zu trauen, er nimmt diese Chance nicht wahr, mehr Einfluss auf den Jungen zu gewinnen. Der Junge bewirft ihn mit Kiefernzapfen, der Doktor droht ihm einen Schlag auf die Finger an und führt den Schlag schließlich aus. Beim Leser entschuldigt sich Korczak, man dürfe nur nach Vorankündigungen schlagen, in Notwehr, und dann nur ein Mal auf die Hand, ohne Zorn.

Hat diese Plauderei des alten Doktors im Radio einen Sinn? Soll sie nur zeigen, wie frech und terroristisch schon Vorschulkinder sein können? Dann muss man den Eltern Vorwürfe machen. Aber das ist nicht die Art von Korczak. Vielleicht arbeitet Korczak ein Trauma auf, er hat in der Anfangszeit mal ein Kind geschlagen und geriet in eine tiefe Krise. Wahrscheinlicher ist, dass Korczak zeigen will: Es geht manchmal nicht mit dem Dialog, erst müssen Aggressivität und Boshaftigkeit des Kindes verschwinden. Also, der Dialog könnte jetzt, nach dieser Zuspitzung vielleicht beginnen. Und wir könnten darüber nachdenken, wie er aussähe.

Schauen wir im Anschluss an diese Dialoge, die nahezu Nicht-Dialoge sind, noch auf den Dialog, den **Alexander Sutherland Neill** mit einem seiner Schüler führte. Neill war der Begründer und Leiter der berühmten englischen Internatsschule Summerhill. Diese Schule ist bis heute ein Mekka der Freiheit. Hier müssen die Schüler nicht in den Unterricht gehen, wenn sie keine Lust haben, und sei es eventuell monatelang, sie dürfen sich in den Häusern und Werkstätten und dem Gelände der Schule beschäftigen nach ihren Wünschen. Es gibt im Grunde keine Tabus, über alles kann frei gesprochen werden. Lehrer und Schüler wohnen und essen zusammen. Neill erzählt den Vorfall, dass ein Junge sich von ihm auf raffinierte Weise Geld erschwindelte. Er rief von außen in der Schule an, sich vorstellend als sein eigner Onkel, und bat, dem Jungen Geld zu geben, damit er nach Hause nach Liverpool fahren könne. Bald darauf rief er wieder bei Neill an, dieses Mal als seine eigene Mutter, und gab die Höhe des Fahrpreises durch: 28 Schilling. Der Junge würde es bei Rückkehr erstatten. Neill fiel herein und gab ihm das Geld. Erst seine Frau gab dem Pädagogen Neill einen Zweifel ein. Da kann etwas nicht stimmen, der Junge hat dich hereingelegt. Seine Frau riet ihm: Nun gehe nicht ins Schlafzimmer und fordere das Geld zurück. Sondern gib ihm noch mehr! Neill ging ganz kühl ins

Zimmer, in dem die Kinder schliefen, und sagte: Deine Mutter hat wieder angerufen, sie hat sich geirrt, der Fahrpreis ist 38 Schilling. Und er warf ihm eine 10 Schilling – Note aufs Bett und ging heraus. Wieso denn das? Wäre es nicht angebracht gewesen, ein Gespräch mit dem Jungen zu führen: Wie konntest du das tun? So etwas darf man nicht machen. Das ist Betrug. Stattdessen wird der Junge noch belohnt. Frau Neill hatte sich das ausgedacht. Und sie hat Recht behalten. Die Reaktion des Jungen war, als er zurückkam: »Neill, du bist ein noch besserer Schauspieler als ich.« Dann sagte er noch: »Ich dachte mir: Das ist der erste Mensch, der auf meiner Seite steht.« Das ist eigenartig: Neill tut bei der offensichtlichen Lüge so als sei es die Wahrheit. Und er lügt noch mit. Er setzt in derselben Art noch eins drauf. Ähnlich wie bei Korczak, der auf die Provokation des Kindes mit einer Gegenprovokation reagiert. Die besagte: Ich kann genauso sein wie Du. Ja, eigentlich bin ich genauso.

Ganz ähnlich mit einem anderen Jungen bei Neill, der sich sprungbereit im höheren Stockwerk ins Fenster stellt, um ein Mädchen zu erpressen: »Gib mir einen Sixpence oder ich stürze mich heraus.« Neill wird gerufen und hört auch die düstere Drohung. Er sagt: »Deswegen bin ich raufgekommen. Ich will zusehen. Los, spring!« Da war die Luft raus. Also wieder: Ich kann genauso kühl sein wie du – ich kann genauso bluffen. Neill gab beiden Jungen die Botschaft: Ich bin genauso wie Du, ich bin auf Deiner Seite, weil ich auch so ein Typ bin. Aber gar nichts von einem moralischen Gespräch: So etwas darf man nicht tun. Du hast das Mädchen arg erschreckt. Stattdessen: Ich kann Euch wechseln, ich zahle auch mit Eurer Münze, ich stehe auf Eurer Seite. Eines wollte Neill nicht: In die Rolle schlüpfen, die oft die Eltern, besonders die Väter seiner Schüler einnahmen, nämlich moralische Belehrung, erzieherisches Gespräch oder gar erzieherische Strafe.

Ich sagte schon: Mir haben diese Dialoge Kopfschmerzen bereitet. Wie konnte besonders Korczak uns solche Dialoge aufschreiben, die eigentlich zu nichts führen. Beide berühmte Pädagogen – Korczak und Neill – sagen den Kindern: Nehmt die Gespräche mit den Erwachsenen bloß nicht zu ernst, es kommt nichts heraus. Eines ist jedenfalls klar: Die Erziehung funktioniert hier nicht so, dass die Erwachsenen den Jungen ihre moralischen Prinzipien weitergeben; dass sie den Jungen beibringen könnten, wie man sich richtig verhält, nämlich nach den Normen der Erwachsenen. Daher sind alle drei Dialoge für unser Pädagogenherz so ernüchternd.

Um die Intentionen beider berühmter Pädagogen begreifbar zu machen, will ich sie einmal in einen großen Zusammenhang stellen. Es hat eine Götterdämmerung der Pädagogik gegeben und beide Autoren entwickeln Pädagogik nach der Götterdämmerung. Vielleicht ist das Wort »Götterdämmerung« etwas zu großartig und dramatisch. Aber die Erkenntnis hat sich durchgesetzt, dass Erziehung nicht mehr in der Übertragung der Lebensnormen und des Wissens der älteren Generationen auf die jüngere Generation besteht. Diese Übertragung, dieses Weitergeben geht nicht mehr. Vielleicht geht es noch in relativ abgeschlossenen Milieus, z. B. bei religiösen Gruppen wie den Mennoniten, aber für die meisten Menschen ist es nicht mehr möglich. Diese Erkenntnis brach sich in dem Zeitraum etwa vor 150 Jahre bis vor 100 Jahren Bahn. Daran waren Philosophen, Psychologen, Soziologen und Pädagogen beteiligt, auch Schriftsteller wie z. B. Hermann Hesse und Robert Musil. Anders gesagt: Erziehung verlief nicht mehr nur von oben nach unten, mindestens ebenso sehr von unten nach oben. Darum ist auch der erziehliche Dialog so schwer zu finden, in dem der Ältere den jüngeren Menschen zur Akzeptanz seiner Normen führt. Eine Erklärung, die oft gegeben wird, beruft sich auf die Schnelligkeit des sozialen Wandels. Die Lebensbedingungen der jüngeren Generation sind nicht mehr dieselben wie diejenigen der älteren Generation. Die Zeit hat sich geändert und stellt neue Anforderungen. Die jüngere Generation erwartet nicht mehr, von der älteren Generation eine tragfähige geistige und sittliche Orientierung zu bekommen. Die ältere Generation hat nicht mehr die notwendige Sicherheit des Vertrauens in die Normen ihrer Generation.

Was bedeutet es, wenn die Erziehung nicht mehr nur von oben nach unten, sondern auch von unten nach oben verläuft? Bedeutet es, dass sich im erziehlichen Dialog die ältere Person, die wir als die erziehende anzusehen gewohnt sind, sich von der jüngeren Person führen lässt? So schien es im Gespräch Korczaks mit der Jugendlichen. Auch Neills Aussage: »Ich bin ganz auf Deiner Seite« klingt so, als ließe er sich von dem Jungen führen. Aber eine Umkehrung des Erziehungsverhältnisses ist als längerfristige Option nicht denkbar. Der Dialog in der Erziehung hat sich nicht einfach umgekehrt. Revolutionäre Bewegungen wie die kommunistische und auch die nationalsozialistische hielten eine Zeitlang eine Umkehrung für realistisch: Die Jungen, die sich begeisterungsfähig zeigten, müssten jetzt die Älteren erziehen, sprich umerziehen.

Die wirkliche Konsequenz aus der Götterdämmerung der Pädagogik war, dass eine neue Art des Dialogs in der Pädagogik entstehen musste. Das erziehliche Gespräch des Älteren mit dem Jüngeren konnte nicht mehr das vorherrschende Modell sein. Eine aktive Beteiligung der Jüngeren, eine neue Eigenständigkeit der Jüngeren war nötig. Der Dialog schließt die Verständigung unter den Jüngeren ein. Das ist ein wesentlicher Teil des Dialogs. Es galt Formen zu finden, in denen die neue Selbstständigkeit der jüngeren Generation eingeübt werden konnte. Die jüngere Generation brauchte die Chance, sich gemeinsam zur Dialogfähigkeit zu erziehen. Der Grundsatz: »Mache dein Vorhaben dialogisch« bedeutet also, Formen zu finden, in denen die jüngere Generation sich untereinander verständigen kann, in denen sie den Dialog der Lernenden, der Betreuten untereinander erlernen und führen können. Die Verständigung untereinander wird ebenso wichtig wie die Verständigung mit dem Erzieher oder Lehrer. Meine Vermutung ist also, dass Korczak die Gespräche zwischen dem bekannten Arzt und Pädagogen Dr. Korczak und einer Jugendlichen bzw. einem Knaben scheitern ließ, weil er nicht wusste, wie er als Realist ein Gespräch gestalten sollte, in dem der Vertreter der älteren Generation, der auf Bitte der Mütter handelte, den Heranwachsenden die Normen der älteren Generation vermittelte. Solch ein Gespräch wäre nicht üblich gewesen, es hätte nicht in die Zeit gepasst und keinen kritisch denkenden Menschen überzeugt. Auch für Neill wäre ein solches Gespräch nicht mehr möglich oder glaubhaft gewesen. Korczak war ein zu kritischer und genauer Beobachter seiner Umgebung, um noch an diese Möglichkeit zu glauben, die den ahnungslosen und hilflosen Müttern so gut gefallen hätte. Neill war als Psychoanalytiker ohnehin ganz skeptisch gegenüber den Möglichkeiten der Erziehung. Beide zogen aus der veränderten Situation der Erziehung ähnliche Schlussfolgerungen.

Korczak richtete schon in den Sommerkolonien, in denen er seine ersten Gehversuche mit Kindergruppen machte, ein sogenanntes **Kameradschaftsgericht** ein. Später dann auch in den Erziehungsheimen. Dieses Wort hört sich dramatisch an. Im Grunde ist es ein Instrument, das eine Struktur für dialogisches Handeln bietet. Es geht nicht um großartige Gerichtsverfahren, sondern es geht um das Öffentlich-Sprechen-Können und das Öffentlich-Gehört-Werden. Wenn Kinder sich bedrängt fühlen oder ungerecht behandelt fühlten, durften sie bei einem Richter Klage erheben. Wer Richter war, wurde bei Korczak ausgelost: Kinder, die in einer Woche nicht vor Gericht verklagt worden waren, durften gelost werden, um in der nächsten Woche Richter zu sein. Weitere Ämter waren: Der »Rat des Gerichtes«, der aus einem Erzieher und zwei Kinder-Richtern bestand. Der Sekretär des Gerichtes war ein Erzieher. Klagen und Urteile wurden an der Gerichtstafel bekannt gemacht und in der Gerichtszeitung veröffentlicht. Wer einer schlechten Handlung angeklagt war, durfte sich einen Verteidiger wählen. Das Gesetzbuch sah in 100 Paragraphen abgestufte Strafen vor, von denen 90 Paragraphen vorsahen, es werde Verzeihung geübt, und 10 Paragraphen Strafen wie öffentlicher Tadel u. ä. vorsahen. Im Grunde war es ein Kommunikationsgeschehen: Strittige Vorkommnisse wurden von beiden Seiten dargestellt, ein Rat des Gerichtes wog ab und suchte den passenden Paragraphen, ein Richter verkündete und begründete. Im Grunde erwies sich, dass das öffentliche Ansprechen des Vorfalls den Kindern meistens genügte, sie akzeptierten das Prinzip des Verzeihens. Die Erzieher waren mit einbezogen, schon bei der Erstellung des Regelwerks, aber sie dominierten nicht. Sie sorgten mit dafür, dass dieses Instrument erhalten blieb. Es ist erstaunlich, dass die Kinder es auch so begriffen wie es gemeint war, und es nicht für Rachegelüste oder richterliche Willkür missbrauchten. Selbstverständlich waren auch die Erzieher und auch Korczak selbst nicht davor gefeit, angeklagt zu werden und einen Paragraphen zu bekommen. Die Erzieher waren selbst interessiert, eine Institution für ein dialogisches Verhalten der Kinder zu haben. Nach der ersten Installierung dieses Instrumentes funktionierte es nicht, es musste für vier Wochen ausgesetzt werden. Kinder nutzten es für falsche Beschuldigungen, logen auch bei der Aufklärung des Sachverhaltes und überschwemmten das Gericht mit Anklagen. Es mussten Änderungen am Regelwerk vorgenommen werden, und der Missbrauch durch einzelne ausgeschlossen werden. Es wurde die Möglichkeit der Revision eingeführt, ein Fall wurde nach einer Woche wieder aufgenommen, wenn der Angeklagte nicht einverstanden war.

Man sieht deutlich den erzieherischen Wert dieses Instrumentes, das sozusagen eine dialogische Infrastruktur darstellte. Oft verhindern die Emotionalität und die Unmittelbarkeit des Reagierens ein wirkliches Miteinandersprechen. Wie schnell ist eine Wut da, weil etwas wehtut: ein Schubser, ein Boxen; wie schnell kommen Rachegedanken hoch; wie oft werden ungute Pläne in kleiner Clique geschmiedet; wie schnell verliert man die Verhältnismäßigkeit aus dem Auge, will für eine Kleinigkeit eine große Bestrafung herbeiführen; wie schnell fliegen verbale Beleidigungen. Bei einer so großen Kinderzahl auf dem begrenzten Raum eines Kinderheimes kann es gar nicht anders sein, erst recht nicht, wenn man bedenkt, aus welcher belastenden Umwelt die Kinder stammten, wie viele Spannungen da waren, wie viele tägliche Vorfälle von Aggressivität, von Enttäuschung, von Schmerzen, von unguten Wörtern, von empfundener Ungerechtigkeit – all das ergoss sich erst einmal in einen Schwall von Anklagen bei Gericht. Dieses Instrument erzog die Kinder, nicht jedem Impuls von Wut, von Rache, von Aggressivität sogleich nachzugeben. Es erzog die Kinder, ihre Emotionen in eine sachgerechte Sprache zu kleiden, es erzog die Kinder, die Relationen richtig zu sehen. So gelangten sie dazu, in fast allen Fällen einen Paragraphen zu erteilen, der am Ende das Verzeihen einschloss, auch wenn damit eine Ermahnung verbunden war. Die Kinder merkten, dass sie ein ähnliches Verhalten auch schon gezeigt hatten, wie sie es jetzt bei einem anderen Kind zur Anklage brachten. So wurden sie bereit zur Verzeihung. Nur die Bereitschaft zu verzeihen konnte die Gemeinschaft aufrecht erhalten. Viele Kinder kamen einmal an die Reihe, Richter zu sein oder Mitglied des Rates des Gerichtes zu werden. Sie waren einmal Ankläger, einmal Verteidiger und auch einmal Richter. Sie lernten, die Vorfälle aus unterschiedlichen Perspektiven zu sehen. Wurden sie selbst vor Gericht ermahnt, oder wurde ihr Fehlhandeln sogar für einige Tage an der Gerichtstafel öffentlich gemacht, so war das durchaus ein Grund für Besinnung.

In der Schule von Summerhill bei Alexander Sutherland Neill finden wir etwas Ähnliches. Es nennt sich **Tribunal**. Es tagt einmal pro Woche. Praktisch ist es eine Vollversammlung der Kinder. Etwa 45 Schüler hat Summerhill. Hier geht es um Regelverstöße. Eventuelle Strafen sind Geschirrspülen oder Helfen in der Theater-AG. Ob eine Strafe erteilt wird oder ein Tadel, entscheidet die gesamte Vollversammlung, jeder hat eine Stimme, ob Lehrer oder Schüler. In der Vollversammlung wird auch entschieden, wann Nachtruhe sein muss, oder z. B., dass Schwimmen im Meer nur erlaubt ist, wenn eine Strandwache da ist. Der Vorsitzende der Versammlung ernennt den Vorsitzenden der nächsten Versammlung. Hier ist also mehr als bei Korczak ein Stück Demokratie-Praxis mitgedacht. In jedem Fall haben beide Erzieher Regeln oder gar Institutionen geschaffen für die Dialog-Beziehungen zwischen den Kindern. Die Erzieher sind dabei, aber sind keineswegs die Hauptsprecher. Die Kinder haben Gelegenheit zum Dialog untereinander, zum Austragen von Meinungsverschiedenheiten, zum Argumentieren und Abwägen in Bezug auf Handlungen von Kindern, zum Festsetzen von Regeln. Sie begleiten das Leben im Heim bzw. im Internat durch öffentliches Gespräch.

Dieses sind also Beispiele zum Grundsatz: Mache dein Vorhaben dialogisch! Das bedeutet: Schaffe für dein pädagogisches Vorhaben Regeln bzw. eine Art **Infrastruktur für den Dialog** der Beteiligten! Gib Gelegenheit, das tägliche Geschehen im öffentlichen Dialog, zugänglich für alle Beteiligten, zu begleiten, aufzuarbeiten und das Verhalten einzelner zu bewerten.

Es gibt noch andere pädagogische Mittel, um Dialog zu erzeugen. Ein weiteres ist in dem Text enthalten, den ich von Paulo Freire und Frei Betto eingefügt habe, zwei Brasilianer. **Paulo Freire** ist ja sozusagen ein Urgestein dialogischer Pädagogik, darum gehört er auch in diese Vorlesung. Er hat sich in seinem Leben größtenteils der Erwachsenenbildung zugewendet. Und zwar zunächst den verarmten ungebildeten ausgebeuteten Landarbeitern auf den großen Farmen im Nordosten Brasiliens. Freire nahm an den Kampagnen zur Alphabetisierung dieser Menschen teil und entwickelte eine eigene Methode. Mit dieser Methode wollte er nicht nur diese Menschen zur Schriftsprache führen, sondern auch ihr politisches Bewusstsein wecken für ihre Lage als unterbezahlte abhängige und unfreie Arbeitskräfte. Er wollte sie zu einer Solidarität im Kampf um ihre Befreiung führen, also um die Freiheit, den Großgrundbesitzer verlassen zu dürfen, wenn er nicht gerecht bezahlte, um humane Arbeitszeiten und Unterkünfte zu bekommen. Die Alphabetisierung hätte aus Freires Sicht keinen Sinn gehabt, wenn sie den Landarbeitern nicht dazu gedient hätte, sich gewerkschaftlich zu organisieren. Zu Freires Methode gehörte, die Menschen überhaupt zum Sprechen über ihr wirkliches Leben zu führen. Aus Angst, Erschöpfung, schlechtem körperlichen Zustand waren diese Menschen in ein Schweigen, in eine Stumpfheit verfallen. Freire verbrachte zunächst viele Tage bei ihnen um herauszufinden, welche Wörter aus ihrem Arbeits- und Alltagsgeschehen für sie existentiell so wichtig waren, dass sie Anlass sein konnten, mehr zu sprechen. So führte er sie in einem Raum zusammen, damit sie lernten, sich vor der Gruppe zu äußern und über ihre Erfahrungen und Hoffnungen zu sprechen. Zeichnungen, in denen Menschen inmitten wichtiger materieller Objekte ihrer Lebenswelt dargestellt waren, lösten die Hemmung. Wenn erste Dialoge zustande kamen, so konnte Freire die bedeutsamen Wörter herausgreifen, um an ihnen das Lesen und Schreiben anzusetzen. So sollte jeder Fortschritt im Erwerb der Schriftsprache verbunden sein mit tieferer Einsicht in ihre wirkliche Lage und vermehrter Bereitschaft sich zusammen zu schließen und für ihre Interessen zu kämpfen.

So wenig sich die Großgrundbesitzer dagegen wenden konnten, dass ihre Arbeiter Lese- und Schreibunterricht bekamen, so sehr wurde ihnen diese Methode doch suspekt. Sie witterten die Gefahr eines politischen Kampfes. Wegen vieler derartiger politischer Bestrebungen griff schließlich das Militär ein und putschte. Brasilien bekam eine Militärdiktatur – das war vor etwa 45 Jahren. Freire und andere Intellektuelle, die für die Arbeiterschaft eingetreten waren, kamen ins Gefängnis. Freire wurde nach einigen Monaten Haft gezwungen, Brasilien zu verlassen. Er ging zunächst nach Chile, aber dort putschte sich auch das Militär an die Macht, danach arbeitete er im Sinne seiner Idee von Erwachsenenbildung in Afrika und weiteren Staaten. Nach längerer Zeit bekam Brasilien wieder eine Zivilregierung und Freire konnte zurückkehren und bekam die Aufgabe, das Schulwesen in der riesigen Metropole Sao Paulo zu ordnen und zu entwickeln.

Ein anderer Mitstreiter gegen Hunger und Ausbeutung in Brasilien war der Dominikanerpater **Frei Betto**. Er wurde sogar für vier Jahre inhaftiert. In unserem Text führen die Freunde Ricardo Resende und Betto ein Gespräch. Im Grunde interviewt Ricardo seinen Freund Betto. Paulo Freire gibt Kommentare. Daher setzt der Text auf S. 44 mit einer Aussage Bettos ein. Ich habe den Text ausgewählt weil Betto darin berichtet, wie er im Gefängnis mit Strafgefangenen begonnen hat, Theater zu spielen. Betto war politischer Gefangener, er war ja in keiner Weise Krimineller, war aber im Gefängnis vorwiegend von Kriminellen umgeben, manche darunter, die vielleicht aus Not kriminell geworden waren. Er bat einzelne, ihm von ihrem Verbrechen zu erzählen. Einige taten das. Dann begann er mit einem Rollenspiel: Der Täter spielte seine Tat, ein anderer Inhaftierter spielte das Opfer, ein weiterer die Frau des Opfers, jemand den Polizisten, ein weiterer den Staatsanwalt, noch jemand den Richter. Wenn das durchgespielt war, tauschten sie die Rollen, und der Täter konnte selbst das Opfer spielen, wenn er dazu bereit war. Das hört sich einfach an, aber Betto musste oftmals erst Mund-Übungen mit den Strafgefangenen durchführen, damit sie lernten, verständlich zu artikulieren. Betto tat also mit Strafgefangenen etwas Ähnliches wie Freire mit den Landarbeitern getan hatte. Er machte sie bereit, in der Gruppe zu sprechen – über sich selbst, über ihr Handeln und das Handeln des Staates mit ihnen. Wie anders konnten sie lernen, über ihre Tat nachzudenken? Wie anders sollten sie das Schweigen über die Verbrechen brechen, das üblicherweise in Gefängnissen herrscht? Wie anders konnten sie sich entschließen, nach der Verbüßung der Strafe ein anderes Leben zu führen? Wie anders sollten sie erkennen, was sich in ihrer Umgebung ändern musste, wenn sie nicht wieder im Verbrechen enden sollten? Es gab ja niemanden sonst im Gefängnis, der ihnen den Mund geöffnet hätte. Frei Betto wollte als unschuldig Inhaftierter den Strafgefangenen zu einer Personalisierung verhelfen. Das war sein pädagogisches Vorhaben. Das Rollenspiel einzuüben, das er als Theaterspiel bezeichnete, war das Bemühen, sein Vorhaben dialogisch zu machen. In der **Theaterpädagogik** spielt heute immer noch der Ansatz des sogenannten Volkstheaters von **Augusto Boal** eine Rolle, auch einem Mitstreiter Paulo Freires (Michael Schmitt 2010). Es ist ein methodischer Aufbau, von Körpererfahrungen ausgehend, über das Modellieren von Figuren, über das Posieren als Standbild, über das pantomimische Spiel bis zum sprechenden Theater, z. B. im sog. Zeitungstheater unter Beteiligung der Zuschauer. Es soll zeigen, wie Ereignisse tendenziös, manipulierend dargestellt werden können, normale Vorgänge skandalisiert werden, wie Vermutungen zum Verdacht stilisiert werden. Man kann sich solch ein Zeitungstheater zu Schlagzeilen der Bild-Zeitung gut vorstellen. Und so kann ein Vorhaben politischer Bildung dialogisch werden, dialogisch zunächst innerhalb der Theatertruppe und dann auch in der Einbeziehung von Zuschauern. Es gibt aber weitere Ansätze der Theaterpädagogik. Wir haben früher eine Lehrveranstaltung Theaterpädagogik angeboten, mit zwei versierten Theaterpädagogen, die in Dresden Jugendtheater-Projekte durchführten. Aber die Universität zahlte nur 7 Euro pro Lehrstunde, dafür konnten die freischaffenden Künstler nicht arbeiten. So gab es keine Wiederholung. Die Sorge um die Vernachlässigung von Kindern in manchen Elternhäusern und der Versuch, für diese Notlagen mehr Aufmerksamkeit zu erreichen, wurde z. B. in Hamburg mit einem Theaterprojekt beantwortet. Das Vorhaben, die Vernachlässigung aus der Verschwiegenheit herauszuholen, musste dialogisch gemacht werden. Zuschauer sollten das Thema weitertragen.

»Mache dein Vorhaben dialogisch!«

- **Schaffe für dein Vorhaben Regeln für den Dialog der Beteiligten!**
- **Schaffe eventuell eine Infrastruktur bzw. eine Institution für den Dialog!**
- **Sei als Erzieher selbst Teil der Infrastruktur, aber widerstehe der Versuchung, dominant zu sein im Dialog!**
- **Sorge dafür, dass der Dialog für alle Beteiligten zugänglich ist.**
- **Sorge dafür, dass das Geschehen in deinem Vorhaben im Dialog begleitet wird!**
- **Suche nach Methoden, Schweigen zu überwinden!**
- **Ermutige die Beteiligten, aus sich herauszugehen und sich authentisch auszudrücken und mitzuteilen.**

Literatur:

Delfos, Martine F.: »Wie meinst du das?« Gesprächsführung mit Jugendlichen. Übersetzt aus dem Niederländischen von Verena Kiefer. 5. Auflage 2012. Weinheim: Beltz 2012.

Schmitt, Michael: Vom Lehrstück bis zum Theatersport. Theaterpädagogik für eine ganzheitliche Bildung. Marburg: Tectum Verlag 2010.

Vorbereitende Lektüre:

Text 6: Janusz Korczak: Begegnungen und Erfahrungen. Kleine Essays. Dritte Auflage. Göttingen: Vandenhoeck & Ruprecht, 1982, Auszug S. 11–15.

Text 7: Janusz Korczak: Die Kinder zuerst. Aus den Schriften eines Pädagogen. Aus dem Polnischen von Peter Ball. Berlin: Kinderbuchverlag 1982, Auszüge S. 40–46, S. 75–78.

Text 8: Paulo Freire/ Frei Betto: Schule, die Leben heißt. Befreiungstheologie konkret. Ein Gespräch. München: Kösel Verlag 1986, Auszug S. 4–51.

Text 9: Alexander Sutherland Neill: Selbstverwaltung in der Schule. Mit einem Nachwort und Anmerkungen neu herausgegeben von Rebekka Horlacher. Zürich: Verlag Pestalozzianum 2005, Auszug S. 37–43.

5. Vorlesung
»Nimm die Persönlichkeit in den zu Erziehenden wahr!«

Alle Eltern wissen es: Kinder, selbst Kindergartenkinder sind schon kleine Persönlichkeiten. Es ist schon etwas da, das sich im weiteren Leben behaupten wird. Neugierde zum Beispiel oder auch das Gegenstück Zurückgezogenheit, ein Forschergeist oder ein Genießergeist, Temperament oder Bedächtigkeit.

Manches ändert sich auch im Laufe der kindlichen und jugendlichen Entwicklung. Wir wissen nicht immer, woher bestimmte Neigungen und Vorlieben von Kindern kommen. Beide Eltern sagen mitunter: Von mir hat sie oder hat er es nicht. Manchmal sind erstaunliche Begabungen da, die man nicht leicht erklären kann, zum Beispiel eine Fähigkeit des Zeichnens. Bei musikalischen Fähigkeiten liegt meist ein frühzeitiger häufiger Kontakt mit Musik vor, oftmals ausgeübt durch geliebte Menschen. Viel trägt das Verhalten der Eltern und Großeltern, eventuell auch älterer Geschwister zur Bildung der Persönlichkeit bei, im positiven wie negativen Sinne. Die sogenannte Schutzerziehung, das Gewähren von Geborgenheit und Sicherheit, ist in den ersten Lebensjahren besonders wichtig. Es gibt viel Literatur dazu, wie Eltern ihren Kindern helfen können, gesunde und lebensfrohe, lebensstarke Persönlichkeiten zu werden. Die sogenannte Bindungstheorie hat uns gelehrt, wie wichtig es ist, dass Kinder emotional sicher gebunden sind. Es muss ein gutes Verhältnis bestehen zwischen enger Bindung und Freigeben. Kinder sind nicht Eigentum der Eltern und Eltern dürfen den Kindern nicht ihre Lebensanschauung aufzwingen.

Doch wenn ich den Grundsatz aufstelle »Nimm die Persönlichkeit in den zu Erziehenden wahr!« so ist er nicht an die Eltern gerichtet, sondern an uns professionelle Pädagogen. Daher auch der Plural! Als professionelle Pädagogen haben wir es meistens mit einer größeren Zahl von Kindern oder Jugendlichen zugleich zu tun. Aber dennoch müssen wir auf sie individuell eingehen, wir können sie nicht nach einem kollektiven Einheitsmaß bemessen. Es gibt immer einzelne in der Gruppe, für die wir uns besondere Motivationsmittel und besondere Beschäftigungen und vielleicht Aufträge ausdenken müssen. Wir müssen einzelne besonders ansprechen. Wir dürfen nicht nur auf das momentane Verhalten schauen, wir müssen ein konsistenteres Bild von den Kindern und Jugendlichen gewinnen.

Dennoch fällt auf, dass es kaum Schülercharakteristiken durch Lehrer gibt, auch kaum Charakteristiken der Persönlichkeiten von Kindern und Jugendlichen durch

Sozialpädagogen. Hier haben wir wieder das Problem, dass es ganz gewiss viel hervorragendes pädagogisches Handeln gibt, viele kluge Pädagogen in der Praxis, aber nur wenige genaue Beschreibungen ihres Handelns. Wir sind auf das Schreiben der Praktiker angewiesen. Doch immer wenn man einem Pädagogen sagt: Schreib das doch mal auf, was du mir erzählt hast, kommt die Antwort: Dazu ist keine Zeit, so viel Muße besteht nicht. In den praktischen pädagogischen Zeitschriften findet man kurze Praxisberichte über Projekte, über Stoffeinheiten, über Fragen einzelner Unterrichtsfächer u. a., aber kaum eine Befassung mit einzelnen Kindern und Jugendlichen. Das ist aber gerade ein Grund, warum ich diesen Grundsatz betonen möchte: »Nimm die Persönlichkeit in den zu Erziehenden wahr!« Pädagogen haben so viele inhaltliche und organisatorische Fragen zu lösen, dass für den Blick auf das einzelne Kind und den Jugendlichen kaum Ruhe bleibt.

Es gibt manchmal kleinere Schülercharakteristiken von Außenstehenden, die Schulen besuchen, besonders von Wissenschaftlern. Davon muss man sich einzelne Beschreibungen zusammensuchen, auch wenn es meist nur kurze Texte sind. Für die Textsammlung habe ich aber einen Text zu **Thomas Barnardo** (1845–1905) ausgesucht, den man den Vater der Niemandskinder nannte. *Nobody's children*, also es gab keine Eltern, keine Verwandten, keine Fürsorger, die sich um diese Kinder gekümmert hätten. Es waren echte Straßenkinder, die nur die Straße als Lebensort hatten. Besonders in der Nähe der Hafendocks in London gab es große Elendsquartiere, in denen Menschen lebten, die bei den Hafenarbeiten gebraucht wurden – für erbärmlichen Lohn. Es war die Zeit im 19. Jahrhundert, als Hunderttausende vom Land nach London kamen in der Hoffnung, dort ohne Hunger zu leben. Denn die Schafzucht auf dem Lande brach ein: Aus den Kolonien kamen Baumwolle und Getreide. Für die Kinder konnte in den Elendsquartieren häufig nicht mehr gesorgt werden, sie wurden auf die Straße geschickt. Zu den Gebieten um die Hafendocks in Ost-London gehörten Whitechapel und Stepney: Dort war das Betätigungsfeld von Thomas Barnardo. Die Elendsquartiere gibt es heute nicht mehr, heute gibt es dort Hochhäuser, die heutige Bevölkerung sind überwiegend Migranten.

Thomas Barnardo war eine der Persönlichkeiten, die in England die Armenfürsorge aufbauten. Barnardo kämpfte nicht auf politischer Ebene für die Rettung der preisgegebenen Kinder, zur Politik hatte er als Kind einer kleinbürgerlichen eingewanderten Familie keinen Zugang. Lord Shaftesbury (1801–1885) war schon vor Barnardo's Zeit ein Politiker, der sich für eine Kinderschutz-Gesetzgebung einsetzte. Besonders schlimm ging es den Kindern, die in Bergwerken eingesetzt wurden, und den Kindern, die zum Reinigen der zahllosen Kamine in London gezwungen wurden. Für beide schweren und gefährlichen Arbeiten konnte man kleine, leichte und bewegliche Kinder gut gebrauchen. Es war ein fürchterlicher Missbrauch schon kleiner Kinder – ab 5 Jahren mussten sie dort für wenige Cents ihre Gesundheit verbrauchen. Die Kinder, auf die Barnardo in Ost-London traf, suchten Gelegenheit, ein paar Cents zu verdienen durch Halten von Pferden, durch Stiefelputzen oder durch Hilfe beim Aufladen. Aber sie hatten kein Zimmer, kein Bett, keine Schule und machten sich Kleidung aus Lumpen.

Barnardos Familie war aus Spanien zugewandert und zwar nach Irland. Thomas Barnardo und seine Brüder wurden in Dublin groß. Dort schlossen sie sich einer baptistischen Gemeinde an, die sich zum Ziel gesetzt hatte, vielen Menschen das Evangelium zu verkünden. Thomas wollte Arzt in der christlichen Mission in China werden. Darum ging er nach London, um sich am London Hospital an der Whitechapel-Straße ausbilden zu lassen. Doch natürlich erprobte er sich auch schon als Prediger und es zog ihn in die dichtbevölkerten Armenviertel im Osten Londons. Eine Armenschule, die in einem Eselstall notdürftig eingerichtet worden war, durfte er sonntags zum Predigen benutzen. Auf diesem Wege lernte er das Elend der Kinder kennen und gab bald seine Idee auf, nach China als Missionsarzt zu gehen. Stattdessen baute er nach und nach in England und Übersee ein bewundernswertes fürsorgerisches Werk auf, mit einer Vielzahl von Häusern, das auch nach seinem Tode (1905) weitergeführt wurde und weiter wuchs.

Das erste Haus gründete er in Stepney für die Straßenkinder, die er dort vorfand. Das Elend erschütterte ihn und war ihm unvorstellbar. Auf diesem Haus stand groß die Aufschrift: »No destitute child ever refused admission.«, »Kein heimatloses Kind je abgewiesen«. Es war ein Haus der offenen Tür! »Allzeit offene Tür« war das Prinzip. Das Haus in Stepney nahm zunächst 60 Knaben auf, aber innerhalb von 15 Jahren wuchs das Haus auf 450 Knaben. Barnardo hatte in Stepney ein Häuserviertel mit großem Innenhof aufgekauft. Mehr als hundert Helfer waren darin tätig, davon etwa ein Drittel gegen Bezahlung, die übrigen als freiwillige Helfer; ein Hausvater und eine Hausmutter leiteten die Anlage. Wenn man liest, wie Barnardo die Anlage einrichten ließ, denkt man, es sei ein ganz modernes Heim. Ein Schwimmbad gehörte dazu, eine Bibliothek, ein Spielraum, ein Turnsaal, eine photografisches Atelier und mehrere Werkstätten.

Woher hatte Barnardo das Geld für diese Anlage? Das Erstaunliche ist die große Spendenbereitschaft des Bürgertums, das sich in den neuen Freikirchen versammelte wie Baptisten, Methodisten, Puritaner, Quäker und andere. Der Zustrom zu den sogenannten Evangelisationen, die in großen Zelten stattfanden, war enorm. Und der junge Mann Barnardo war bald als Prediger und als Retter der Kinder weit bekannt. Das Spendenaufkommen war außerordentlich und ebenso außerordentlich war der unternehmerische Mut Barnardos, denn es gelang ihm, die Immobilien zum rechten Zeitpunkt bei niedrigem Preis zu erwerben. Viele Jahre lang verbrachte er seine Sonntage mit Predigen, nicht selten hielt er sechs Redeversammlungen am Tage.

Neben der Kinderfürsorge war auch der Kampf gegen den Alkoholismus ein großes Anliegen der sogenannten Erweckungsbewegung, das heißt der neuen Glaubensbewegung. Das wenige Geld, das die ausgebeuteten Arbeiter verdienten, gelangte meist nicht zu den Familien, sondern in die nächstgelegenen Kneipen. Kinderelend und Alkoholismus hingen eng zusammen. Im Zusammenhang mit dem Kampf gegen Alkoholismus erkannte Barnardo, dass er den Menschen nicht nur predigen durfte, sondern ihnen neue Formen von Geselligkeit anbieten musste, auch neue Getränke wie Tee und Kaffee. Das bedeutete: Sein Rettungswerk wuchs in ein richtiges Sozialwerk hinein. Man muss ja bedenken, dass damals in England der Staat sich für Armenfürsorge und Sozialpädagogik in keiner Weise zuständig fühlte. Der Staat sollte das Land schützen, das Recht schützen, aber alle sozialen Angelegenheiten waren Sache der Bürger selbst, das heißt soziale Hilfe beruhte auf Freiwilligkeit. Es ist erstaunlich zu sehen, mit welchem Elan und welchem Enthusiasmus insbesondere die Mitglieder der Freikirchen in England diese Aufgabe annahmen. Im Bereich der Erwachsenenbildung, also der Bildung für die vielen Menschen, die nur eine ganz unzureichende Schulbildung genossen hatten und gar keine Berufsbildung, war es ähnlich. Auch Bildung basierte vorwiegend auf freiwilligem Engagement. In Deutschland waren die Verhältnisse im Übrigen ähnlich, wir werden das noch an Johann Hinrich Wichern sehen, wenn auch graduell etwas anders.

Wie ernst ihm der Kampf gegen den Alkoholismus war, bewies Barnardo im Fall des sogenannten Edinburgher Schlosses. So nannte sich ein sogenannter Musik- und Tanzpalast, von seinen Gegnern auch Schnapspalast genannt, etwa 1 Kilometer von Barnardos Knabenheim entfernt. Barnardo baute auf einem freien Grundstück gegenüber dem Edinburgher Schloss ein ungewohnt großes Evangelisationszelt auf, in dem täglich gepredigt wurde, u. a. auch gegen den Alkoholismus. Schließlich bot der Eigentümer des Edinburgher Schlosses sein Anwesen zum Verkauf an – durch Versteigerung. Viele mochten nicht mehr hinein gehen, solange ihr Tun gleich gegenüber als sündhaft dargestellt wurde. Barnardo kam der Versteigerung zuvor, indem er dem Eigentümer einen akzeptablen Preis bot, ohne dass er das Geld überhaupt hatte. Aber wesentliche Spenden kamen rechtzeitig und Barnardo erwarb das Anwesen. Es wurde eine Stätte der Volksmission mit 3200 Sitzplätzen.

Barnardo hatte sich nie musikalisch betätigt, aber er hatte gemerkt, wie wichtig das Singen und die Musik für die Menschen sind – das hatte ihn auch wieder das Edinburgher Schloss gelehrt. So wurde für diese neue Missionskirche ein Chor gebildet, eine Bläserkapelle und eine Streicherkapelle wurden ins Leben gerufen, eine Orgel wurde eingebaut. Es wurden Abendversammlungen eingerichtet für Männer, für Jünglinge, für Mütter, für Fabrikmädchen. Es wurde eine Turnhalle eingerichtet, eine Buchhandlung, Kurse wurden eingerichtet zum Beispiel zu Stenografie und Rechnen. Es ist erstaunlich, wie schnell hier eine Gemeinde mit ca. 2500 Mitgliedern entstand, und dass sogar eine Schwesternschaft von Diakonissen gebildet wurde. Über die Stärke des christlichen Impulses im 19. Jahrhundert kann man wirklich staunen. Die Sozialpädagogik spricht heute nicht oft darüber, aber sie hat ihre Wurzeln in diesem Impuls. Thomas Barnardo ist dabei für England von großer Bedeutung, wie der Pater Don Giovanni Bosco in Italien, wie der Theologe Johann Hinrich Wichern in Deutschland. Barnardo benötigte kein Theologiestudium, in Freikirchen predigten und predigen auch Nicht-Theologen.

Die »offene Tür« des Knabenheims in Stepney meinte nicht, dass jeder kommen durfte und schon aufgenommen war. Die Anlaufenden wurden zunächst vorläufig aufgenommen und es wurde nachgeforscht, ob sie wirklich von allen sorgenden Personen verlassen waren. Es wurden nicht nur Verwandte gesucht, sondern auch Geistliche gefragt, Behörden, eventuell auch die Polizei. Viele Freunde des Heims kannten nach einiger Zeit auch viele Personen aus den Armutsvierteln. Es gab sogenannte »Kinderbüttel«, die den Spuren der Herkunft der Kinder nachgingen. Barnardo erlebte viele Lügen beim Aufnahmegespräch, er wollte den Kindern aber zeigen, dass die Lügen aufgedeckt werden und nicht belohnt werden. Wer niemanden hatte, der für ihn sorgen konnte, oder in seinem Elternhaus gefährdet war, wurde aufgenommen – ohne Geld. Insbesondere bei Mädchen sollte sichergestellt sein, dass sie zu Hause nicht missbraucht würden. Auch behinderte Kinder wurden aufgenommen, mit Ausnahme von Epileptikern und Geistigbehinderten. Die Aufgenommenen wurden gewaschen, die Haare wurden geschnitten – schon wegen der Läuse – und sie bekamen die Hausuniform, die aus dunklem Tuch war mit roten Rändern und als hübsch empfunden wurde. Auf der Mütze stand »Knabenheim«. Im Heim war die Schule enthalten mit etwa 5 Stunden Zeit pro Tag.

Nachdem Barnardo geheiratet hatte, wurde ein Mädchendorf in Angriff genommen. Es wurde ganz anders als das Knabenheim. Da jemand Barnardo ein Einfamilienhaus in Ilford geschenkt hatte, damals ein Dorf nordöstlich von London, heute längst einbezogen nach London, sollte dieses der Grundstock sein. Durch eine andere großzügige Spende konnten weitere elf Häuser gebaut werden, 25 Jahre später waren es 65 Häuser. Jedes Haus bekam eine Hausmutter, in jedes Haus wurden Mädchen vom 1. Lebensjahr bis zu 20 Jahren aufgenommen, also hatte jedes Haus eine Altersmischung. Zwischen 16 bis 25 Mädchen bewohnten ein Haus. Es sollte eine Familienatmosphäre herrschen. Weitere Häuser kamen hinzu: eine Kinderkirche, ein Schulhaus, ein Sanatorium, eine Stickschule und anderes. Bis zu Barnardos Tod fanden hier 8700 Mädchen ein Zuhause und eine Erziehung.

Es kamen weitere Gründungen hinzu, die meist auf Schenkungen beruhten: So wurde in der Grafschaft Kent das sogenannte Kinderschloss gegründet, um Säuglinge in Gesundheit aufzuziehen. Die hohe Sterblichkeit von Säuglingen und Kleinkindern in den Armutsvierteln belastete den inzwischen promovierten Mediziner Dr. Barnardo. Ferner gab es viele Mädchen, die früh ein Kind zur Welt brachten und es nicht versorgen konnten. Barnardo organisierte zusammen mit vielen bürgerlichen Frauen ein System, demzufolge die junge Mutter bei einem bürgerlichen Haushalt in Dienst genommen wurde, das Kind einer Pflegemutter übergeben wurde. Die junge Mutter musste von ihrem Verdienst der Pflegemutter wöchentlich einen Betrag zahlen. Damit dieses stimmig war, wurde eine weitere Frau eingesetzt als eine Art Aufsicht über Kind, Mutter und Pflegemutter. Sie teilte der Pflegemutter das Geld zu und konnte, wenn die Zahlung der jungen Mutter nicht ausreichte, durch Dr. Barnardo Unterstützung bekommen. Also eine Art Kindermutter, die im Hintergrund die gesundheitlichen, finanziellen und erzieherischen Gesichtspunkte dieses Dreiecks im Auge behielt.

Dr. Barnardo unternahm manche Reisen, um durch Reden Spenden und Schenkungen einzuwerben. Bald stellte er eine Gruppe sogenannter Wanderredner auf, meist Prediger, die für sein Werk dasselbe taten. So konnten bis zu seinem Tod Knabenheime nach der Art von Stepney in 13 Städten Englands gegründet werden. In London gründete Barnardo ein Kinderkrankenhaus, denn viele der Kinder, die er aufnahm, waren krank. Auch ein Erholungsheim für Kinder an der See wurde gegründet. Ein Taubstummenheim wurde gegründet, auch ein Heim für körperbehinderte Kinder.

Da das Knabenheim in Stepney nicht mehr ausreichte, kam, 12 Jahre später, ein zweites noch größeres in Ost-London hinzu, das Leopoldhaus (S. 253). Barnardo reservierte dieses für die Knaben zwischen 8 und 13 Jahren und zog es trotz seiner Größe auch im Familiensystem auf. Die einzelnen Einheiten waren Müttern als Erzieherinnen unterstellt. Gleichzeitig wurde das gesamte Heim mit seinen 400–500 Knaben als eine einzige Brigade dem Nordlondon Bataillon der Heilsarmee zugeordnet. Es war einfach schön, wenn sie in ihren Uniformen auszogen und Paraden abhielten, wenn sie auf einem Grundstück eines Freundes der Bewegung ein Feldlager abhielten. Sie hatten ihre Musikkapellen, Bläser, Trommler, Pfeifer, Dudelsackspieler, Glockenspielschläger, Mandolinenspieler. Die Musikkapellen begleiteten auch die Wanderredner. Das Haus in Stepney wurde nunmehr den 13 bis 18jährigen reserviert. Die Kleinen von 4 bis 10 Jahren hatten inzwischen ein Heim auf der Insel Jersey, wegen der erholsamen Seeluft.

Dr. Barnardo war bemüht, die Kinder nicht allzu lange in den Heimen zu halten, möglichst nicht länger als drei Jahre. Darum warb er um Pflegefamilien. Eine besondere Erleichterung ergab sich daraus, dass in Ländern des Britischen Commonwealth Jungen und Mädchen aus England, die erzogen und wenigstens elementar gebildet waren, gerne angenommen wurden. Insbesondere in Kanada gab es Familien, die gern solche jungen Menschen aufnahmen, sie konnten im Haushalt, im Handwerk, in der Landwirtschaft mitarbeiten, wenn sie älter wurden. In Barnardos Heimen lernten alle Jungen elementare Handwerkskenntnisse in Werkstätten, die Mädchen lernten Haushaltungstechniken und Textilarbeiten. Für die praktischen Tätigkeiten standen moderne Maschinen zur Verfügung. Auch ein Schulschiff zur Ausbildung in seemännischen Fähigkeiten wurde erworben. Insgesamt sind mehr als 20.000 Kinder ausgewandert – durchaus folgerichtig für Kinder ohne Heimat. Auch um Unterbringung auf Stellen in England kümmerte sich Barnardo, aber vielen konnte nur durch Auswanderung geholfen werden. Die Mitstreiter Barnardos blieben mit den ausgereisten Kindern in brieflichem Kontakt und fuhren auch hinüber, um die neuen Familien zu besichtigen. Barnardo reiste viermal nach Kanada. Barnardo war ein sorgfältiger Buchführer. Er errechnete, dass weniger als 2 % der Unterbringungen ein Misserfolg waren (S. 183). Später konnte ein Teil der Ausgewanderten sogar das Werk durch Spenden unterstützen.

Als Dr. Barnardo 1905 im Alter von 60 Jahren starb, waren 96 Häuser gegründet worden. Etwa 100.000 Kinder hatten eine Zuflucht, Betreuung und eine weitere Sicherung ihres Lebensweges bekommen. Diese Größenordnung ist gigantisch und es ist in der Tat ein riesiges Sozialwerk, aufgebaut ohne staatliche Hilfe, vor allem aus christlicher Nächstenliebe und dem Bemühen, Seele und Leib der Kinder zu retten.

Heute sieht auch in England Sozialpädagogik teilweise sehr anders aus. Aber trotzdem gibt es einen Weg von der christlichen Armenfürsorge zur heutigen Sozialpädagogik. Die Heime Barnardos existieren nicht mehr, sie waren nach dem 2. Weltkrieg zunächst in kommunale Trägerschaft übergegangen und sind später aufgelöst worden. Die heutigen Nachfolger Barnardos, die als Träger sozialer Projekte unter seinem Namen tätig sind, setzen nicht mehr auf Heimerziehung, sondern auf ambulante soziale Hilfe und auf Pflegefamilien. In Deutschland ist das Werk Barnardos nur sehr wenig bekannt.

Ich möchte Barnardos Tätigkeit unter den Grundsatz stellen: »**Nimm die Persönlichkeit in den zu Erziehenden wahr!**« Ich sagte schon, dass Barnardo sorgfältige Buchführung betrieb. So hielt er auch den Lebensweg der einzelnen Zöglinge sorgfältig nach. Von allen Aufgenommenen wurde ein Lebenslauf zusammen mit Fotos aufgezeichnet. Denn alle jungen Schützlinge wurden bei ihrem Eintreffen fotografiert. Sie sollten später selbst sehen können, welcher Wandel sich mit ihnen vollzogen hatte.

Der Text in unserer Textsammlung stammt aus dem Buch, das der deutsche Pastor Immanuel Fritz zuerst 1908 über Dr. Barnardo geschrieben hat und das mehrfach neu aufgelegt wurde. In diesem Text sehen wir, wie es kam, dass Thomas Barnardo überhaupt die Schlafplätze der Kinder entdeckte. Jim führte ihn dahin. Barnardo lernte die völlig ungeschützten Schlafplätze auf Dächern von Schuppen, unter Karren und Wagen, in Treppenaufgängen unfertiger Häuser und anderen Orten kennen. Er besuchte auch ein sogenanntes Armenhaus, in dem die Straßenkinder auch schlafen konnten. Die Polizei pflegte Kinder unter 13 Jahren dorthin zu bringen, wenn sie nachts Kinder fand. Dr. Barnardo schlich sich mit Jims Hilfe nachts in einen Schlafsaal eines Armenhauses ein und war angeekelt vom Gestank, von den allgegenwärtigen Schaben und Wanzen, die den halbnackten Kindern auf der Haut saßen, dass er die Flucht ergriff. Diese sogenannten Logierhäuser, die nur gegen Bezahlung einiger Cents aufgesucht werden durften, waren damals für Zehntausende die einzige Rettung in der kalten Jahreszeit. Darunter waren viele Kinder. Aber diese Häuser waren verhasst, weil man eben doch fror, keine Hygiene hatte, sich Krankheiten holte und aggressiven Menschen ausgesetzt war.

Der erste nächtliche Entdeckungsgang mit Jim zu den versteckten Schlafplätzen war ein Schock für Barnardo gewesen. Die Bilder verfolgten ihn wochenlang. Aber danach wanderte er viele Nächte lang durch die Armenviertel Londons, um verlassene Jungen zu finden und sie in sein Knabenheim in Stepney einzuladen. Später tat er dasselbe auch mit Mädchen. In die Textsammlung habe ich die kleine Geschichte von Artur und seinem kleinen Bruder Bobby aufgenommen. Barnardo war schnell aufgefallen, noch an der Schlafstelle im Treppenhaus, wie sehr Arthur für seinen kleinen Bruder sorgte, der etwa zweieinhalb Jahre alt war. Er hatte ihn etwas abseits gelegt und ihn mit Lumpen zugedeckt, der Kälte wegen, aber auch um ihn zu verbergen, falls die Polizei käme.

Barnardo erkannte die Gefühle des älteren Artur, der zunächst so aggressiv und abweisend erschien. Barnardo nahm den kleinen Bruder von der Schlafstelle hoch, da begann Artur zu weinen und bettelte, sie beide nicht der Polizei zu übergeben. Barnardo erkannte, dass die Sorge für den kleinen Bruder Arturs ganzer Lebensinhalt war, und dass dieser Impuls ihn vor bösem Handeln schützte. Wie sich während der folgenden Jahre im Knabenheim in Stepney und dann auch nach der Auswanderung beider nach Kanada zeigte, hatte Barnardo sich in Artur nicht getäuscht. Aus Kanada sendete ihm Artur, der bei seiner Auswanderung erst 10 oder 11 Jahre alt sein konnte, einen Dankesbrief und sprach darin auch mit Freude über die neuen Eltern in Kanada. Barnardo hatte den guten Kern in Artur trotz aller Rauheit, trotz der Dunkelheit der Nacht, trotz seines erbarmungswürdigen Zustandes rasch erkannt.

Bei Jim, der sein nächtlicher Führer und Kundschafter wurde, war es zu Anfang schwieriger. Barnardo konnte ihn nicht einschätzen, nachdem er allein zurückgeblieben war, um Dr. Barnardo zu bitten, ihn über Nacht im Unterrichtsraum zu belassen. Das war auch nur ein Eselsstall, aber er war wenigstens etwas warm. Dr. Barnardo hatte diese Art von Kindern noch gar nicht wahrgenommen, die später seine Häuser bewohnen sollten. So schrieb er: »Endlich stand er gerade vor mir: entweder ein verlogener junger Schlingel, der eine Tracht Prügel verdiente, oder aber der ärmste Tropf, den ich je gesehen.« (S. 13) Dann befragte er ihn eindringlich und war sich nicht sicher: Ist seine unglaubliche Geschichte wahr oder lügt der Bursche? Dann aber schreibt Barnardo: »In seiner Stimme war solch ein wahrer und überzeugender Ton, und solch eine Atmosphäre von Aufrichtigkeit umgab ihn unbewusst, dass ich bald, ehe ich mit meiner Untersuchung weit gediehen war, die Überzeugung gewonnen hatte, dass ich vor einer Entdeckung stehe.« (S. 13/14) Barnardo wird durch den Ton der Stimme angesprochen, durch die Atmosphäre, die den Jungen umgibt. Barnardo nimmt etwas wahr, das auf der Gefühlsebene liegt: Er fühlt die Aufrichtigkeit des Jungen, obwohl das Gesagte für ihn, der noch so ahnungslos ist, ganz unwahrscheinlich klingt. Und Barnardo irrte sich wieder nicht.

Später hat Barnardo seine Fähigkeit, hinter dem äußerlichen Tun der Kinder etwas zu sehen, was zur Persönlichkeit des Kindes gehört, noch verfeinert. Er berichtet folgenden Vorfall über ein Mädchen: »Ein anderes neunjähriges Mädchen hatte einem kleinen Kind den Mund mit Sand gefüllt und sich dann auf sein Gesicht gesetzt. Und doch behaupte ich bestimmt, dass das Kind keinen grausamen Charakter hatte: Da war nicht die Absicht zu morden, sondern nur eine hochgradige Neugier, zu erfahren, was wohl passieren werde, und dazu kam dann ein Gefühl von wirklicher Besorgnis, als sie begriff, wie das arme Geschöpf gelitten hatte. Gleich einem rohen Wilden hatte sie keine Einbildungskraft, ihre Natur war völlig unentwickelt; sie war unfähig, sich an die Stelle eines anderen zu denken.« (S. 141)

Das ist wirklich ein pädagogisch geleiteter Blick, denn das äußerliche Geschehen ist ja schrecklich und man muss vor diesem Mädchen erschrecken. Aber Barnardo knüpft an der plötzlich auftretenden Besorgnis des Mädchens an. Sie hat Gefühl und Mitgefühl, so schließt er. Aber es fehlt ihr an Einbildungskraft. Dieser Mangel rührt daher, dass sie nie einen Menschen hatte, zu dem sie sich gehörig fühlte. Sie hat das Mitfühlen nicht lernen können, aber in dieser schrecklichen Handlung bricht es doch auf. Sie hat das kleine Kind wie eine Sache behandelt, denn eine mitmenschlich fühlende Beziehung kannte sie nicht. Aber es springt dann doch ein Funke, und darauf baut Barnardo seine Sicht des Kindes auf.

Das sind nur ganz kleine Begebenheiten und größere kann ich leider nicht bieten, aber sie zeugen von der Fähigkeit Barnardos, an kleinen Anzeichen einen wesentlichen Persönlichkeitszug der Kinder zu erkennen. Wenn Barnardo solch ein Zeichen erfasst hatte, war er in seinem Urteil sehr sicher. Er wusste, dass sich die Persönlichkeit des Kindes entwickeln konnte. Pädagogisch gesehen, dürfte in dieser Fähigkeit der Erfolg der Kinderrettung begründet liegen.

Ich will jetzt noch Beispiele aus der Gegenwart ansprechen, die ich in der Literatur gefunden habe – nach umfangreicher Suche, da es schwer ist zu dem heutigen Grundsatz Beispiele zu finden. Das erste Beispiel möchte ich überschreiben: **Ein Schüler** verbirgt seine Persönlichkeit, er macht es also den Lehrern sehr schwer, seine Persönlichkeit überhaupt wahrzunehmen. Ich glaube, das ist ein häufiger Fall und ist auch kennzeichnend für die Schule. Ich habe dieses Beispiel in einem Buch über Jungen gefunden (Krebs 2008). Der Autor interviewte mehrere Jungen, um herauszufinden, wie sie die Schule erleben. Es ist also nur die

Sicht einzelner Schüler, nicht die Sicht der Lehrer. Deren Erleben kann man nur erschließen aus den Worten der Schüler.

Der Junge, den ich ausgewählt habe, heißt Jakob. Er war damals 15 Jahre alt und ging in die 10. Klasse eines Gymnasiums in Hamburg. Jakob macht früh im Interview klar, dass er kein stabiles Selbstbild hat. Manchmal findet er seine Frisur toll, dann wieder ganz daneben. Manchmal findet er sich einen hübschen Kerl, dann wieder viel zu dünn, so dass er schwächlich aussehen könnte. Er möchte immer ein Mittelmaß: Muskelprotz, dass die Hemden platzen – das ist nicht das Wahre, aber trotzdem gut gebaut sein, ist nicht schlecht. An der Schule ist der Schulhof das Beste, wenn man nach dem Unterricht noch mit Freunden auf dem Schulhof ist. Lehrer können nicht erklären, der Unterricht ist langweilig und er selbst ist ziemlich faul, sagt er. In der Schule hat er nicht die richtigen Freunde, aber er versucht sich anzupassen. Man könnte sagen, er ist **zu** anpassungsbereit. Wenn er unter den coolen Mackern seiner Klasse ist, will er nicht ganz dumm aussehen. Die rauchen und reden davon, was sie bei den Mädchen alles erreichen – dann erzählt er auch so etwas, um sich besser zu fühlen. Wenn die von Partys reden und wie besoffen sie waren, dann gibt er Applaus, obwohl er nicht raucht und nicht trinkt. Mit Sportleistungen kann er nicht imponieren, mit Noten will er nicht imponieren, einige könnten in ihm den Streber sehen. Zu herzlich will er die ihm nahestehenden Mitschüler nicht begrüßen, nicht zu viel Körperkontakt, sonst denken einige, er sei schwul. Klassengemeinschaft – das wäre eigentlich etwas richtig Gutes, aber fast alle klagen: Das haben wir nicht. Wenn in der Klasse heftig diskutiert wird, zum Beispiel über Rassismus, bleibt er lieber ganz ruhig. Bei der Cliquenbildung in der Klasse hält er sich zur mittleren gemäßigten Gruppe. Die coolen Jungen wollen von den Mädchen gar nichts wissen, und eine Mädchengruppe möchte mit Jungen nichts zu tun haben. Er hält sich aber an ein paar Jungen, die sich auch schon mal mit Mädchen treffen.

Einen so genannten Streber haben sie in der Klasse, der schreibt Einsen und Zweien, und der weiß auch tatsächlich immer Bescheid. Die anderen verspotten ihn, aber er hält zu diesem Schüler, heimlich und im Inneren natürlich. Denn er hat sich von ihm mal Physik erklären lassen und gleich eine gute Arbeit geschrieben. Er fragt sich, warum der Junge es aushält, so viel verspottet zu werden. Seine Antwort ist: Der muss gute Noten bringen, weil sein Vater hinter ihm steht. Die Schule wünscht er sich im Grunde ganz weg, denn seine eigentliche Freundesclique ist in dem Dorf, in dem seine Eltern ein Ferienhaus haben, und in dem er sich oft aufhält. Von dieser Freundesclique ist keiner in seiner Schule. Sein allerbester Freund dort raucht und trinkt auch nicht gern, nur zwei andere fangen jetzt leider an. Mit seinem eigentlichen Freund zusammen macht er viele Computerspiele. Aber zum Sport oder ins Schwimmbad kriegt er diesen Freund nicht mit. Der lässt nicht vom Computer. Aber er zeichnet auch Comics, die er für ein bisschen Geld verkauft. Da hat sein Freund ihm etwas voraus.

In dem langen Interview entdeckt man **keine** Persönlichkeit. Anpassungsbereit sein, sich immer in der Mitte halten, keine Meinung haben und wenn man mal von der Mehrheit abweicht – wie im Falle des »Strebers« – dann heimlich. Jeder Lehrer wird sich schwer tun, hier eine Persönlichkeit zu finden. Wenn Lehrer ihn auf dem Dorfe beobachten könnten, vielleicht würden sie etwas entdecken. Vielleicht auch problematische Tendenzen sehen – vielleicht bei den Computerspielen. Die Eltern sind zufrieden und lassen ihn gewähren, es läuft ja einigermaßen. Kurz gesagt: Es gibt Schüler, bei denen mein Grundsatz offensichtlich ins Leere läuft. Aber das sollte einen Lehrer beunruhigen und er sollte solch einen Schüler reizen sich zu zeigen, obwohl seine Unsichtbarkeit für den Lehrer bequemer ist.

Nehmen wir ein anderes Beispiel. Es geht um eine **Schülerin,** die ein sehr gestörtes Persönlichkeitsbild aufweist. Sie setzt die Lehrer unter Spannung und diese wissen noch nicht, zu welcher Seite es ausschlägt. Die Lehrer alleine werden damit nicht fertig, das Mädchen bekommt außerhalb der Schule Therapien. Das Mädchen besucht die Laborschule Bielefeld, dürfte bei der Beschreibung im 3. Jahr dort sein, wenn ich die Angaben richtig verstehe, dürfte also etwa 8 Jahre alt gewesen sein. Sie heißt Sabrina. Ein Wissenschaftler, der jetzt als freier Autor arbeitet, interviewte die dazugehörige Lehrerin (Winkel 2001).

Sabrina und ihr Bruder Roman haben bei ihren leiblichen Eltern offenbar Schlimmes erlebt und lebten dann in einer Pflegefamilie. Sie haben aber aus ihrer leiblichen Familie so viel Aggressivität mitgebracht, dass die Pflegefamilie äußerte, sie könne beide Kinder zusammen nicht behalten. Darum machte die Laborschule den Versuch, beide Kinder in dieselbe Lerngruppe zu geben, in der Hoffnung, dass sie lernen friedlich miteinander umzugehen. Aber die Schule überschätzte sich, Roman wurde schließlich in eine Schule für Erziehungshilfe überwiesen und wird vermutlich eine andere Pflegefamilie bekommen.

Sabrina ist ein Mädchen, dessen Kontaktaufnahmen mit anderen Kindern und Personen fast immer aggressiv ausfallen. Sie scheint das zu wissen und zieht sich daher gerne in die Tierecke zurück zu den Meerschweinchen. Sie spielt mit ihnen – von Schmusen bis Quälen. Aber das erkennt nur, wer sie genau beobachtet. Sie geht manchmal ganz ruhig mit anderen Kindern Arm in Arm beim Hausmeister Milch holen, kann mitunter auch ganz allein in der Bibliothek sein, aber als sie einmal mit einem durchaus pädagogisch begabten Praktikanten einen Außenweg machen sollte, setzte sie diesem unterwegs so zu, dass der junge Mann bleich und verstört zurück kam. Man zog daraus den Schluss, sie so selten wie möglich mit neuen Personen zusammenzubringen. Sachliches Lernen ist für Sabrina immer zugleich soziales Lernen. Es kommt auf den Menschen an, mit dem sie gerade arbeiten soll. Wenn sie mit diesem Menschen nicht arbeiten will, dann kann sie kein Wort lesen, kann es wirklich nicht, obwohl sie das Lesen in anderer Konstellation bewältigt. Sabrina wird ständig beaufsichtigt und man wagt es bisher nicht, für sie etwas Neues einzuführen, zum Beispiel sie am Nachmittagsprogramm teilnehmen zu lassen. Sabrina ist das Kind mit lauter Ausnahmeregelungen. Man findet den positiven Faden in Sabrinas Persönlichkeit noch nicht. Die erlittene Störung ist zu stark. Vielleicht ist eine Regelschule hier überfordert. Auf die Frage, ob eine Sonderschule nicht richtiger wäre, antwortet die Lehrerin mit dem Selbstverständnis ihrer Reformschule, jeden Schüler fördern zu können.

Schließlich ein drittes Beispiel, wieder etwas ungewöhnlich. Es stammt aus der Schweiz und es geht um **einen Jungen** namens André. Die Eltern machen für ihre Kinder von der Möglichkeit Gebrauch, welche die Schweiz bietet, dass die Kinder gar nicht zur Schule gehen müssen, wenn die Familie auf andere Weise für die Bildung der Kinder sorgt. Ein Lehramtsstudent am Lehrerseminar in Sargans im Kanton St. Gallen, namens Olivier Keller, hatte die Idee, den Lernbiographien solcher Kinder und Jungendlicher nachzugehen. Für seine Arbeit gewinnt er den ersten Preis der Stiftung »Schweizer Jugend forscht«. (Keller 1999)

Der Junge, den er unter anderen vorstellt, heißt André. André hat dadurch, dass er jahrelang seine geistigen Interessen frei suchen und ausprobieren durfte, ganz sicherlich eine starke Persönlichkeit gewonnen. Er hat ein ungewöhnlich hohes Maß an Selbstbestimmung erreicht, eine große Sicherheit in seinem Tun, und kann dennoch seine Interessen ändern. Er ist nicht fixiert, seine Persönlichkeit muss nicht entdeckt werden, es gibt ja auch kein pädagogisches Gegenüber. Erwachsene haben ihn des Öfteren angeregt, ansonsten ließ er sich von seinen Interessen ziehen. Die Fähigkeit, geistigen Interessen zu folgen, sich ihnen hinzugeben, ist der herausragende Zug seiner Persönlichkeit. Diese Konzentrations- oder Hingabefähigkeit zeigte sich schon, als er mit 7 Jahren lange den vorbeifahrenden Autos nachschaute, um die Wagentypen und -marken zu bestimmen.

Danach sammelte er Autoprospekte, die er von Autofirmen holte, darauf lenkte eine Landmaschinenausstellung ihn auf Landmaschinen und er baute Lego-Modelle von Landmaschinen. Mit 15 Jahren kamen die Autozeitschriften und André schrieb und zeichnete mit seinen ganzen Autokenntnissen selbst für einige Zeit eine Autozeitschrift. Nebenbei las er große Romane der großen Schriftsteller, z. B. »Die Suche nach der verlorenen Zeit« von Marcel Proust. Es kamen dann die Fotoapparate. Wie immer erarbeitete er sich die Geschichte der Maschinen, Geräte und Techniken. Er begann selbst zu fotografieren und entwickelte seine Bilder. Schließlich erwählte er das Fotografieren zu seinem Beruf, aber wohl kaum seinem letzten. So verlief, knapp gesagt, sein zehnjähriger Bildungsgang. Wie gesagt, seine Persönlichkeit ist offensichtlich, sie muss nicht entdeckt werden. Pädagogische Hinweise braucht er eigentlich nicht, er sucht Menschen mit starken Interessen und lässt sich anregen. Eine schulfreie Bildungsbiografie.

»Nimm die Persönlichkeit in den zu Erziehenden wahr!«

- **Achte auf den gesamten Ausdruck des Kindes, wenn du seine Aufrichtigkeit prüfst!**
- **Frage dich, ob in einem negativen Verhalten auch eine positive Tendenz mitwirkt!**
- **Motiviere ein meinungsscheues Kind bzw. Jugendlichen, zu einer Überzeugung zu stehen!**
- **Bedenke, dass für ein Kind die Beziehung das Unmittelbare ist, nicht der Inhalt!**
- **Gib dem Kind Raum für die Ausbildung eigener Interessen, um die Persönlichkeit zu erkennen!**

Literatur:

Keller, Olivier: Denn mein Leben ist lernen: wie Kinder aus eigenem Antrieb die Welt erforschen. Freiamt im Schwarzwald. Verlag Mit Kindern wachsen 1999.

Krebs, Andreas: Jungen erleben Schule: personenzentrierte Jungenforschung: Methodik, Ergebnisse und Perspektiven für schulische Jungenarbeit. München: Verlag Meidenbauer 2008.

Ronner, Emil Ernst: Der Mann mit der Laterne: Thomas John Barnardo – der Vater der Niemandskinder. 4. Auflage. Neuhausen-Stuttgart: Hänssler, 1996.

Winkel, Rainer (Hrsg.): Schwierige Kinder – problematische Schüler, Fallberichte aus dem Erziehungs- und Schulalltag. Baltmannsweiler: Schneider Verlag Hohengehren 2001.

Vorbereitende Lektüre:

Text 10: Immanuel Fritz: Dr. Barnardo, der Vater der ›Niemandskinder‹. Ein Bild seines Lebens und Wirkens. Sechste Auflage 1925. Zürich: Orell Füßli, Auszüge S. 10–21 und S. 105–113. (Die Schreibweise des Herausgebers ist in anderen Ausgaben: **Friz**. Eine weitere Ausgabe des Werks erschien 1949 in Basel bei Reinhardt. Ida Frohnmeyer fügte darin ein Nachwort an.)

6. Vorlesung
»Unterstütze die zu Erziehenden in dem Ziel, Selbsterzieher zu sein!«

Es ist nicht damit getan, einem Jugendlichen zu sagen: Erziehe dich selbst! So einfach geht es nicht. Die Selbsterziehung ist eine wunderbare Idee. Eigentlich ist es das Höchste, das ein Pädagoge erreichen kann. Was ist eigentlich Selbsterziehung? Im Sport hört man ja oft die Wendung: Man kann immer noch besser werden. Damit ist gemeint: Man kann seine Leistung immer noch steigern und noch weitere andere hinter sich lassen. Auch in der Wirtschaft gilt dieses Prinzip: Man kann immer noch besser werden. Das Betriebsergebnis kann gesteigert werden. Da ein Betrieb wie auch ein Sportverein bzw. eine Mannschaft eine kollektive Einheit ist, muss möglichst jeder einzelne besser werden, bessere Ergebnisse haben. Sowohl im Sport als auch im Wirtschaftsleben wird das Besser-Werden in Zahlen ausgedrückt. Das Ergebnis wird in Zahlen gemessen und eventuell wird der Beitrag der einzelnen auch in Zahlen ausgedrückt. Im Bereich der Wirtschaft nennt man solche kollektiven Einheiten gerne »lernende Organisation«. Immer wieder sollen Fehler ausgemerzt werden, Methoden sollen verbessert werden, gute Leute angeworben werden. »Lernende Organisation« – das ist sozusagen die betriebswirtschaftliche Übersetzung von Selbsterziehung der kollektiven Einheit, wie man in der DDR sagte: Selbsterziehung des Kollektivs. Die Selbsterziehung der einzelnen war darin eingeschlossen – im Sinne des Kollektivs. In dem pädagogischen Begriff der Selbsterziehung taucht das Immer-Besser-Werden auch manchmal auf. Selbst das Messen der Selbsterziehung mittels Zahlen kommt vor. Man kann sich ja ein Punkte-System ausdenken. Der einzelne kann sich sogar selbst bewerten und sich Punkte zuordnen. So etwas gibt es auch in der Pädagogik, manchmal.

Aber dennoch: das Selbst im pädagogischen Begriff der Selbsterziehung ist nicht gleichzusetzen mit einer kollektiven Einheit. Es ist kein Betrieb mit einem Leistungsziel. Passender ist der Begriff der Gemeinschaft. Eine Schule etwa kann als Gemeinschaft handeln oder zumindest kann das eine Klasse in der Schule tun. Im pädagogischen Sinne ist Selbsterziehung auch nur partiell ein Training: Es geht nicht um Leistungssteigerung, darum, sich immer wieder selbst zu übertreffen. Passender als Übertreffen ist der Ausdruck: Überwinden. Schon in der zweiten Vorlesung waren wir auf den Begriff der Überwindung gestoßen, als es um Pestalozzis Roman »Lienhard und Gertrud« ging. Genau genommen heißt der Begriff »Selbst-Überwindung«. Lienhard musste sich selbst überwinden, um am Wirtshaus vorbei gehen zu können. Er musste sich auch selbst überwinden, um im Dorf und vor dem Landvogt darüber sprechen zu können, wie er abhängig gemacht wurde, wie er seine Familie in Armut stürzte, sein Land verlor und wie er nun einen neuen Willen habe, durch bezahlte Arbeit seine Familie aus der Armut herauszuführen. Es kostete Selbst-Überwindung, zu seinem Versagen zu stehen, ohne sich von ihm niederdrücken zu lassen, sondern neu anzufangen.

Dieses ist eine Dimension von Selbsterziehung, die man mit Zahlen nicht fassen kann. Es ist, wenn man so sagen will, ein Kampf um die eigene Seele, ein Sich-Ermutigen, eine Selbst-Bewilligung, eine Selbstkräftigung des Willens. Das alles steckt im Begriff der Selbsterziehung. Sie ist, wie gesagt, das Höchste, das der Pädagoge erreichen kann. Er kann die Selbsterziehung nicht herbeiführen, nicht bewirken, er kann den einzelnen begleiten, kann ihn in wichtige Gelegenheiten hineinführen, so wie Gertrud es mit ihrem Mann Lienhard tat. Dazu sollte man, so hörten wir schon, nicht zu viele Worte machen, sondern eher indirekt wirken. Was dazu gehört, sind die drei Prinzipien, die wir schon von Carl Rogers gelernt haben: Akzeptanz des anderen Menschen als der, der er ist; einfühlendes Verstehen und eigene Unmittelbarkeit, Aufrichtigkeit, Unverstelltheit.

Man kann sich Selbsterziehung als einen ganz individuellen Vorgang vorstellen, den ein einzelner Mensch mit sich selbst ausmacht, sozusagen in einer klösterlichen Zelle. Aber auch inmitten der Gesellschaft kann der einzelne sich selbst darin stärken, den Werten gemäß zu leben, die ihm wichtig sind. Diese Form der individuell verantworteten Selbsterziehung ist für Erwachsene charakteristisch, nicht für Kinder und Heranwachsende. Für Kinder und Heranwachsende, auch für viele Erwachsene ist eher das Zugleich einer gemeinschaftlichen und einer individuellen Selbsterziehung typisch. Ohne Gemeinschaft, nur in Einsamkeit sozusagen, gelingt nur wenigen die Selbsterziehung. Es ist sozusagen ein philosophisches Ideal, in Einsamkeit und Freiheit sein Leben aus dem Denken heraus zu führen, entsprechend den erkannten Werten. Der Asket vor allem ist eine Form einer vollkommenen philosophischen Selbsterziehung. Betrachten wir dagegen die Selbsterziehung von Heranwachsenden in Gemeinschaft! Die Gemeinschaft erzieht sich insgesamt selbst und erzieht auch den einzelnen. Das geschieht allerdings nicht von allein, sondern bedarf der pädagogischen Unterstützung, genauer gesagt: Es bedarf klarer pädagogischer Regeln und pädagogischer Formen der Gemeinschaft.

Ich möchte das zunächst erläutern am Beispiel der **Schule Schloss Salem** am Bodensee. Sie ist die berühmteste deutsche Internatsschule und ist vor allem deshalb berühmt, weil einige Sprösslinge des europäischen Adels sie besucht haben. Wie andere Internatsschulen auch, ist sie teuer – nicht der Schulbesuch ist teuer, sondern das Leben im Internat, das einfach zur Schule dazu gehört. Es gibt aber auch mehrere Freiplätze, damit sich in der Internatsschule nicht nur Kinder reicher Eltern begegnen. Schüler aus der näheren Umgebung von Salem wohnen nicht im Internat, man bezeichnet sie als Externe. Berühmt ist sie vielleicht auch deshalb, weil ihr Gründer Kurt Hahn so bestimmt das Ziel vertreten hat, die Schule solle für Deutschland eine Elite herausbilden.

Zunächst schauen Sie bitte auf die sieben Salemer Gesetze. **Kurt Hahn** gründete die Schule im Jahre 1919, also bald nach dem 1. Weltkrieg. Im Jahre 1930 formulierte er dann die sieben Gesetze. Eigentlich sind sie gar nicht für die Salemer Lehrer geschrieben, denn diese kannten die Ziele und Methoden der Schule zur Genüge, sondern für ein englischsprachiges Publikum zuerst in englischer Sprache verfasst worden. In Kürze sollten sie aussagen, welche Pädagogik in der Salemer Schule gelten sollte. Mir gefällt es natürlich, dass die Pädagogik in wenigen Grundsätzen zusammengefasst wurde. Jeder Grundsatz wird kurz erläutert. Wenn aber Kurt Hahn das Wort »Gesetze« benutzte, so meinte er mehr als Grundsätze. »Gesetze« – das klingt nach Staat. Der Staat ist für die Gesetzgebung zuständig, genauer: das Parlament. Kurt Hahn hat sich viel mit Politik beschäftigt und er hat ausgiebig die Staatsphilosophie im alten Griechenland und im alten Rom studiert. Sein Lieblingsautor war Plato, daneben schätzte er auch Cicero. Kurt Hahn war ein Lateiner, den Lateinunterricht ließ er sich nicht nehmen, daneben unterrichtete er Geschichte, weil Geschichtsunterricht vieles zur Erziehung des politischen Urteils beiträgt. Salem war nach heutigen Maßstäben ein Gymnasium, das Abitur war das höchste Ziel, wenn es auch extern an einem Konstanzer Gymnasium abgelegt werden musste. Es gab aber keine Aufnahmeprüfung und selbstverständlich musste es nicht das Ziel jedes Schülers sein, das Abitur zu erreichen. Die Schule nahm Jungen und Mädchen auf. Schauen wir näher auf die sieben Gesetze, so finden wir einiges Bekanntes. Im ersten Gesetz sagt Kurt Hahn, wie wichtig es ihm ist, dass die Jugendlichen im Alter bis ca. 15 Jahren eine große Leidenschaft entwickeln: *une grande passion*. Damit meint er eine geistige oder sportliche oder handwerkliche oder musikalische Betätigung, die ihnen ein Lebensinhalt wird. Sie sollen für etwas großes Interesse gewinnen, nicht für alles und nicht für nichts. Dieses Interesse, diese Richtung, diese Leidenschaft ist ein Kennzeichen der Persönlichkeit. Kurt Hahn bezeichnete die pädagogische Aufgabe ganz generell als »Hilfe am Werden«. Das ist eine gute knappe Beschreibung dessen was der Pädagoge tut. Das fünfte Gesetz handelt von der Phantasie. Es gilt, der Vorstellungskraft des Kindes und Jugendlichen Nahrung zu geben. Sie erinnern sich, dass Dr. Barnardo bei dem neunjährigen Mädchen, das so grausam gegen ein kleineres Kind handelte, ein völliges Fehlen der Vorstellungskraft feststellte. Erst mitten in der grausamen Handlung blitzte ein Mitempfinden auf. Bis dahin hatte sie das kleine Kind wie eine Sache behandelt.

Ansonsten sind aber in den sieben Gesetzen Gedanken enthalten, die wir hier noch nicht berührt haben. Kurt Hahn sagte im ersten Gesetz, dass die Jugendlichen die »große Leidenschaft« in sich selbst entdecken müssen. Das Wesentliche geschieht also in der Selbsterziehung, der Pädagoge schafft sozusagen ein Übungsfeld für die Selbsterziehung. Selbsterziehung der Gemeinschaft und Selbsterziehung des einzelnen sollten sich gegenseitig verstärken. Verantwortung für die Gemeinschaft und Verantwortung für sich selbst gehören nach Hahn zusammen. Hahn war überzeugt, dass für die erzieherische Wirkung der Gemeinschaft Ämter notwendig sind, also bestimmte festgelegte Aufgaben, die von einzelnen zu erfüllen sind. Die Ämter verleihen ihren Inhabern eine Stellung in der Gemeinschaft. Das Hineinwachsen in eine höhere Stellung in der Gemeinschaft war nach seiner Auffassung ein wichtiger Antrieb für die Selbsterziehung des einzelnen. Wir werden sehen, dass Kurt Hahn eine Vorstellung von einem idealen Staat im Hintergrund hatte, wenn er von der Erziehung der Gemeinschaft und der Selbsterziehung sprach.

Schauen wir uns den Aufbau der Gemeinschaft einmal von unten her an. Der Aufbau beruht auf Bewährung und Reifung der Kinder und Jugendlichen in der Gemeinschaft. Die aufgenommenen Schüler erhalten nach einer Bewährungszeit einen sogenannten Trainingsplan. Darüber sage ich später noch mehr. Dann erhalten sie den Schulanzug. Der bestand einesteils aus grauem Flanellhemd und grauen Shorts. Dann kamen ein blauer Blazer und blaue Hosen dazu (Pielorz, S. 210; S. 267. – Mann, S. 123). Wenn man sich im Schul- und Internatsleben bewährte, konnte man in den Anwärterkreis der sogenannten Farbentragenden aufgenommen werden, dadurch man war noch nicht Farbentragender, sondern Anwärter. Was bedeutet denn das Wort »Farbentragender«? Erst einmal bedeutet es äußerlich, dass der Schüler oder die Schülerin einen lila Stoffstreifen erhielt, den er oder sie an das Schulhemd heftete. Farbentragender wurde man erst nach einigen Jahren Aufenthalts in der Schule. Die Farbentragenden versammelten sich regelmäßig, um Vorfälle an der Schule zu besprechen und Regeln aufzustellen. Sie entschieden auch darüber, einzelne aus dem Kreis der Anwärter in die Versammlung der Farbentragenden aufzunehmen. Man könnte sagen, die Versammlung der Farbentragenden war das Parlament der Schülerschaft. Aber es kam nicht durch eine Wahl zustande, indem etwa alle Schüler aus Kandidaten die Farbentragenden auswählen durften. Davon hielt Kurt Hahn nichts, denn er wollte, politisch gesprochen, Demokratie und Aristokratie mischen. Die bewährten verantwortlichen Schüler sollten ihren Kreis selbst ergänzen – durch Auswahl Geeigneter aus der Schülerschaft. So sollte sichergestellt sein, dass die verantwortlichen Parlamentarier immer den Geist der Schule repräsentierten. Aus dem Kreis der Farbentragenden ging dann die Regierung hervor. Aber wieder nicht durch Wahl, denn die Farbentragenden wählten nicht die Schüler-Regierung, sondern Kurt

Hahn ernannte die Regierungsmitglieder aus dem Kreise der Farbentragenden. Es waren Schüler der höchsten Klassenstufen.

An der Spitze stand ein sogenannter »Wächter«, eine Art Regierungschef. Den Ausdruck »Wächter« hat Kurt Hahn von Plato entnommen. Ihm zur Seite wurden sogenannte Helfer gestellt, man könnte sagen: Minister. Jeder Helfer hatte ein bestimmtes Ressort, eine bestimmte Aufgabe. Zum Beispiel der sogenannte Juniorenhelfer, der eine Aufsicht über die jüngeren Schüler hatte, von Klasse 5 bis Klasse 9. In den sogenannten Arbeitsstunden, in denen die Schüler Hausaufgaben machten, beaufsichtigte er sie. Er sorgte für die Gestaltung der Liegezeit nach dem Mittagessen und machte einmal in der Woche eine Vorlesestunde für die Jüngeren. – Der Werkhelfer beaufsichtigte die Arbeiten der Schüler im Garten und in Werkstätten. – Der Betriebshelfer sorgte dafür, dass die täglichen Pflichten in Küche und Reinigung eingehalten wurden. – Der Sporthelfer unterstützte den Sportlehrer bei den täglichen Sportzeiten. – Der Außenpostenhelfer sorgte dafür, dass die Externen, die im Umfeld der Schule und nicht im Internat wohnten, dennoch an Schulaktivitäten teilnahmen. – Die beiden sogenannten Flügelhelfer beaufsichtigen die beiden Gebäudeflügel: Nordflügel und Südflügel (Blendinger, S. 10). Diese Flügel wurden Jungen- und Mädchenflügel. – Es gab auch noch einen Helfer für »geistige Angelegenheiten«, der sich um die Schülerzeitung und andere öffentliche Schreibprodukte kümmerte und prüfte, ob sie dem Erziehungsgeist entsprächen (Mann, S. 126). Der Wächter schließlich – zeitweilig gab es auch zwei Wächter – war der einzige Schüler, den die Lehrer mit »Sie« ansprachen (Mann, S. 125). Er bewohnte ein Einzelzimmer (Pielorz, S. 211). Er wachte über den Geist des Lebens in dieser Schul- und Internatseinrichtung, und er war berechtigt, Strafen aufzuerlegen, die durchaus gefürchtet waren, z. B. eine Fastenzeit, in der es nur Milch und Brot gab, Strafsport oder Strafexerzieren noch vor dem Frühstück, ein Sonntagsmarsch o. ä. (Ziegenspeck, S. 50).

Vielleicht klingt dieses System der Selbsterziehung der Schüler heute etwas absurd. Vielleicht denkt auch mancher: Es ist doch eine Überforderung der Schüler, Mit- Erzieher ihrer Mitschüler zu sein. Das Ganze funktionierte aber zunächst im Sinne der Selbsterziehung, weil viele Schüler den Gedanken aufgriffen, dass es eine Ehre sei, ein Salemer zu sein. Nehmen wir den Schulanzug. Es gab ja sehr viel Sport an der Salemer Schule, Leichtathletik, Hockey und Turnen waren die wichtigsten Sportarten. Schon der Schulvormittag wurde durch eine Dreiviertelstunde Sport unterbrochen, meistens mit leichtathletischen Übungen: Hochsprung; Weitsprung; Sprint, möglichst im Freien, sonst in einer Halle, die aus einem früheren Speicher hergerichtet war (Mann, S. 123). Das war aber nicht der eigentliche Sportunterricht, sondern diente zum Ausgleich für den Unterricht. Nach dem Mittagessen kam das sogenannte Liegen, bei dem die Schüler flach auf dem Boden lagen und einer

Geschichte lauschten, die ein älterer Schüler vorlas. Der eigentliche Sportunterricht kam am Nachmittag, Sportlehrer und Sporthelfer führten ihn durch. Sehr viel wurde Hockey gespielt, im Hockey gewannen die Salemer auch manche Turniere. – Dann kam Zeit für die Schularbeiten. Danach musste man duschen und neue Unterwäsche anziehen und den Schulanzug darüber, also Blazer und Hose. So zog man in den Ess-Saal ein (Mann, S. 123), dort galten Ruhe und ordentliche Haltung am Tisch. Erst wenn am Ende der Mahlzeit ein Klingelzeichen ertönt war, durfte man im Flüsterton sprechen (Pielorz, S. 213). Verstieß jemand gegen die Disziplin im Ess-Saal, wurde z. B. als Strafe ausgesprochen, einige Tage lang den Schulanzug nicht tragen zu dürfen. Damit war klar: Den Schulanzug zu tragen, war eine Sache der Ehre. Später, als die Ordnung an der Salemer Schule zerfiel, wurde der Schulanzug verspottet oder war sogar verhasst. Über eine solche Strafe lachten die meisten Schüler, weil sie den Schulanzug sowieso loswerden wollten (Pielorz, S. 251/255). Das Bewusstsein der Ehre, ein Salemer zu sein, war nicht mehr vorhanden.

Die Disziplin war auch streng in Bezug auf die Trennung der Geschlechter. Die Schlafsäle für das andere Geschlecht durften nicht betreten werden. Darüber wurde gewacht – durch Lehrerinnen und Lehrer oder Helfer (Pielorz, S. 243). In den 60er Jahren des vorigen Jahrhunderts lehnten sich die Salemer Schüler dagegen auf. Man sah ein Vorbild in der Odenwaldschule, ein anderes sogenanntes Landerziehungsheim. Hier durften die Schüler damals selbst wählen, in welchem Bett sie schlafen wollten. Ebenso auch in Bezug auf Rauchen, Alkohol und Drogen. Bei Kurt Hahn waren diese sogenannten Gifte streng geächtet und das wurde auch jahrelang eingehalten in Salem, aber auch in dieser Hinsicht wurde Salem von anderen Internatsschulen, wiederum vorzüglich der Odenwaldschule, angesteckt. Natürlich steht das Nachlassen und schließlich der Zusammenbruch des Erziehungsgeistes auch im Zusammenhang mit einem schnellen Wachstum: 1921 gegründet, hatte die Schule schon 1924 60 Schüler, 1928 bereits 180, dann nach dem 2. Weltkrieg um 1950 schon 305 Schüler (Pielorz, S. 238).

Ein weiteres für den Erziehungsgeist wichtiges Amt war das des Zimmerführers. Die Schlafräume waren unterschiedlich groß: von 3 Schläfern bis 8 Schläfern. Einer von ihnen war Zimmerführer. Es war ein wichtiges Amt: Der Zimmerführer sorgte für Ordnung, Sauberkeit und Einhalten der Schlafzeiten. Aber er war nicht berechtigt zu strafen. Bei den Kleinen hieß die Schlafenszeit abends 8^{30}h, bei den Mittleren 9^{00}h, bei den Großen 9^{30}h. Das Waschen geschah meist noch im Zimmer, und der Zimmerführer hatte Sorge zu tragen, dass keine Wasserlachen auf dem Boden entstanden (Mann, S. 122). Geweckt wurde um 6^{30}Uhr mit dem Ruf: Aufstehen Dauerlauf! Zimmerführer war ein Amt, das eventuell eine Station war, um Anwärter für die Versammlung der Farbentragenden zu werden. Besonders das Amt des Zimmerführers, das man schon als junger Schüler bekommen konnte, zeigt, dass die Ämter die Schüler auch unter eine Spannung stellen konnten. In der Intimität des gemeinsamen Schlafraumes war es nicht leicht, gegenüber den Kameraden als Hüter der Ordnung aufzutreten. Man konnte höchstens sein eigenes Bedürfnis hervorkehren: Ich will schlafen. Im gemeinsamen Schlafzimmer musste man sich einig sein und das ging am besten unter Gleichen, ohne dass einer sein Amt hervorkehrte. Aber das Ämtersystem konnte durchaus so ausschlagen, dass Schüler Ehrgeiz entwickelten, z. B. zu den Farbentragenden zu gehören. Einer der bekannten Schüler der frühen Jahre von Salem war Golo Mann, der älteste Sohn von Thomas Mann. Er hatte Ehrgeiz und wurde bald Farbentragender. Doch ihm kam offensichtlich zu Bewusstsein, wie sehr das Ämtersystem Schüler in einen Ehrgeiz hineinzog, und er erkannte für sich, dass ihm der Ehrgeiz schadete. Man kann sicherlich sagen, dass diese Einsicht eine Frucht der Selbsterziehung war, die er sehr ernst nahm. Golo Mann war damals 16 Jahre alt – es war im Jahre 1925. Und dieses war das Alter, in dem Kurt Hahn die Persönlichkeiten der Schüler erkennen wollte. Seinen Golo Mann kannte er schon gut, denn dieser teilte mit Hahn die Leidenschaft für das Lateinische, für die Geschichte und auch die Sprache. Er wurde einer der großen Historiker in Deutschland nach dem 2. Weltkrieg. Aber mit 16 Jahren schrieb er einen Brief an Kurt Hahn, der diesen doch überraschte. Er trete vom Amt des Farbentragenden zurück. Zum einen sei der Ehrgeiz um das Erreichen der Ämter schädlich, zum anderen würden die Farbentragenden verbittern, weil die Kluft zu den Mitschülern größer werde und sie im Sinne des Direktors handelten. Das war ziemlich hart für Kurt Hahn. Sein Antwortbrief ist abgedruckt in einem Band mit Schriften Kurt Hahns (Knoll, S. 116.119).

Golo Mann hatte die Farbentragenden als einen Orden bezeichnet. Das meinte er kritisch: Sie träten unter ihren Mitschülern wie mit einer Ordenstracht auf, das sondere sie ab. Kurt Hahn sah darin etwas Positives. Er bat Golo Mann, den Kampf mit sich selbst zu auszufechten – um seinem Ehrgeiz eine Nebenrolle zuzuweisen, und einen Kampf um die Aufrechterhaltung des Erziehungsgeistes in der Schule zu führen. Denn Salem stehe in einem noch größeren Kampf – gegen den politischen und sittlichen Verfall in Deutschland. In der Tat, der Erziehungsgeist Salems verfiel zweimal. Einmal, nachdem herrschende Nationalsozialisten Hahn inhaftiert hatten, weil er jüdischer Herkunft war und weil er die ehemaligen Schüler Salems aufgerufen hatte, nicht der SA oder der SS beizutreten. Sie mussten Hahn wieder freilassen, weil er massive Unterstützung aus dem Ausland bekam, aber Hahn musste Deutschland verlassen und ging nach England. Es erwies sich, dass die Farbentragenden, der Wächter, die Helfer die Disziplin in der Schule nicht aufrecht erhalten konnten ohne Kurt Hahn, dass manche Schüler dem Nationalsozialismus zujubelten und die Werte Hahns nicht mehr viel galten. Erst ein Nachfolger namens Heinrich Blendinger schaffte mit großer Kraftanstrengung die Rückkehr zu Hahns

Prinzipien und hielt die Schule gegenüber dem Nationalsozialismus relativ neutral. Darüber aber wurde er krank und starb – das war im 2. Weltkrieg. Danach kehrte das Ämtersystem in dieser Form nicht wieder zurück, gegen Ende der 50er Jahre kam es zu größeren Krisen und in den sechziger Jahren des vorigen Jahrhunderts löste sich die Disziplin nahezu völlig auf. Erst seit den 90er Jahren versuchte man unter der Leitung von Bernhard Bueb wieder neue Formen der Disziplin unter Einbeziehung einer Schülerselbstverwaltung aufzubauen (Bueb 2006). Man hatte in den 60er und 70er Jahren ein anderes Verständnis von Selbsterziehung. Dieses zeigte sich in Salem und noch krasser in der Odenwaldschule. Es war ein Verständnis der Selbsterziehung ohne Erziehung. Den Schülern wurde die Fähigkeit zur Selbsterziehung zugesprochen, während Hahn glaubte, zur Selbsterziehung müsse der junge Mensch in einem längeren Erziehungs- und Reifungsprozess befähigt werden.

Selbsterziehung war ihm eine lebenslange Aufgabe. Um zu zeigen, dass sie der Selbsterziehung der Schüler vertrauten, gingen die Lehrer bei Klassenarbeiten in der Regel aus dem Raum, darauf vertrauend, dass kein Schüler unredliche Mittel benutzen würde. Der Trainingsplan spielte in der Selbsterziehung eine große Rolle. Der Sache nach hatte ihn Hahn von den Puritanern übernommen, einer englischen Freikirche, von der wir ja schon im Zusammenhang mit Dr. Barnardo hörten. Sie pflegten die Übung, am Abend ihr Tun während des Tages Revue passieren zu lassen, um zu prüfen, ob sie im Sinne ihres Glaubens gehandelt hatten. Aber die Trainingspläne in Salem waren doch anders. Man musste abends eintragen, was man an diesem Tage aus dem Trainingsplan erfüllt hatte. Sportliche Übungen nahmen einen großen Raum ein, ebenso tägliches gründliches Reinigen, Wassertrinken, keine Zwischenmahlzeiten einnehmen und weitere Übungen, die individuell mit dem Internatsleiter abgesprochen waren (Pielorz, S. 216). Diese bestimmten Punkte betrafen besonders die Überwindung eigener Fehler (Pielorz, S. 233). Der Trainingsplan war vor allem ein Mittel, sich selbst zur Wahrhaftigkeit zu erziehen: ehrlich gegen sich selbst sein. Das war ein hoher Anspruch. Es wurden Plus und Minus eingetragen, letztlich also konnte man seine Selbstprüfung auch in einer Zahl ausdrücken. Die Farbentragenden z. B. fügten ihrem Trainingsplan mitunter den Punkt »Zivilcourage« hinzu – ein Vorschlag Kurt Hahns. Sie wollten sich Rechenschaft geben, ob sie den Mut hatten, Fehlverhalten anzusprechen. In den Zeiten als die Werte der Schule in Zweifel gezogen wurden, wurden zuerst die Trainingspläne fallen gelassen.

Kurt Hahns Versuch, eine große Erziehungsgemeinschaft herzustellen, die eine Keimzelle sein könne, um den sittlichen Verfall aufzuhalten, den er im 20. Jahrhundert vielfach erkannte, ist eine einzigartige, seltsame und zum Teil auch skurrile Unternehmung. Ihr Grundzug ist asketisch: kein üppiges Essen, keine Genussmittel, Abhärtung mit kaltem Wasser, viel Sport im Freien, Kontrolle des Geldverbrauchs, obwohl ja auch manche Kinder reicher Eltern dabei waren, keine sexuelle Versuchung! Reinigung der Räume durch die Schüler, Mitarbeit an allen Tätigkeiten! Es war ein strenges System, das hielt, solange eine starke Führungspersönlichkeit da war. Selbst der zweifelnde Golo Mann hielt die Erziehungsweise nicht für gescheitert. Hahn hat seine Erziehungsideen nach dem 2. Weltkrieg ausgeweitet und ein internationales Netz von unterschiedlichen Schulen gegründet. Dazu gehört auch eine weitere Vertiefung des Erziehungsgedankens, die heute als Erlebnispädagogik bezeichnet wird. In kleinen Gruppen führten die Jugendlichen außergewöhnliche Unternehmungen durch, die Wagemut, Gemeinschaftsgeist und Können brauchten, z. B. Segeltouren im offenen Kutter auf der irischen See und Bergbesteigungen im Hochgebirge. Sie waren mit abendlichen Gesprächen über ethische Themen verbunden. Dazu kamen Dienste wie Bergwacht, Seenotrettungsdienst, Einsatz bei der Feuerwehr. In den sogenannten Kurzschulen, also Vierwochen-Schulen für die Ferienzeit, die es in zwischen in vielen Ländern gibt, wurde dieses Erziehungskonzept verallgemeinert.

Aber ist diese asketische und hierarische Erziehungsweise die einzige Art der Selbsterziehung? Wir haben ein direktes Gegenstück in der Schule **Summerhill** von Alexander Neill. Heute wird diese Schule von einer Tochter Neills im Geiste des Vaters weitergeführt. Es ist nicht uninteressant, dass eine der Quellen für Hahns Ideen die berühmten englischen Privatschulen waren wie Eton, Harrow, Winchester, Rugby. Diese kannte er sehr gut, seitdem er ein Jahr in Oxford studiert hatte und danach fast jeden Sommer nach England fuhr. So wurde ihm England auch zur Zuflucht von den Nationalsozialisten, wie wir es ja auch schon von den jüdischen Ärzten aus Wien gehört hatten, die sich um Karl König versammelt hatten. In Summerhill und in Salem spielt also die Idee der englischen Privatschule als Erziehungsschule eine große Rolle. In diesen Schulen galt als selbstverständlich, dass die Eltern das Erziehungsrecht über ihre Kinder der Schule weitergaben. Sonst wären die großen Freiheiten an der Schule Summerhill gar nicht denkbar. Die Eltern können ihr Kind wieder von der Schule herunternehmen, die Schule kann das Kind eventuell den Eltern zurückschicken, aber beides ist selten. Die Eltern nehmen keinen Einfluss auf die Schule und vertrauen dem Schulleiter. In den englischen Public Schools gilt Charaktererziehung mehr als Wissenserwerb. Man erzieht eine führende Schicht, das ist klar, und diese muss mit Härte erzogen werden. Das stärkt ihr Bewusstsein von Besonderheit und verhindert zugleich, dass die Zöglinge hochmütig werden. Hier wurzelte Hahns Vorstellung, und in Anlehnung an Plato wollte er eine Erziehungsrepublik mit dem Ziel der Schaffung einer Elite errichten. Beide, Public School in England und Salem, hatten etwas von einem Kloster an sich. Nicht zufällig wurde die Salem-Schule in den Gebäuden eines früheren Zisterzienserklosters errichtet, die der Prinz von Baden Hahn zu diesem Zweck überließ.

Wir haben schon einiges über die Selbstverwaltung der Summerhill Schule gehört. Im Unterschied zu Salem gibt es in Summerhill eine Generalversammlung aller Schüler, in der jede Stimme gleich berechtigt ist. Summerhill ist allerdings auch nie so groß geworden wie Salem. Wöchentlich gibt es diese Vollversammlung und Neill hielt sie für das wichtigste Mittel der Selbstverwaltung. Neill war nicht der Direktor, der gegebenenfalls allein entschied, sondern hatte auch nur eine Stimme zwischen den Schülern. Auch Summerhill schuf ein besonderes Gremium von Schülern, eine Fünfer-Verwaltung. Das sind fünf Schüler, die durch die Generalversammlung für ein Vierteljahr gewählt werden, um als eine Art Gericht zu fungieren. Dabei behandeln sie nicht alle strittigen Fälle und Verfehlungen selbst, sondern können für die einzelnen Fälle eine Jury einsetzen. Wenn diese über den Fall beraten hat, kann der Vorsitzende der Jury gleich jemanden ernennen, der Vorsitzender einer neuen Jury für den nächsten Fall ist. So kommen viele Schüler mal in eine Jury und die meisten auch wiederholt in eine Jury. Allerdings hat das angeklagte Kind, über das verhandelt wird, das Recht, einzelne Mitglieder der Jury abzulehnen, wenn es findet, die Betreffende oder der Betreffende sei gegen es eingenommen. Die Entscheidungen, welche die sogenannte Fünfer-Verwaltung trifft, und auch die Urteile, welche die Jurys sprechen, müssen von der Generalversammlung bestätigt werden bzw. werden abgewiesen. Die Generalversammlung hat ein Geldstrafensystem festgelegt, das häufig für Fehlverhalten herangezogen wird. Die Kinder haben von zu Hause her Taschengeld, auf das die Schule keinen Einfluss nimmt, also können sie Strafgeld bezahlen. Als weitere Strafe gibt es das Ausgehverbot, z. B. ins Kino zu gehen.

Wenn die Fünfer-Verwaltung nicht weiter wusste, gab Neill manchmal Rat. Er erzählt als Beispiel, wie er den Rat gab, dass die Mädchen, die zweimal in die Speisekammer eindrangen und etwas Leckeres mitgehen ließen, Geld bekommen sollten. Wieder war der Effekt, dass sie so verblüfft und beschämt waren, dass sie zwei Monate nicht mehr in die Speisekammer einbrachen. – Als es um die ungefragte Benutzung eines fremden Fahrrads ging, sprach die Jury das Urteil, der Delinquent müsse das Fahrrad zehnmal um den Rasenplatz schieben. Als kleine Schüler auf die Leiter der Arbeiter geklettert waren, was sie nicht sollten, lautete das weise Urteil der Jury, sie müssten 10 Minuten lang die Leiter auf- und ab klettern.

Die Generalversammlung setzt Komitees ein – für Theater, für den Abschlussball, ferner ein Komitee für die Stadtaufsicht. Letzteres erstattet Bericht, wenn übles Verhalten außerhalb der Schule bekannt wird. Ferner setzt die Generalversammlung Zimmerälteste ein. Es fällt auf, dass die Freiheiten in der Schule groß sind, z. B. Fluchen und schlechte Wörter betreffend, dass jedoch das Verhalten, das innerhalb der Schule erlaubt ist, keinesfalls außen gezeigt werden darf, weil sonst der Ruf der Schule Schaden nähme. Es gibt sogar, wie Neill sagte, ein diktatorisches Element. Das sind die sogenannten großen Fünf: Fünf ältere Schüler, die darüber wachen, dass Schüler nicht den Ruf der Schule schädigen. So haben zwei Mädchen einmal einer Hockeymannschaft, die in der Schule zu Gast war, Geld gestohlen. Dafür wurden sie von den großen Fünf bestraft. Diese hätten sie sogar ausstoßen können, taten es aber nicht.

Wie stand es mit Tyrannei von Bewohnern gegenüber anderen Bewohnern? Merkwürdigerweise kamen zwei Mädchen, von denen Neill sagte, dass sie sich tyrannisch benommen hätten, von einer Klosterschule zu Summerhill. Neill fand, sie seien dort so streng gehalten worden, dass sie in Summerhill erst einmal ihre Aggressivität auslebten. Ein Junge, der sich tyrannisch gebärdete, wurde für ein Jahr nach Texas vermittelt, um sich dort bei den Cowboys seine Aggressivität abstoßen zu können. Danach kam er sozusagen geheilt zurück. Überhaupt ist deutlich, dass Neill für einen Teil der Kinder den Aufenthalt in Summerhill als eine Art Therapie ansah. Daher wird in Summerhill ein Verhalten geduldet, das außerhalb der Schule nicht gezeigt werden darf. Summerhill ist zum Teil ein therapeutischer Raum, in dem Kinder sich die Verletzungen abarbeiten, die sie in früheren Erziehungsverhältnissen erlitten haben. Es ist also insofern ein Gegenstück zu den Public Schools: Summerhill nimmt eher die Verletzten der Gesellschaft auf. Es ist interessant, dass auch Hahn seine Schule und die meisten seiner Schulen als therapeutische Möglichkeiten begriff. Auch seine Schüler werden von den Einwirkungen der Gesellschaft geheilt. Aber das Krankheitsbild wird ganz unterschiedlich gedeutet. Nicht die strenge patriarchalische Erziehung macht Kinder krank, sondern der Verfall der Werte, der Verfall von Autorität und Solidarität. Also, in Salem und in Summerhill werden letztlich Reformatoren der Gesellschaft erzogen, wenn auch in beiden Fällen sehr unterschiedliche Reformatoren. Beide Pädagogen sehen in der Selbsterziehung einen Wert. Selbstverwaltung der Schüler ist ein Weg zur Selbsterziehung der Schülergemeinschaft. Beide handeln also im Sinne des Grundsatzes: *Unterstütze die zu Erziehenden darin, Selbsterzieher zu sein!* Für Neill ist die Schülerselbstverwaltung ein Mittel, um direkte Erziehung durch erwachsene Erzieher zu vermeiden. Für Hahn ist die direkte pädagogische Einwirkung nicht ausgeschlossen, sie bleibt vorbehalten und ist der steuernde Faktor hinter der Selbstverwaltung der Schüler. Aber ist Selbstverwaltung gleich Selbsterziehung? Auf der Ebene der gesamten Gemeinschaft kann es so sein. Doch sind Selbsterziehung der gesamten Gemeinschaft durch Selbstverwaltung und Selbsterziehung des Einzelnen wirklich so eng verbunden, wie von den Pädagogen unterstellt wird? Die Selbsterziehung des einzelnen kann auch dazu führen, aus dem Selbstverwaltungssystem auszusteigen.

Ein dritter Text zu dem Grundsatz: Unterstütze die zu Erziehenden in dem Ziel, Selbsterzieher zu sein, nimmt Bezug auf Mahatma Gandhi. Mohanda Karamchand Gandhi, mit dem Ehrennamen **Mahatma Gandhi** genannt, ist bekannt als der Befreier Indiens von der Kolonialherrschaft durch das britische Reich. Er lebte von 1869 bis 1948. Gandhi gelang sein politisches Vorhaben mit seinem Programm der Gewaltfreiheit. Die Lehre der Gewaltfreiheit wurzelte in Gandhis hinduistischem Glauben. Daher tauchen in unserem kurzen Text Begriffe wie Sittlichkeit, Wahrheit, Gewissen auf. In der Tat war für Gandhi das Leben in der Gewaltfreiheit ein Leben in stetiger Selbsterziehung. Gandhis Lehre war, dass Gewalt nur zu Gegengewalt führt. Daher muss man den Gegner durch Gewaltlosigkeit ansprechen. So umgeht man den Impuls der Gegengewalt. Aber das geschieht nicht sofort und nicht automatisch. Der Gewaltlose muss bereit sein, Schmerz und Leid auf sich zu nehmen. Ja, er fasst ein Vertrauen in den Gegner, nämlich dass er dessen Vernunft und Gewissen erreichen kann. Dazu bedarf es einer großen Standhaftigkeit und Entschlossenheit des Gewaltlosen. Seine Motive dürfen keine andere sein als Menschenliebe. Darin liegt seine Wahrheit. Die Selbstprüfung in Bezug auf die eigenen Motive, die Ausbildung von Standhaftigkeit und Entschlossenheit – darin besteht die Selbsterziehung. Die Motive dürfen nicht egozentrisch sein, die Mittel dürfen nicht gewaltsam sein, die Teilnahme am geistigen und politischen Kampf muss freiwillig sein, niemand darf abgelehnt werden. Gandhi hat sich über das Hineinleben in diese Lebensweise Gedanken gemacht und deshalb Dorfgemeinschaften gegründet, sogenannte Ashrams. Es sind Dorfgemeinschaften, die ein zugleich produktives und spirituelles Leben führen.

Eine große Rolle spielte das Spinnen, das Herstellen von Wollfäden und Baumwollgarn am Spinnrad oder mit der Spindel. Es wurde für Gandhi und für die ganze Befreiungsbewegung ein Mittel der Selbsterziehung. Gandhi tat das Gelübde, täglich vor der Hauptmahlzeit 20 Minuten zu spinnen. Das Spinnen war für Gandhi – man könnte sagen – eine reine Tätigkeit. Die mechanische Tätigkeit der Hände gab den Geist zur Meditation frei. Und das Produkt diente dazu, die ursprüngliche einfache Kleidung der Inder herzustellen, den Sari der Frauen und den Dhoti der Männer – jeweils ein großes dünnes Baumwolltuch. Die Inder kehrten zur Selbstversorgung zurück und unterliefen das britische Baumwollmonopol. Es sollte ein freiwilliger unbezahlter Beitrag sein, allen Menschen zu ihrer elementaren Würde zu verhelfen. Daher wird das Spinnen auch in unserem Text genannt. Spinnen war für Gandhi die Basis der Erziehung und auch der Bildung. Dieses ist eine besondere Sicht der Selbsterziehung – der Selbsterziehung des einzelnen und zugleich der Selbsterziehung einer großen Gemeinschaft.

»Unterstütze die zu Erziehenden darin, Selbsterzieher zu sein!«

– **Unterstütze die Kinder und Jugendlichen darin, über ihre Lebens- und Arbeitsweise mit zu entscheiden oder selbst zu entscheiden!**

- **Schaffe regelmäßige Zeiten der Aussprache zwischen Kindern und Jugendlichen über die Vorhaben der Gemeinschaft!**
- **Schaffe Ämter bzw. Aufgaben, aber befriste sie und baue Hierarchie immer wieder ab!**
- **Beteilige Kinder und Jugendliche an der Bewertung von Fehlverhalten oder übergib ihnen die Bewertung und die Zuordnung vertretbarer Sanktionen!**
- **Schaffe Formen der kritischen Selbstprüfung für die einzelnen!**
- **Gib Gelegenheit, regelmäßig Selbstloses zum Wohle anderer Menschen zu tun!**

Literatur:

Blendinger, Heinrich (Hrsg.): Salem. Die neue und die alte Schule. Lindau: Thorbecke 1948.

Bueb, Bernhard: Lob der Disziplin – eine Streitschrift. Berlin: List Verlag 2006

Knoll, Michael (Hrsg.): Kurt Hahn – Reform mit Augenmaß. Ausgewählte Schriften eines Politikers und Pädagogen. Stuttgart: Klett-Cotta 1998.

Mann, Golo: Erinnerungen und Gedanken – eine Jugend in Deutschland. Frankfurt/M.: Fischer Taschenbuchverlag 1991.

Pielorz, Anja: Werte und Wege der Erlebnispädagogik. Schule Schloss Salem. Neuwied: Verlag Luchterhand 1991.

Ziegenspeck, Jörg W. (Hrsg.): Kurt Hahn: Erinnerungen – Gedanken – Aufforderungen; Beiträge zum 100. Geburtstag des Reformpädagogen. 2. unveränderte Auflage. Lüneburg: Verlag Edition Erlebnispädagogik 1997. (1. Auflage von 1987)

Vorbereitende Lektüre:

Text 11: Alexander Sutherland Neill: Selbstverwaltung in der Schule. Mit einem Nachwort und Anmerkungen herausgegeben von Rebekka Horlacher. Zürich: Verlag Pestalozzianum 2005, Auszug S. 27–36.

Text 12: Kurt Hahn: Reform mit Augenmaß. Ausgewählte Schriften eines Politikers und Pädagogen. Hrsg. von Michael Knoll. Stuttgart: Klett-Cotta 1998, Auszug S. 151–153.

Text 13: Walter Molt: Die Pädagogik von Mahatma Gandhi. Meisenheim am Glan: Hain 1970, Auszug S. 85–88.

7. Vorlesung
»Schaffe dir Mit-Pädagogen!«

Mit diesem Grundsatz will ich besonders auf den russischen Pädagogen **Anton Semjonowitsch Makarenko** eingehen (1888–1939). Ich will zeigen, wie er diesen Grundsatz verwirklichte und ob wir aus seinen pädagogischen Maximen etwas lernen können. Es ist ja klar: Es gibt für den Pädagogen kaum etwas Besseres als unter den Personen, die ihm anvertraut sind, jemanden dahin zu führen, dass er ihn unterstützt, dass er seinen Erziehungsgedanken versteht und auch seinerseits auf die Gruppe einen positiven Einfluss ausübt. So könnte man den Grundsatz auch nennen: **»Schaffe dir Mitstreiter in der Gruppe, die du führst.«** Vielleicht ist dieser Grundsatz in einer kleinen Gruppe nicht so wesentlich, weil die Führungskraft des Pädagogen ausreicht. Aber in einer großen Gruppe wird der Grundsatz sehr wichtig, weil der Pädagoge es schwer hat, alle Mitglieder der Gruppe zu erreichen. Schon eine Schulklasse kann eine zu große Gruppe sein. Der Grundsatz ist auch dann wichtig, wenn dem Pädagogen von den anvertrauten Heranwachsenden Widerstand entgegenschlägt. Dann wird es schwierig, die eigenen Erziehungsvorstellungen durchzusetzen. Sie könnten denken: Der Sache nach war dieser Grundsatz doch in dem Grundsatz eingeschlossen: »Unterstütze die zu Erziehenden darin Selbsterzieher zu werden!« Wir haben aus der Schule Schloss Salem am Bodensee gehört, dass Kurt Hahn eine Selbstverwaltung aufbaute, an deren Spitze ein sogenannter Wächter stand. Also ein Schüler, der das Vertrauen Kurt Hahns hatte, der die Erziehungsgrundsätze der Schule hochhalten sollte und auch Strafen aussprechen konnte. Dennoch, das System der Selbsterziehung der Gruppe, das Makarenko entwickelt hat, ging weit über eine Selbstverwaltung hinaus. Es war noch von anderer Art, die durch das Leitwort »Kollektiv« angedeutet wird. Darum müssen wir fragen: Hilft uns Makarenkos Erziehungsweise dabei, den Grundsatz »Schaffe dir Mit-Pädagogen« mit Realität zu füllen? Vielleicht ist dieser Grundsatz eine Illusion, daher fragen wir bei jedem Grundsatz: Wurde er schon realisiert und wie sah das aus? Können wir es heute auch noch so machen?

Ich nannte Makarenko einen russischen Pädagogen. Das ist etwas ungenau, denn er war Ukrainer. Immerhin verbrachte er die beiden letzten Lebensjahre in Moskau. Er schrieb in ukrainischer und in russischer Sprache. Aber diese Differenzierung ist vielleicht weniger wichtig, weil man ihn meistens einen sowjetischen Pädagogen nannte. Oder auch einen »Erzieher in der Sowjetgesellschaft«. Als Sowjetunion wird ein großes Staatsgebiet bezeichnet, das von Moskau aus regiert wurde, genauer gesagt, durch die Kommunistische Partei der Sowjetunion, und das außer Russland auch viele Gebiete umfasste, die heute selbstständige Staaten sind. Dieser große politische Verbund bestand von 1917 bis 1991. »Sowjet« heißt »Rat« und das Wort besagt, dass auf allen politischen Ebenen sogenannte Räte für die Verwaltung eingesetzt wurden. Denn Zaren, Fürsten, Grafen, Stammesobere, unabhängige Städte – nichts gab es mehr, sondern überall Sowjets, die von der Kommunistischen Partei beherrscht waren. Eine große Revolution hatte unter der Führung von Wladimir Iljitsch Lenin stattgefunden. Ihm folgten bald Stalin, dann Chruschtschow und weitere sogenannte Generalsekretäre der Kommunistischen Partei als Führer von Gesellschaft und Staat. Natürlich hat die Sowjetunion zahlreiche Pädagogen hervorgebracht, aber keiner gewann die Bedeutung und Wirkung von Anton Semjonowitsch Makarenko. Das gilt auch für die von der Sowjetunion abhängigen Staaten wie z. B. die DDR. Nach seinem Tode im Jahre 1939 und besonders seit dem 2. Weltkrieg wurde Makarenko zunehmend als Begründer einer spezifischen sowjetischen Pädagogik herausgestellt, die sich um das Leitwort »Kollektiv« zentriert. In der DDR sprach man von sozialistischer Pädagogik und bezog sich auch in starkem Maße auf Makarenko.

Makarenko war ausgebildeter Lehrer und seine pädagogische Tätigkeit hatte schon lange vor 1917 begonnen, nämlich im Jahre 1905. Aber das Jahr 1905 war auch schon ein Jahr der Revolution, viele Aufstände brachen aus gegen die Zarenherrschaft, Lenin und Trotzki beschlossen in London mit Hilfe ihrer bolschewistischen Partei, die später Kommunistische Partei heißen wird, einen bewaffneten Umsturz vorzubereiten. Makarenko, der junge Lehrer, war für die revolutionären Ideen sehr aufgeschlossen. Er experimentierte an den Schulen, an denen er tätig war, mit Formen außerschulischer Aktivitäten wie Schulorchester, größere Wanderungen, Internatserziehung, und Pfadfinderwesen. Nach der Revolution von 1917 kam eine Zeit furchtbarer Bürgerkriege zwischen Roten und Weißen und in der Ukraine gab es eine Hungersnot, die etwa 5 Millionen Menschen in den Hungertod trieb. Es gab zahlreiche elternlose und verwahrloste Kinder, Hunderttausende waren es, und es mussten Lösungen für diese Kinder gefunden werden. Es entstand der Begriff »Sozialerziehung« und viele Kinderheime wurden ins Leben gerufen. Makarenko wurde 1920 durch die Stadt Poltava die Leitung einer Kinderkolonie übertragen. Die etwa 50 Kinder, die dort zusammenkamen, mussten in den Überresten eines längst geplünderten Gutes leben, aber Makarenko erreichte, dass ein Teil der Kinder ein Jahr später in ein größeres Gut umgesiedelt wurde. Das Gut hieß Trepke, es lag auch größtenteils in Trümmern und es wurde in den nächsten fünf Jahren die hauptsächliche Arbeit von Makarenko, den weiteren Erziehern und vor allem der Kinder, das Gut wieder instand zu setzen und die Landwirtschaft wieder aufzubauen. Makarenko nennt diese Kinderkolonie im Gut Trepke bald nach dem Namen des russischen Schriftstellers, den er seit seiner Jugend verehrte, Maxim Gorkij: die Gorkij-Kolonie. Gorkij lebte zu dieser Zeit schon in Italien, wird aber später die Kolonie besuchen und Briefe mit Makarenko austauschen. Fünf Jahre also führt Makarenko die Gorkij-Kolonie, sie wächst in diesen Jahren auf ca. 150 Kinder an. Makarenko hat schon früh in Zeitschriften veröffentlicht, nicht nur pädagogische Artikel, sondern auch erzählende Stücke. Die fünf Jahre der Gorkij-Kolonie verarbeitete er zu dem großen Roman: Ein pädagogisches Poem. Der Roman wird 1930 fertig, aber erst 1933 gelingt mit Hilfe Gorkijs eine Teilveröffentlichung. Obwohl der Roman heute eines der berühmtesten Werke der Pädagogik ist, in mehrere Sprachen übersetzt, auch verfilmt wurde, darf man nicht vergessen, dass Makarenko damals kaum bekannt war, ja, dass er sogar ein Außenseiter war.

Die in der Pädagogik maßgeblichen Personen, vor allem die Ehefrau Lenins, Nadeschda Krupskaja, die eine sehr aktive Pädagogin war, lehnten Makarenkos Pädagogik ab. Mit den Bildungsbehörden in der Sowjetukraine hat Makarenko bis in die dreißiger Jahre hinein viel Streit über seine Pädagogik und in seinen Werken verspottet er Vertreter der Bildungsbehörden kräftig. »Theoretiker« ist noch eine harmlose Herabsetzung seiner Gegner, er nennt sie den »pädagogischen Olymp«, oder einfach »Feind«, »das Alte« oder ziemlich boshaft spricht er von »Damenpädagogik« und hält ihnen »sacharinsüße Sentimentalität« vor. Wenn man bedenkt, wie offiziell die Kinder in den Kolonien bezeichnet wurden, so weiß man, dass diese Sichtweise Makarenko nicht gefallen konnte. Man sprach von »sozialvernachlässigten minderjährigen Rechtsbrechern« (Hillig, S. 77). »Sozialvernachlässigte minderjährige Rechtsbrecher«: Das war gar nicht falsch, weil diese Kinder bzw. Jugendlichen im Alter von frühestens 8 Jahren bis höchstens 18 Jahren in vielen Fällen nach Straftaten durch Gerichte in die Kolonien geschickt wurden. Diebstahl, Einbruch, Gewaltanwendung bis hin zu Messerstechereien waren in den Kinderbiographien häufig vertreten. So war es kein Wunder, dass die Behörden kurz von der »Rechtsbrecherkolonie« sprachen (S. 75). In der Hauptverwaltung des Volkskommissariats der Ukrainischen Sowjetrepublik hieß die Gorkij-Kolonie: »Hauptkinderheim für moralisch defektive Kinder Nr. 7« (Marburger Ausgabe Band 1, S. 107).

Dagegen musste sich Makarenko auflehnen, er sah darin eine Stigmatisierung der Kinder, die einfach Opfer einer unglaublichen gesellschaftlichen Unordnung waren. Makarenko war als gelernter Lehrer längst dabei, ältere Zöglinge auf den Besuch einer Arbeiterfakultät vorzubereiten, also auf ein Hochschulstudium, und einige wurden in der Tat Ingenieure oder Lehrer. Doch in der vorherrschenden Pädagogik war der Begriff Sozialerziehung noch nicht angekommen. Man schaute auf das einzelne Kind, identifizierte Defekte und wollte diese durch verständnisvolle Gespräche heilen. Darüber konnte Makarenko nur spotten, so kam man den verrohten, aber überlebensschlauen Kindern und Jugendlichen nicht bei. Da mussten andere pädagogische Haltungen und Handlungsweisen her. Es war Makarenkos Problem in der Anfangszeit der Gorkij-Kolonie: Er wusste, was auf keinen Fall ging, aber er wusste noch nicht, was denn ging.

Nach den fünf Jahren Gorkij-Kolonie wurde das Gut zu klein, obwohl man schon zwei Standorte des Gutes eingenommen hatte. Vor allem die landwirtschaftliche Fläche und die Stallungen für die Schweinezucht waren zu klein, um 150 Personen Arbeit zu bieten. Makarenko bat um den Umzug in ein größeres Gut. Eigentlich stellte er sich eine große Kolonie für das ganze Gebiet von Poltava und vielleicht noch Charkov mit wenigstens 1.000 Zöglingen vor. Er glaubte jetzt, einen Weg gefunden zu haben, mit so vielen Zöglingen fertig zu werden, auch wenn sie minderjährige Rechtsbrecher waren. Schließlich bekam er die Erlaubnis, eine schon bestehende Kinderkolonie in Kurjaž bei Charkov zu übernehmen und seine Gorkij-Kolonisten dorthin zu überführen. Zusammen wird die Kolonie etwa 400 Kinder umfassen. Diese Überführung seiner Kolonisten in eine pädagogisch sehr verwahrloste größere Kinderkolonie wird in dem Roman »Ein pädagogisches Poem« als die Eroberung von Kurjaž geschildert. Es galt, die dortigen Kinder und Jugendlichen sozusagen zu überrumpeln und sie innerhalb von Stunden so in die Disziplin der Gorkij-Kolonisten einzufügen, also in die festen Strukturen der Gorkij-Kolonie, dass ihnen erst einmal nichts anderes übrig blieb als mitzumachen, und danach in täglicher Kleinarbeit ihr Verhalten an die Arbeitsweise, das Lernen und die Lebensweise der Gorkij-Kolonisten anzupassen. Jedenfalls durfte es nicht zum Kampf zwischen beiden Gruppen und zu einem Aufstand kommen. Das war die bisher größte Herausforderung für den Pädagogen Makarenko, denn ihm ging es ja vor allem um die Erziehung der Kolonisten, nicht in erster Linie um ein erhöhtes Produktionsergebnis in der Landwirtschaft. Und es war die Bewährungsprobe für seine Gorkij-Kolonisten. So wie zu Beginn der Gorkij-Kolonie war jetzt noch einmal eine Umerziehung zu leisten, die Makarenko'sche Kollektivpädagogik musste sich jetzt an einer großen Zahl von mehr als 200 Kindern erweisen, die schon in mehreren Kinderheimen gelebt hatten, aber angesichts der Hilflosigkeit der dortigen Erzieher ohne Disziplin, ohne Arbeitsbewusstsein, ohne Gemeinschaftsgeist geblieben waren. Sie waren kein Kollektiv, die Schönheit eines organisierten disziplinierten leistungsfähigen Kollektivs war ihnen noch nicht aufgegangen, und somit fehlte ihnen auch Glück. Aber sie würden Widerstand leisten, und Makarenko musste ihnen zuvorkommen.

Das Kollektivprinzip wurde auch nach Kurjaž gebracht und die Kolonie war erfolgreich, nicht wenige Zöglinge wurden in die Arbeiterfakultäten entlassen. Die Bildungsbehörde aber wurde heftiger in ihrer Ablehnung der Pädagogik, die Makarenko anwendete, sie schickte mehrere Kommissionen zur Inspektion, die Zöglinge befragten. Schließlich, nach drei Jahren in Kurjaž, wurde Makarenko als Leiter abberufen. Das war im Jahre 1928. Makarenko plante den Zusammenschluss der 23 Kinderheime in Charkov, der ehemaligen Hauptstadt der SSSR, er will eine Kinderpolizei (Marburger Ausgabe, Band 1, S. 11) aufstellen, die elternlose Kinder von den Straßen holt, um die Kinder in Arbeitseinheiten zusammen zu schließen. Das ging wohl manchen Bildungsverantwortlichen zu weit, so wurde Makarenko entlassen. Makarenko nimmt eine neue Aufgabe an, bei der Čeka, der Geheimpolizei. Čeka heißt wörtlich: »Außerordentliche Kommission zur Unterdrückung der Gegenrevolution und Sabotage.« Also eine Polizei für politische Unterdrückung. Es war schon die Zeit der diktatorischen Herrschaft Stalins. So wie Stalin die ukrainischen Bauern in die Kolchosen presste, sie also zur Aufgabe ihrer Unabhängigkeit und ihres Landes zugunsten von großen Genossenschaften zwang, so wollte er jetzt die russischen Großbauern entmachten. Den ukrainischen Bauern hatte er ihre Ernten wegnehmen lassen und dadurch das Verhungern von Millionen provoziert. Die unabhängigen Großbauern, die Kulaken, vertrieb er von ihrem Land und ließ viele töten, die Widerstand leisteten. Die Čeka hatte also Schlimmes auszuführen – und wieder wurden Zehntausende von Kindern elternlos auf die Straßen getrieben. Um diese Kinder für das Sowjetreich zu retten, baute die Čeka Kinderkolonien auf mit verschiedenen Werkstätten, denn man wollte diese Kinder ganz von der Landwirtschaft abschneiden und sie zu Arbeitern erziehen, damit sie ihre Herkunft vergaßen. Makarenko übernimmt die pädagogische Leitung einer solchen Kolonie und stellt ihr das Ziel, eine richtige Fabrik aufzubauen (Rüttenauer, S. 92). Doch das alles steht nicht mehr in dem Roman »Ein pädagogisches Poem«, sondern in einem weiteren Roman »Flaggen auf den Türmen«. In der pädagogischen Methodik wendet Makarenko die Erfahrungen mit der Gorkij-Kolonie an.

Es ist natürlich zu fragen: Wie viel aus den Romanen ist Wirklichkeit und wie viel ist Fiktion? Noch genauer muss man fragen: Ist der Text, den wir heute in der russischen Makarenko-Ausgabe finden, wirklich der authentische Text Makarenkos? Es ist z. B. erwiesen, dass Makarenkos Frau Galina, nach dem Tode Makarenkos, noch einige Huldigungen an Stalin in Manuskripte Makarenkos einfügte, um die Texte zum Druck bringen zu können und um das Ansehen Makarenkos zu mehren. Was die sowjetische Akademie der Pädagogischen Wissenschaften im Einzelnen an den Manuskripten veränderte, weiß man nicht genau. Im Westen, besonders in Westdeutschland, gab es seit den 50er Jahren ein starkes Interesse an Makarenko, nirgendwo wurde mehr über Makarenko geforscht. Viele Texte Makarenkos waren zuerst in ukrainischen und russischen Zeitschriften vorabgedruckt worden, bevor sie als Buch erschienen. Westdeutsche Forscher spürten viele dieser Zeitschriften auf, um die Erstdrucke in den Zeitschriften mit der späteren Werkausgabe der Akademie zu vergleichen. Sie entdeckten manche inhaltliche Eingriffe der Wissenschaftler der Akademie. Insofern kann man nicht mit Sicherheit sagen, dass wir immer die Originaltexte Makarenkos vor uns haben. Inzwischen haben einige Forscher aus mehreren Ländern auch Archive in der Ukraine und in Moskau aufgesucht, um zu ermitteln, wie verlässlich die Angaben Makarenkos in den Romanen sind. Denn es finden sich noch manche Korrespondenzen, Eingaben und Berichte. Insofern gibt es auch schon manche Richtigstellungen in Bezug auf die Romane. Aber man muss bedenken, dass Makarenko Jahre nach den Ereignissen aus dem Gedächtnis schrieb und sich auch schriftstellerische Freiheiten nahm. Dennoch ist seine pädagogische Methodik klar zu erkennen. Außerdem haben einige der früheren Zöglinge über ihre Zeit in den Kolonien geschrieben und weitere sind befragt worden.

Wenn wir von dem Grundsatz ausgehen »Schaffe dir Mit-Pädagogen«, so müssen wir uns klarmachen, dass es bei Makarenko darum ging, einige der Kinder und Jugendlichen mit stark abweichendem Verhalten zu positiven Erziehern ihrer Mit-Kolonisten zu entwickeln. Das ist in der Tat ein außergewöhnliches Vorhaben. Nehmen wir das Beispiel eines Zöglings, der für Makarenko ein Mit-Pädagoge wurde (Rüttenauer, S. 76): Sein Name ist Semen Kalabalin. Es ist wichtig, einmal auf den Umgang Makarenkos mit einem einzelnen Zögling zu schauen. Denn sonst sieht man Makarenko gerne als den Lenker des großen Kollektivs, besser gesagt den Organisator des Kollektivs, und übersieht seine pädagogische Fähigkeit im Umgang mit den einzelnen Kolonisten. Dieser Junge **Semen Kalabalin** taucht im Roman als Semen Karabanov auf: Makarenko machte die Namen der Zöglinge im Roman etwas unkenntlich. Über Kalabalin wissen wir nicht nur aus dem Roman, sondern auch dadurch, dass er später – 1962 – vor Lehrern und Pädagogen einen Bericht gegeben hat, der gedruckt wurde (Rüttenauer, S. 76 ff). Kalabalin war einer der ersten Kolonisten der Gorkij – Kolonie. Makarenko holte ihn 1920 aus dem Gefängnis in Charkov. Kalabalin wurde ins Büro des Gefängnisleiters geholt, dort saß ein unbekannter Mann – Makarenko. Der Aufseher, der ihn brachte, stieß den Jungen durch Puffe in den Rücken in das Zimmer. Als er den Fremden sah, fand der Junge diese Behandlung beschämend, die sonst im Gefängnis üblich war. Er drehte sich zum Aufseher und warf ihm einen wütenden Blick zu. Später sagte er: Makarenko hat sofort gesehen, dass ich ein stolzer Junge war. Makarenko sagte dann zu ihm: »Siehst du, ich organisiere eine sehr interessante Sache und möchte, dass du dich daran beteiligst.« Das gefiel dem Jungen, dieser Mann war ganz anders als die Gefängnisaufseher. Makarenko sagte: »Hol deine Sachen, wir gehen.« Kalabalin war ein witziger Junge, er sagte: »Ich habe nur zwei leere Koffer« und er deutete auf seinen Kopf und seinen Bauch. Das sollte heißen: Ich habe Hunger und ich möchte mal was lernen. Makarenko sagte: »Verabschiede dich vom Leiter!« Der Junge machte einen Kratzfuß und sagte ausgerechnet »Auf Wiedersehen!« Makarenko darauf: »Dein oberes Köfferchen ist wirklich leer. Willst du etwa hierher zurückkommen?« Der Junge hatte verstanden und korrigierte sich: »Leben Sie wohl!« sagte er dem Leiter.

Kalabalin erklärte später, Makarenko habe eine Methodik der Gegenwirkung angewendet in seiner Erziehung (Rüttenauer, S. 80). Das ist treffend, denn es ging um eine Umerziehung. Das zeigte sich im Folgenden an Makarenko's Handlung. Sie gingen zusammen zum Volksbildungsamt, dort war ein Lebensmittellager, aus dem auch die Kolonie beliefert wurde. Makarenko gab dem Jungen eine Liste, auf der stand, was abzuholen sei. Er solle sich alles geben lassen für die Kolonie, aber er solle sich beim Wiegen und Zählen nicht beschummeln lassen von den Lagerarbeitern. Makarenko müsse noch etwas erledigen und werde ihn wieder abholen mit dem Pferdewagen. Hier sieht man schon Makarenko's Vorgehen. Er hatte sogleich bemerkt, dass der Junge intelligent war. Er hält sich nicht eine Sekunde damit auf: Was hast du verbrochen, dass du ins Gefängnis gekommen bist oder wie war es im Gefängnis? Sofort gibt er ihm eine verantwortungsvolle Aufgabe für die Kolonie, die er allein bewältigen muss. Er dreht ihn sozusagen um. Während er früher höchstwahrscheinlich andere beschummelt hat, soll er jetzt aufpassen, dass die Kolonie nicht beschummelt wird. Aber wie versteht so ein Junge das? Er ist sofort Feuer und Flamme für das Neue und aus seiner ganzen Straßenklugheit heraus denkt er: Wahrscheinlich meint der Mann, dass ich die anderen beschummeln soll. Kein Problem. Schon waren zwei Brotlaibe zu viel im Sack. Makarenko kam zurück, sie fuhren los, aber Makarenko hat offensichtlich zuvor bei den Lagerverwaltern gefragt, ob alles stimmt. Nach einem Stück Fahrt sagt er: »Es hat ein Missverständnis gegeben, die Lagerverwalter haben dir zwei Brote zu viel gegeben.« Der Junge schämte sich – wie er später schrieb, zum ersten Mal in seinem Leben, und Makarenko schickte ihn mit zwei Broten zurück. Man sieht wieder: Makarenko sagt nichts von Diebstahl oder verbotener Handlung, sondern spricht von Missverständnis. Er erwartet gar nicht, dass er den Jungen auf moralischer Ebene ansprechen könnte. Es muss nur wieder in Ordnung gebracht werden, das ist alles. Aber der Junge muss es schon alleine tun, Makarenko wartet auf ihn in der Straße. Der Junge kann ruhig ein bisschen Angst schwitzen, ob der unbekannte Mann wirklich wartet oder ob die schöne neue Aussicht plötzlich weg ist. So merkt er, was ihm das Neue wert ist. Der Junge kommt zurück und denkt: So, jetzt werde ich ausgeschimpft oder bekomme eine Strafe. Aber nichts davon, weiter geht es. Mit dem Vergangenen hält Makarenko sich nicht auf, aber was man in Ordnung bringen kann, muss man in Ordnung bringen.

Eine andere Episode, die Kalabalin erzählt hat: Es gab ja auch eine Mädchenabteilung in der Kolonie. Einige Mädchen beklagten sich, dass ein Junge, den Makarenko auch frisch aufgelesen hatte, ganz unflätige Ausdrücke benutzte, während doch die anderen Kolonisten sich solche Ausdrücke schon abgewöhnt hätten. Makarenko lässt den Neuen, Vasja, in sein Büro bringen. Kaum ist der in seinem Zimmer, schlägt Makarenko mit der Faust auf den Tisch, richtet sich auf und schreit den Jungen an: »Was fällt dir ein, die herrliche russische Sprache so zu besudeln?«

Dann wird er ganz leise und flüstert bösartig: Komm mit mir in den Wald. Alle Umherstehenden, auch Kalabalin, erschrecken und bekommen Angst um den Jungen. Sie gehen ein ganzes Stück in den Wald, etwa 600m, niemand wagt zu folgen. Dort ist eine Lichtung. Makarenko nimmt seine Taschenuhr und sagt dem Jungen: »Jetzt ist es 12 Uhr. Setz dich hier auf den Baumstumpf und schimpfe mit den schlimmsten Ausdrücken – bis 6 Uhr. 6 Stunden kannst du jetzt fluchen und schimpfen, danach nicht mehr«, und Makarenko ging weg. Die anderen Kinder schlichen sich in den Wald, sahen Vasja sitzen mit der Uhr in der Hand, kamen zurück und lachten fürchterlich. Um 6 Uhr kam Vasja, brachte die Uhr und sagte zu Makarenko: »Ich werde nie mehr schimpfen.« Man erkennt Makarenko's Vorgehen: Er erfasst die Situation sofort und hat schnell eine Reaktion. Diese Schnelligkeit und Sicherheit der Reaktion ist wichtig. Es hat etwas von Überrumpeln an sich. Kein moralisches Wort, überhaupt kein überflüssiges Wort, aber eine Situation schaffen, in der dem Jugendlichen sein schlechtes Verhalten selbst übel aufkommt, obwohl doch gar nichts verboten wird und keine Strafe angedroht wird. Dem Jungen wird sozusagen der Geschmack an seinem Verhalten verleidet. Das Verhalten muss sich ändern, aber nichts wird nachgetragen oder wie man heute sagt, aufgearbeitet. Schon am Beispiel Kalabalins, an der Szene im Büro des Gefängnisleiters, erkennt man, dass Makarenko in brenzligen Situationen die Gebärden und Blicke der Kinder und Jugendlichen schnell erfasste, daher konnte er schnell und sicher reagieren.

Ein anderer Zug der Umerziehung bei Makarenko ist das unerwartet bewiesene Vertrauen. Er vertraut dem gerade aus dem Gefängnis geholten Kalabalin das Abholen einer großen Menge von Lebensmitteln an und dem ungehobelten Vasja mit der Gossensprache vertraut er seine Uhr an – sozusagen ein Vertrauensbeweis mitten in der Strafe. Makarenko ging sogar das Risiko ein, einen vorbestraften Jungen mit Bargeld in die Stadt zu schicken, um es bei der Bank einzuzahlen. Es kann schiefgehen – aber wenn es gut geht, stärkt es die Zugehörigkeit zur Kolonie enorm. Kalabalin ging später zur Ingenieurschule, beschloss aber doch Erzieher zu werden und wurde Makarenkos Mitarbeiter ohne pädagogische Ausbildung. 19 Jahre verbrachte er mit Makarenko – von 1920 bis 1939. Makarenko hatte in Kalabalin einen Mit-Pädagogen gewonnen.

Eine andere Einzelgeschichte, die berühmteste, die am Ende des Romans steht, zeigt deutlich, wie das Kollektivprinzip wirkte. Auch über diesen Jungen wissen wir mehr, weil er später über die Kolonie geschrieben hat. Sein richtiger Name war **Anatoly Tubin**, im Roman ›Ein pädagogisches Poem‹ kommt er vor als Arkady Ushikov. Die Episode steht im Kapitel: »Helft dem Knaben!«. Es ging um einen gravierenden Diebstahl. Die ehemaligen Kolonisten, die schon an der Arbeiterfakultät studierten, waren zu Besuch in die Kolonie gekommen, sie bekamen einen Klassenraum als Schlafraum. Als sie zum Spazieren mit Makarenko unterwegs waren, schloss Ushikov heimlich das Klassenzimmer auf und fand die Aktentasche, in der sich das Geld für die Stipendien der Studenten befand. Die Tasche war weg – ein Schock für die Kolonie. Ein Diebstahl kann im gesamten Kollektiv so etwas wie eine chemische Reaktion auslösen: Das Verdächtigen einzelner, die vielleicht gerade auf dem Weg der Integration ins Kollektiv sind, geht um. Plötzlich wird doch geforscht: Was haben einzelne früher getan? Kurz: Der Geist des gesamten Kollektivs steht auf dem Spiel, wenn der Dieb nicht rasch gefunden wird. Nach drei Tagen erst war Ushikov überführt. Makarenko nahm ihn in sein Büro, das er abschloss, um ihn vor der Wut der Kolonisten zu schützen. Der Rat der Kommandeure, also die führenden Kolonisten, kam zusammen. Er beschloss, die Sache dem Kameradschaftsgericht zu übergeben. Das war kein gutes Vorzeichen für Ushikov. Die Vollversammlung aller Zöglinge trat zusammen – es war Kurjaž, also etwa 400 Kinder, und bestimmte fünf Jungen als Richter. Einer davon war für seinen Gerechtigkeitssinn bekannt, drei waren dafür bekannt, dass sie weder Milde noch Nachsicht übten. Am Abend fand in der Vollversammlung die Verhandlung statt. Ushikov erschien frech und höhnisch. Seit einem Jahr war er in der Kolonie, aber sie hatte ihn nicht ändern können. Er hatte nur seinen Vater und die Miliz zu fürchten gelernt, von der Kolonie ging für ihn keine Gefahr aus, und so benahm er sich. Der diensthabende Kommandeur forderte alle Anwesenden auf, sich von ihren Plätzen zu erheben. Die fünf Richter betraten den Saal. Jetzt wurde Ushikov ein wenig blass. Zu den Anwesenden gehörten auch die drei Damen aus dem Volksbildungskommissariat, sie waren wieder einmal zur Inspektion in der Kolonie aus Sorge um die harten Methoden dort. Einige Zeugen und die Geschädigten traten auf. Sie schleudern Ushikov ihre ganze Verachtung ins Gesicht. »Ushikov heißt es, hätte die Kolonie in Verruf gebracht. Das ist ganz unmöglich. Dazu langt es bei ihm nicht. Er ist gar kein Kolonist. Ist er überhaupt ein Mensch? Ein Hund oder eine Katze, Ehrenwort, sind besser!« Vernichtende Spottreden prasselten auf Ushikov nieder. Eine der drei Damen schritt ein. »Ihr verurteilt hier einen Jungen, der gestohlen hat. Aber sagt selbst: Ist es nicht die Schuld aller, dass Ushikov in der Kolonie noch immer nicht gut erzogen wurde? Ihr habt es an Aufmerksamkeit für Arkadij mangeln lassen! Er braucht jetzt Hilfe, nicht ein Urteil, einige gute Jungen sollen ihn in Obhut nehmen.« Das war die Rede von Warwara Bregel. Es entsteht Lachen und Lärmen im Saal. Auch einige Richter lachen. Ironisch wird gerufen: »Kinder, helft Ushikov!«. – Das Gericht zieht sich zur Beratung zurück. Eine Stunde muss die Versammlung ausharren. Die drei Damen gehen zu Makarenko in sein Büro und sind überzeugt, dass Warwara Bregel ihm eine Lektion über »wahre Erziehungsarbeit« erteilt habe. Der diensthabende Kommandeur ruft alle wieder in den Saal. Stehend hören alle Kolonisten das Urteil. »Man müsste Ushikov ausstoßen, aber weil die Damen des Volksbildungskommissariats für ihn bitten, wird folgendes Urteil gefällt. Vier Wochen lang wird Ushikov nicht als Mitglied der Kolonie betrachtet, niemand darf mit ihm spielen oder auf ihn zugehen. Er untersteht einem der Kommandeure, mit dem er nur dienstlich sprechen darf. Sein Bett wird auf einen leeren Korridor gestellt, essen muss er an seinem separaten Tisch. Arbeiten darf er nur auf Weisung seines Kommandeurs. Wer diesem Urteil zuwider handelt, wird aus der Kolonie ausgeschlossen. Der Leiter der Kolonie muss das Urteil bestätigen.« Die drei Damen bestürmen Makarenko, es nicht zu bestätigen. Vergebens. Ein Junge stellt sich vor eine der Frauen und sagt frech: »Das ist doch wohl besser als ihm zu helfen und ihm noch neue Dietriche zu bauen!« Makarenko bestätigt das Urteil. Die Damen fragen entsetzt: »Was geschieht, wenn der Junge nicht durchhält?« Die Antwort: »Dann jagen ihn die Jungen davon.« »Aber Sie treiben den Jungen in den Selbstmord!« Ein Junge antwortet höhnisch: »Wenn er sich erhängt, umso besser. Aber er wird es nicht schaffen.«

Es dauerte drei bis vier Tage, bis die Strafe bei Ushikov zu wirken begann. Seine arrogante höhnische Haltung verlor sich, er wurde nachdenklich, etwas versunken. Er durfte den Hof säubern und tat das mit zunehmender Gründlichkeit. Nach 14 Tagen kam wieder eine Genossin aus dem Volksbildungskommissariat, ging im Speisesaal direkt an Ushikovs Einzeltisch und fragte: »Wie geht es dir?« Die Antwort war: »Ich darf nicht mit Ihnen sprechen, der Kommandeur muss es erlauben.« Sie fragte den Kommandeur, die Antwort war einfach Nein. Die Genossin beklagte sich bei Makarenko, die Strafe ginge in Folter über. Makarenko sagte: »Es ist in der Hand der Kolonisten, ich kann nichts machen. Das Kollektiv hat das Recht sich zu schützen.« Ihre Antwort: »Und Ushikov zu opfern?« Makarenko daraufhin: »Er kann sich eine andere Gesellschaft suchen.« Arkadij war in völlige Vereinsamung gefallen – und das angesichts des lebhaften Kolonie-Lebens um ihn herum. Aber Arkadij lernte gewissenhaft zu arbeiten. Und nach gut 14 Tagen äußerte zuerst ein Mädchen, Natascha, in der Vollversammlung den Vorschlag, man könne ihm jetzt verzeihen. Einige mehr sprachen von der Veränderung, die sie an ihm wahrgenommen hatten. Auch sein Kommandeur sprach für ihn. Es wird abgestimmt: Amnestie – ja oder nein. Ein einstimmiges Ja! Ushikov wird nach vorn geholt, er will etwas sagen, kann aber nur weinen und man hört etwas von »Danke«. Der diensthabende Kommandeur liebt keine Sentimentalität, er findet Dank nicht angemessen und hebt die Vollversammlung auf. Jungen stürmen auf Ushikov zu, es ist wie ein Spuk, der vorüber ist. Ushikov, der ja in Wahrheit Anatolij Tubin hieß, wird später einen begeisterten Nachruf auf Makarenko schreiben, also mehr als 15 Jahre später, und wird sagen, dass die auf ihn gemünzten Seiten im Roman ihn immer wieder mahnten, sein Handeln zu überprüfen.

Was hat es mit den Kommandeuren auf sich? Makarenko hatte nicht den Plan gehabt, Kommandeure einzusetzen. In der ganzen Zeit war das Holzsammeln im Wald wichtig – für die Öfen. Es fanden sich Gruppen, die das regelmäßig taten. Dabei spielten sie zugleich Partisanen. Einige waren schon mit ukrainischen Partisanen unterwegs gewesen – diese kämpften ja gegen die Rote Armee und die Kommunisten. Bei den Partisanen gab es Abteilungen, so waren sie jetzt im Spiel eine Abteilung und einer war der Anführer, der Ataman. Bei Tataren und den unabhängigen Kosaken war der Ataman ein militärischer Rang. Aber Makarenko wollte ja nicht, dass die Jungen sich zu den »Weißen« hingezogen fühlten und er nahm stattdessen das Wort der Roten Armee: Kommandeur. Die Abteilungen und ihre Kommandeure entstanden also aus einer Art spielerischer Arbeit. Makarenko unterteilte die gesamte Kolonie in relativ beständige Abteilungen, denen jeweils ein Kommandeur vorstand, der für das Verhalten seiner Abteilung verantwortlich war. Später bestimmte die Vollversammlung, wer Kommandeur sein konnte, aber nicht ohne Makarenko's Zustimmung. Es wurde aus den Kommandeuren ein Rat der Kommandeure gebildet, der gemeinsam mit Makarenko Beschlüsse der Vollversammlung vorbereitete. Die Abteilungen waren die Grundeinheiten des gesamten Kollektivs, sie waren selbst auch Kollektive. Sie hatten nicht immer dieselben Arbeitsaufgaben, diese konnten wechseln. Man sieht, dass die Arbeitsaufgaben, insbesondere in der Landwirtschaft, durch die Schaffung von Abteilungen optimal bewältigt werden sollten. Daneben kommt auch dieser spielerische militärische Zug in das Abteilungswesen hinein. Die Abteilungen hatten ihre Fahnen, ihre Trompeter und Trommler. Diese Organisationsstruktur hätte sehr starr werden können, besonders wenn die Kommandeure zu lange an der Spitze blieben. Aber Makarenko hatte ein Mittel ersonnen, um in die Kollektivorganisation eine Dynamik hineinzubringen. Dieses Mittel waren die sogenannten Einsatz-Abteilungen, die temporär für besondere Aufgaben gebildet wurden. Ohne dass die festen Abteilungen aufgelöst wurden, gehörten manche Kolonisten zusätzlich einer Einsatzabteilung an. So wurden einfache Mitglieder der stehenden Abteilung auf anderer Ebene eventuell Kommandeure und umgekehrt wurden Kommandeure der stehenden Abteilungen in den Einsatzabteilungen einfache Mitglieder, ordneten sich also unter. Für Makarenko war es wichtig, dass die Abteilungen nicht nach Altersgruppen zusammengestellt wurden, sondern altersgemischt. Darin sah Makarenko eine Art Familienprinzip unter Kolonie-Bedingungen. Makarenko wollte die Kolonisten weder in Arbeitskolonnen organisieren, noch in militärischen Einheiten und auch nicht in Alterskohorten, obwohl die Kolonisten doch auch noch in die Schule gingen. Makarenko wollte durch die Altersmischung den Kolonisten ein Stückchen Familie geben, die sie ja nicht hatten. Das ist schon erstaunlich. Aber Makarenko wollte die Kolonisten später in ein familiäres Leben entlassen, nicht unbedingt in die Armee oder nur in Arbeitsbrigaden. Das kam auch auf die entlassenen Kolonisten ohnehin zu, aber es sollte nicht ihr Leben diktieren. Makarenko bewegte das Problem: Wie gelangen diese jungen Menschen aus der ständigen Öffentlichkeit der Kolonie, immerhin im Kreise von 400 Kolonisten, und der steten Dynamik und Beanspruchung, dem enormen Veränderungstempo, in dem die Kolonie lebte, – wie gelangen die jungen Menschen von da aus in ein privates, auch familiäres Leben?

Schließlich soll auch noch eine Charakteristik des Kollektivs erwähnt werden, die in späteren Anwendungen, z. B. in Schule, FDJ und Pionieren der DDR wichtig wurde. Schon in der Gorkij-Kolonie im Gut Trepke traten die aktivsten Kolonisten in den sowjetischen Jugendverband Komsomol ein. Der Komsomol nahm nur aktive, vom Leninismus bzw. Kommunismus überzeugte Jugendliche auf. Die sogenannten Komsomolzen bildeten nun in den Abteilungen den entschlossenen Kern. Man nannte das ein Aktiv: etwa 4–7 Jugendliche. Sie sind Aktivisten. Makarenko nannte es das »tätige Aktiv«. Es führte die Abteilung und seine Mitglieder waren allen bekannt. Man war nicht heimlich »Aktiv« oder »Aktivist«, sondern öffentlich. Daneben unterschied Makarenko die »Reserve des Aktivs«, das waren Kinder oder Jugendliche mit vielversprechender Entwicklung, die später ins Aktiv eintreten könnten. Es gab aber auch das sogenannte Passiv, das waren Kinder und Jugendliche, die schon an Interessenzirkeln teilnahmen wie z. B. Sportgruppen, Fotogruppen, Wandzeitungsredakteure, die aber noch nicht selbstständig handelten, sondern im Gehorsam gegenüber Älteren verharrten. Zu welcher Gruppe jeder einzelne gehörte, war bekannt. Das sogenannte Passiv war noch gesund. Anders das sogenannte »faulende Aktiv«. Wer dazu gehörte, wussten nur der Leiter und die Kommandeure. (Rüttenauer, S. 186/187). Das waren Kinder und Jugendliche, die sich äußerlich anpassten, aber nebenbei stänkerten, sich bei der Arbeit gerne drückten, nach Privilegien Ausschau hielten, kurz keine Kolonisten, die ehrlich und geradeaus waren. Ja, schließlich gab es auch noch das sogenannte »Packzeug«, das waren solche wie Ushikov in seinem ersten Jahr, die versuchten, etwas kaputt zu machen und zu sabotieren. Gegen sie gab es nur den frontalen Kampf. Schließlich noch der »Sumpf«: Kinder und Jugendliche, die einfach nicht zu packen waren, die sich zwar in der Arbeit vorwärts schleppten, aber unbeteiligt oder widerwillig mitmachten.

Man sieht an dieser Unterteilung, wie viele Facetten die Umerziehung hatte. Man sieht auch, wie viel Verantwortung die Kommandeure und die Komsomolzen als die tätigen Aktivs hatten. Sie waren Makarenkos Mit-Pädagogen, sie waren Vorbilder an Arbeitslust, Begeisterungsfähigkeit, aber auch an Härte und Kampfeswillen. Von den meisten in ihrer Abteilung wussten sie, wie weit sie schon auf dem Wege waren, echte Kolonisten zu werden, die das Kolonistenabzeichen bekommen konnten. Auf die übrigen mussten die Aktiven umso mehr aufpassen, sie mussten wachsam sein gegen Störer.

Es ist erstaunlich, dass Pädagogen in der DDR Makarenko auch in der Schule anwendeten. Sie versuchten, den Klassenleitern in den Schulen solche Aktivs zur Seite zu stellen. Schüler sollten Miterzieher ihrer Mitschüler sein. Vereinfacht unterschied man in den Anfangszeiten der DDR das Aktiv, die größere, noch zu gewinnende Menge oder Masse und den sogenannten Rest, das waren Schüler aus solchen Elternhäusern, die für den Sozialismus und den DDR-Staat nicht zu gewinnen waren. So mussten also die Schüler des Aktivs die noch Unentschlossenen herüberziehen zur Bejahung des Staates und der Partei. War es überhaupt möglich, das Erziehungskonzept, das Makarenko in der Zeit großer Verwahrlosung der Jugend gefunden hatte, auf die staatliche Schule anzuwenden? In Makarenko's Kolonien hatte die Schule keine zentrale Stellung, sie war notwendig, aber sie formte nicht das Kollektiv, vielmehr konnte sie nur Lernen bewirken, wenn Erziehung und Arbeit in den Kollektiven den Kollektivgedanken stark machten. Die Schule in der DDR war aber eingeordnet in die staatliche Struktur, so dass das Verhältnis zwischen Pädagogen und Schülern letztlich nicht das Ergebnis eines pädagogischen Willens war, vielmehr durch die Staatsmacht bestimmt wurde. So gab es in der Pädagogik der DDR die Not auszusagen, was denn überhaupt kommunistische Erziehung sei. Auch die leitenden Pädagogen in der DDR wussten wie Makarenko anfangs nur, was sie nicht wollten, aber nicht, was sie wollten. Erziehung erschien ihnen wichtiger als Bildung, und so griffen sie auf Makarenko zurück. So blieb es dann auch, Pioniere und FDJ sollten in ihrem Erziehungsdenken auf Makarenko beruhen, gleichzeitig fügten sie sich der Staatsmacht ein und stützten sich auf diese. Es ist eine eigene Untersuchung wert, wie das funktionierte und wie es sich auswirkte. Auch bei Makarenko konnten sich die pädagogischen Beziehungen mit Machtfragen mischen, doch Makarenko wollte offensichtlich verhindern, dass die Stellung des »Mit-Pädagogen«, z. B. des Kommandeurs, sich zu einer Machtstellung verfestigte. Die Vollversammlung war das Korrektiv gegenüber der Machtanhäufung Einzelner. Die Gorkij-Kolonie bezog einen Reiz aus der Oppositionsstellung gegenüber der staatlichen Erziehungsverwaltung. Bei der Dzeržinskij-Kommune unter dem Kommando der Čeka war die Einbindung in die politische Machtstruktur allerdings gewollt.

»Schaffe dir Mit-Pädagogen!«

- **Wenn du um deine Erziehungsziele kämpfen musst, wende Mittel der Gegenwirkung an:**
    - **gute Aufmerksamkeit auf die Widersacher**
    - **die Gruppe mit gut geplanten unerwarteten Herausforderungen konfrontieren**
    - **schnelles sicheres Handeln – verbunden mit Botschaften der Verständigung wie unverhoffte Vertrauensbeweise, Humor.**
- **Verfolge das Ziel, weitere Gruppenmitglieder für deine Sache zu gewinnen und es den Widersachern schwerer zu machen!**
- **Bleibe so stark, dass du die Gruppe notfalls auch allein führen kannst.**

- **Ermutige solche Gruppenmitglieder, die dich in deinen Erziehungszielen unterstützen, auf indirekte Art, keinesfalls demonstrativ!**
- **Schütze Gruppenmitglieder, die deine Erziehungsziele unterstützen, vor einem Loyalitätskonflikt mit anderen Gruppenmitgliedern.**

Literatur:

Hillig, Götz: Der Kampf um Zaparož'e und die »Eroberung« von Kurjaž. In: Götz Hillig (Hrsg.): Hundert Jahre Anton Makarenko. Neue Studien zur Biographie. Bremen: Edition Temmen 1988, S. 66–88.

Makarenko, Anton S.: Ein pädagogisches Poem. »Der Weg ins Leben«. Mit einer Einführung von Oskar Anweiler. Frankfurt/M.: Ullstein 1971.

Makarenko, Anton Semenovič: Gesammelte Werke. Marburger Ausgabe. Hrsg. Von Leonhard Froese u. a. Band 1: Veröffentlichungen 1923–1931. Bearbeitet von Siegfried Weitz. Ravensburg: Otto Maier 1976.

Rüttenauer, Isabella: A. S. Makarenko – ein Erzieher und Schriftsteller in der Sowjetgesellschaft. Freiburg: Herder 1965.

Vorbereitende Lektüre:

Text 14: Anton S. Makarenko: Der Marsch des Jahres dreißig. Bearbeitet von Siegfried Weitz, Götz Hillig und Irene Wiehl. In: Anton Makarenko. Gesammelte Werke, Marburger Ausgabe Band 2. Ravensburg: Otto Maier 1977, Auszug S. 108–112. (Zuerst erschienen 1932)

Text 15: Stanislaw T. Schazki: Auf dem Wege zur Arbeitsschule (zuerst 1918). In: Stanislaw Teofilowitsch Schazki: Ausgewählte pädagogische Schriften. Ausgewählt, übersetzt und kommentiert von Isabella Rüttenauer und Bernhard Schiff. Berlin/ Heidelberg: Osteuropa-Institut Berlin in Kommission bei Quelle & Meyer 1970. Auszug S. 261–264. (Zuerst erschienen 1918).

8. Vorlesung
»Vertraue der Kraft des Verzeihens«

Das Stichwort »Verzeihen« war ja schon im Zusammenhang mit Makarenko gefallen. Es ging um den Dieb Ushikov. Nachdem er länger als 14 Tage von der ganzen Gemeinschaft geschnitten worden war, wagte ein Mädchen in der Vollversammlung vorzuschlagen, man könne ihm verzeihen. Diesem Vorschlag schlossen sich alle an. Ushikov hatte erkennen lassen, dass er sich innerlich wandelte. Er hatte all die Zeit mit Anstrengung und Gründlichkeit gearbeitet – für die Kolonie. An diesem Beispiel fällt auf, dass Strafe und Verzeihen zusammenhängen. Ushikov bekam eine Strafe. Sie tat ihre Wirkung dahingehend, dass er Lebensnormen des Kollektivs annahm, daher wurde ihm verziehen. Die Strafe konnte abgebrochen werden, Ushikov war ein Stück weit ein anderer geworden, die Missetat konnte als Teil des alten Ushikov betrachtet werden, sie würde wahrscheinlich nicht wiederholt werden. Schauen wir erst einmal auf die Strafe. Nehmen wir an, die Strafe hätte in körperlicher Züchtigung bestanden: Ushikov hätte z. B. 20 Stockschläge bekommen. Dann wäre ein Verzeihen sinnlos gewesen, es wäre überflüssig gewesen und wäre heuchlerisch gewesen. Denn Ushikov hätte die Tat mit eigenem Schmerz abgebüßt. Er hätte sagen können: Ich habe dafür bezahlt. Ich habe meinen Teil gegeben. Minus und Plus gleichen sich aus, die Sache ist erledigt. Das hätte er sich selbst zuschreiben können. Er könnte sagen: Es tat gar nicht so weh, ich habe nur zum Schein etwas geschrien und geweint. Beim nächsten Mal würde er vielleicht beweisen, dass es gar nicht so weh tut und keine Miene verziehen. Anderen würde er vielleicht sagen: Du kannst ruhig etwas Verbotenes anstellen, die Schläge sind halb so schlimm. Die Gemeinschaft könnte gar nicht viel machen, denn er hat die Tat aus eigener Kraft gebüßt, sozusagen ungeschehen gemacht, und das würde beim nächsten Mal wieder funktionieren. Außer, er wäre durch die Schläge empfindlich geworden, etwas weinerlich vielleicht, und traute sich nicht zu, noch einmal die Schläge auszuhalten. Also könnte er aus Ängstlichkeit vor der Strafe eine neue Tat unterlassen oder eventuell noch besser tarnen und verheimlichen. In jedem Fall wäre die Gemeinschaft in die böse Falle der körperlichen Strafe getappt: ein stolzer Delinquent wird noch stolzer und verhöhnt schließlich das Erziehungsziel, oder die Gemeinschaft muss das Maß der Strafe ständig erhöhen, um eine Wirkung zu erreichen. Aber das Kameradschaftsgericht verhängte eine andere Strafe. Die Damen des Volksbildungskommissariats hatten wohl diesen Typ von Strafe im Auge, als sie versuchten, gegen Makarenkos Methoden einzuschreiten, aber **Makarenko** bewies ihnen, dass seine Vorstellung von Strafe eine andere war. Ushikov wurde für vier Wochen aus der Kommunikation der Kolonie ausgeschlossen. Also wurde er körperlich gar nicht bedrängt, er durfte essen und schlafen, er fühlte keinen körperlichen Schmerz. Die Strafe war nicht schnell abgetan, wie bei Stockschlägen, sondern zog sich über Wochen. Ushikov wurde auch nicht isoliert, z. B. in eine Arrestzelle. Die Beraubung der Bewegungsfreiheit wäre eine Strafe ähnlich der körperlichen Züchtigung gewesen: der Gefangene könnte sagen: ich habe es so lange ausgehalten in der Zelle, ich habe meine Tat abgebüßt, ich habe die Isolierung ertragen. Ebenso wäre es gewesen, wenn ihm eine bestimmte Arbeit als Pflicht auferlegt worden wäre, etwa Holzvorrat für den Winter zu sammeln. Dann hätte er auch sagen können: Ich habe es abgeleistet. Aber eine Arbeitsstrafe war in der Kolonie nicht denkbar, da Arbeit Ehrensache war. Die Arbeitsaufgabe wäre eine Auszeichnung gewesen, aber diese hatte Ushikov nicht verdient. Die Strafe bestand vor allem darin, dass Ushikov die Kolonisten ständig sehen konnte bei all ihren Aktivitäten, aber nicht mit ihnen sprechen durfte. Der Delinquent konnte sich prüfen, ob das Abgeschnittensein von der Kommunikation mit den Kolonisten für ihn eine Entbehrung war oder ob es ihn kalt ließ. In seiner arroganten höhnischen Haltung war er sich selbst anscheinend genug. Sein Verhalten war ja ganz vom Gesichtspunkt der Macht bestimmt: Macht über ihn hatten nur sein Vater und die Miliz, während er die Kolonie nicht fürchtete. Also konnte er in der Kolonie auftrumpfen. Aber die Dauer der Strafe zwang ihn doch dazu, sich mehr und mehr klar zu machen, dass er in der Kolonie leben wollte, zusammen mit den Kolonisten. Die Kolonie bedeutete ihm etwas, das hatte er bisher überspielt. Außerdem merkte er, wie langweilig es ohne Arbeit ist. Er wollte arbeiten. Der Kommandeur wählte die Arbeit geschickt aus. Ushikov konnte nichts herstellen, auf das er später stolz hätte zeigen können; die Arbeit, die er bekam, war nichts für seinen Stolz und seine Eitelkeit. Den Hof sauber halten, ist sicher nicht einfach, wenn so viele Kinder täglich aus den Schweineställen und Feldern heimkommen. Mit dieser Arbeit konnte man nicht glänzen, aber Ushikov verrichtete sie immer gründlicher und zeigte so: Ich will dazugehören. Das Durchhalten dieser Strafe konnte Ushikov nicht als Leistung betrachten, es war kein Abbüßen aus eigener Kraft, vielmehr war sie geeignet, ihn zum Nachdenken über sein Verhältnis zur Kolonie zu führen. Im Gegenteil, die Strafe verlangte auch viel von den Kolonisten. Sie durften nicht mit Ushikov sprechen, sie durften nicht auf ihn zugehen. Die Richter hatten sogar entschieden: Wer dagegen verstößt, wird aus der Kolonie ausgeschlossen. Von der ganzen Kolonie wurde etwas verlangt, sie musste sich an dieser Strafe bewähren. Die Frau aus dem Volksbildungskommissariat hatte ja gesagt: Die ganze Kolonie hat versagt, denn ihr habt es nicht geschafft, Ushikov zu bessern. Die Kolonisten wiesen den Vorwurf zurück, dennoch stachelte er sie an.

Die Strafe, welche das Gericht verhängte, gab der Kolonie Gelegenheit, ihre Kraft zu beweisen, daher ihre Disziplin. Also verlangte das Urteil von der Kolonie eine Leistung des Aushaltens, die nicht geringer war als die, welche Ushikov erbringen musste. Die Strafe wurde also gemeinschaftlich ertragen – von den Kolonisten und von Ushikov. Alle standen unter dem Befehl des Gerichtsurteils. Im Grunde hörte auch in der Strafe die Gemeinschaft mit Ushikov nicht auf, umso mehr musste er merken, dass er dazugehören wollte. Die Kolonisten hatten die Chance sich zu überzeugen, dass dieser Wille in ihm stark wurde. So konnten sie mit Recht sagen: Wir verzeihen dir! Denn nicht Ushikov war der Held dieser Strafe, etwa als der große Dulder, sondern die Kolonie selbst war der Held, die Kolonisten; sie hatten Ushikov durch die Strafe hindurchgetragen. Die Kolonie wurde letztlich nicht beschädigt durch Ushikovs dreisten Diebstahl, sie wurde gestärkt. Die Kolonisten hatten es zum Guten gewendet, daher verziehen sie ihm. Hätten sie ihm nicht die Brücke gebaut, sich zu ändern, wäre Ushikov höhnisch und arrogant geblieben und hätte ausgestoßen werden müssen. Aber ein Ausschluss hätte die Kolonie schwächen können. Die Frau aus dem Volksbildungskommissariat hatte nicht Unrecht: Die Kolonie müsste doch die Kraft haben, Ushikov zu ändern. Obwohl Ushikov nicht das Erziehungsziel der Kolonie repräsentierte, hatte er doch Freunde, das zeigte sich, als nach der Amnestie viele auf ihn zustürmten. Hätten die Kolonisten ihn ausstoßen müssen, wäre Zweifel an der Kraft ihrer Lebensweise aufgekommen. Die Gemeinschaft war angegriffen durch die Tat Ushikovs, daher ist es auch folgerichtig, dass die Gemeinschaft ihm verzeiht. Verzeihung ist wie ein erneutes Aufgenommenwerden in die Gemeinschaft – nunmehr noch intensiver als bei der Erstaufnahme, denn gemeinsam hat man den Angriff und die Strafe als Zeit der Entscheidung durchgestanden. Man könnte sagen: Bei der Verhängung dieser Strafe hat viel pädagogische Klugheit gewaltet. Ob es wirklich alles genauso war, können wir nicht mehr prüfen.

Ist Strafen überhaupt ein Akt pädagogischer Klugheit, oder gehört es eher zur pädagogischen Klugheit, Strafen ganz auszuschließen? In der Pädagogik war das Thema Strafe schon immer ein Diskussionspunkt. Im 18. Jahrhundert setzte sich der Pädagoge **Christian Gotthilf Salzmann** mit der damals so verbreiteten Stockstrafe an Schulen auseinander. Der Stock regierte an vielen Volksschulen, während in den höheren Schulen der Karzer drohte, also der Einzelarrest. Für Salzmann war es das Zeichen eines guten Schulmannes, die Schläge ganz aus seiner Schule zu verbannen. Er empfahl als einen Weg zur Abgewöhnung der Prügelstrafe, nach einer Ermahnung der Schüler den Stock allen sichtbar an einen Nagel zu hängen, dann würde er schon seine Wirkung tun. Sonst könne man noch eine Bank unter dem aufgehängten Stock auszeichnen durch ein Schild »Für Zöglinge des Stockes«. Besonders störende Schüler könne man in diese Bank setzen, das könne schon helfen.

Schließlich könne man den Stock ganz weglassen. In systematischer Weise hat sich der Theologe, Philosoph und Pädagoge **Friedrich Daniel Schleiermacher** mit der Strafe in der Erziehung auseinandergesetzt. Das war in der Zeit um 1820, als Schleiermacher in Berlin Vorlesungen zur Allgemeinen Pädagogik hielt (Scheibe, S. 136). Schleiermacher hat als einer der wenigen Pädagogen von der »gegenwirkenden Erziehung« gesprochen bzw. der »erzieherischen Gegenwirkung«. Diesem Ausdruck sind wir auch bei Makarenko begegnet. Dennoch war die Strafe für Schleiermacher kein eigentlich pädagogisches Mittel. Die sogenannte Erziehungsstrafe sei eine Ableitung aus der Rechtsstrafe. Die Rechtsstrafe wird eingesetzt, wenn die durch Gesetze geregelte Ordnung verletzt wurde. Sie ist einzig darauf gerichtet, dass eine Wiederholung der Tat möglichst vermieden wird. Also den Gedanken von Sühne lehnte Schleiermacher ab – Strafe als Sühne – und er glaubte auch nicht, dass Strafe den Delinquenten bessern könne, höchstens in Begleitung anderer Erziehungsmittel. Einerseits war es ja klug von Schleiermacher, die Erziehungsstrafe als Herleitung aus der Rechtsstrafe zu sehen. Denn wenn jemand durch das staatliche Gericht verurteilt wird, so muss dem eine sorgfältige Untersuchung der Tat vorausgehen, es müssen die Gesetze bekannt sein, die übertreten wurden. Die Erziehungsstrafe darf also nicht so spontan und aus der erregten Situation heraus vorgenommen werden, wie es in der Erziehungspraxis oft geschieht. Ein Ziel der Rechtsstrafe und auch der Erziehungsstrafe ist, dass der Bestrafte zumindest später die Berechtigung der Strafe bejaht. Das bedeutet aber, dass die Strafe von der Art ist, dass ihre Berechtigung auch eingesehen werden kann. Der strafende Erzieher steht also vor einer hohen ethischen Hürde. Er muss sich fragen: Wird der junge Mensch, den er im Moment einer Strafe für würdig hält, die Berechtigung der Strafe wirklich einsehen können? Wenn er diese Einsicht schon vor Erteilung der Strafe erzielen kann, umso besser. Dann wird der junge Mensch die Strafe ohne Widerstand hinnehmen. Die Strafe kann dazu beitragen, den Willen zur Selbstbeherrschung zu stärken, also gewissen Verhaltensweisen zu entsagen. Ansonsten muss die Erziehung darauf hinzielen, dass der junge Mensch später sagen kann, die Strafe habe ihn in die richtige Richtung gewiesen. Körperliche Strafe muss es nicht sein, ja mit dem Hineinwachsen des jungen Menschen in die ältere Kindheit und die Jugend muss die körperliche Strafe ganz verschwinden. Stattdessen sind die deutliche Missbilligung und auch die Beschämung, die aus Missbilligung vor anderen entstehen kann, wirksame Mittel der Gegenwirkung. Die Strafe ist in jedem Falle eine symbolische Handlung, die für den sittlichen Anspruch steht, der an den Jugendlichen gestellt wird. Somit spricht sie auch den sogenannten Ehrtrieb des jungen Menschen an, also seinen Wunsch nach Anerkennung als ein sittlich handelnder Mensch, als ein Mensch, der die Normen des Zusammenlebens achtet. In jedem Fall muss Strafe immer eine abnehmende Tendenz haben und die

Kräfte der Selbsterziehung müssen gestärkt werden. Auch die Rechtsstrafen müssen nach Ansicht von Schleiermacher eine abnehmende Tendenz haben. Daher müssen die Zahl der Bestrafungen und der Umfang der Strafen im Staatswesen abnehmen. Wenn sie zunehmen, kann der Staat auf längere Sicht die Ordnung nicht aufrechterhalten. Diese Auseinandersetzung mit der Erziehungsstrafe durch Friedrich Daniel Schleiermacher wurde sehr wichtig für die Pädagogik. Sie stellte hohe Hürden auf für die Entscheidung für eine Strafe und insbesondere stellte sie hohe pädagogische Anforderungen an die Art und die Durchführung einer Strafe. Diese Überlegungen wirkten sich langfristig aus, vor allem in der Ächtung der Prügelstrafe (Scheibe 155 ff).

Schleiermachers Überlegungen waren nicht im Blick auf ein Kameradschaftsgericht oder Schülergericht entworfen. Ein Schülergericht wäre aber in einer staatlichen Schule ohnehin fraglich, obwohl es Versuche in dieser Hinsicht gegeben hat. Denn die Verantwortlichkeit der Lehrer und Schulleiter gegenüber höheren Instanzen lässt sich nicht ersetzen. In Internaten, Heimen und Kinderkolonien ist eher an ein Kameradschaftsgericht zu denken, sei es auch als Vollversammlung wie bei Alexander Sutherland Neill. Es könnte sein, dass Schleiermachers Grundsatz von der abnehmenden Tendenz der Strafe durch ein Kameradschaftsgericht ausgehebelt würde. Denn es ist zu erwarten, dass die Kinder eine Fülle von Streitfällen vor Gericht bringen und dass die Kameradschaftsgerichte dann auch gerne vom Strafenkatalog Gebrauch machen. Bei Neill und auch bei Korczak haben wir aber gesehen, dass der Einfluss des Pädagogen auch bei einem Kameradschaftsgericht dahin gehen kann, den Strafen eine abnehmende Kurve zu verleihen. Letztlich steht ja an der Spitze der Strafenpyramide der Ausschluss aus der Gemeinschaft, die Ausstoßung. Davon aber machen die Kinder gegenüber anderen Kindern nicht so leicht Gebrauch. Die Grundfrage heißt immer: Darf das Kind Teil unserer Gemeinschaft bleiben? Makarenko schilderte eine Kindergemeinschaft mit einem sehr starken Willen zur Selbsterziehung im Kollektiv. Daher steht vor dem Ausschluss noch der Gedanke: Unsere Gemeinschaft ist stark genug, das Verhalten des Delinquenten zu ändern. Wir können ihn zu einem wirklichen Teil der Gemeinschaft machen. Auch wenn eine Gemeinschaft von einem Erzieher geführt wird, ohne dass eine eigene Gerichtsbarkeit besteht, ist ein Ausschluss so schwerwiegend, dass der Erzieher sich der Zustimmung vieler Mitglieder der Gemeinschaft versichern wird. Denn sonst könnten von dem Ausschluss negative Tendenzen ausgehen.

Ich bin etwas näher auf Schleiermacher eingegangen, weil Johann Hinrich Wichern in seinen pädagogischen Auffassungen von Schleiermacher beeinflusst wurde. Wichern hat ihn als Student an der Berliner Universität gehört. Das war 1830 und 1831. Mit **Johann Hinrich Wichern** führe ich Sie noch einmal ins 19. Jahrhundert zurück. Dieses Mal nach Hamburg. Hamburg war in der Zeit, um die es hier geht, also etwa 1833 bis 1840, neben Berlin die größte Stadt in Deutschland. Beide Städte hatten mehr als 100.000 Einwohner. Es gibt also Parallelen zu London und Dr. Barnardo. Aber London war schon damals wesentlich größer und die Erscheinungen der verarmten Vorstadtbevölkerung viel dramatischer. Parallelen gibt es auch zu Makarenko und seiner Kinderkolonie. Allerdings kann man bei Wichern nicht von Armenfürsorge sprechen. Die völlige Armut war der Hintergrund des größeren Teils der Kinder und Jugendlichen, die Wichern sammelte. Aber es ging ihm in erster Linie um Erziehung, nicht um Fürsorge wie es bei Dr. Barnardo war. Wichern nahm nur wenige Jahre nach Beginn seines **Erziehungswerkes** im Rauhen Haus auch Kinder aus begüterten Familien auf, die an der Erziehung ihrer Kinder gescheitert waren oder diese vernachlässigt hatten. Wichern sprach ja von Rettung der Kinder und nannte das Rauhe Haus ein **Rettungshaus**. Mit Rettung meinte er die Rettung ihrer Seelen, also die Bewahrung vor einem verbrecherischen Lebenswandel und vor Glaubenslosigkeit, vor Gottesferne, also nicht nur Bewahrung vor Kälte, Hunger und Alkohol und schlechter Gesellschaft. Treffend hat man später in Bezug auf Wichern von einer »erzieherischen Fürsorge« gesprochen (Wittenborn S. 225).

Die starke Orientierung Wicherns an der Erziehungsaufgabe, die ihn von Beginn seines Werkes leitete, erkennt man auch darin, dass er die Familie als Ort der Erziehung hochschätze. Dr. Barnardo suchte für die von ihm gesammelten Kinder möglichst rasch Pflegefamilien und hatte das Glück, viele Pflegefamilien in Kanada zu finden, wo man dankbar war für jede zusätzliche Hand. Makarenko dagegen konnte in seiner Kolonie keine familienähnlichen Bedingungen schaffen, obwohl er auch wünschte, dass die Kolonisten später einmal Familien gründen würden. Immerhin führte Makarenko die Altersmischung der Abteilungen durch. Auch Wichern gab einige Kinder in die Hand von Pflegefamilien. Aber er war im Ganzen skeptisch gegen das Prinzip der Pflegefamilie. Denn die Kinder, die er sammelte, hatten in der Regel Eltern, und Wichern legte auch Wert darauf, diese kennen zu lernen. Das war anders als bei Barnardo, weil die von ihm geretteten Kinder in der Regel nichts mehr über ihre Eltern wussten. Wichern wollte die Kinder, die er ins Rettungshaus aufnahm, nicht von ihren Eltern entfremden, auch wenn diese Eltern häufig keinen guten Einfluss auf ihre Kinder ausübten und sie nicht versorgen konnten. Das ist auch der Hauptgrund dafür, dass er für ein einfaches Leben im Rettungshaus sorgte, was Kleidung und Essen betraf, denn die meisten der Eltern waren arm und die Kinder sollten sich nicht über die Eltern erheben. Was Barnardo für die Mädchen tat, indem er ein Dorf mit Einfamilienhäusern aufbaute, das schließlich 65 Häuser umfasste, das tat Wichern von Beginn an. Er begann auch mit einem Einfamilienhaus, das ihm überlassen wurde, ein Bauernhaus im Stadtteil Horn, und baute Zug um Zug weitere solche Häuser. Die Jungen bzw. Mädchen, die hineinzogen, sollten wie in einer Familie leben. Es waren meist 12 Kinder in einem Haus, zusammen mit einem Vater – im Falle der Jungen – oder einer Hausmutter – im Falle der Mädchen. Die Kinder sollten altersgemischt zusammengesetzt sein, aber nicht mit einer Streuung über zehn Jahrgänge, wie es ungefähr bei Makarenko war, sondern nur über vier Jahrgänge. Das war sicherlich richtig gedacht, denn andernfalls wäre es für manche Kinder zu schwierig geworden, sowohl für die großen als auch für die kleinen (Wittenborn, S. 227). Es waren sozusagen kinderreiche Familien, aber sie hatten einen alleinerziehenden Hausvater bzw. eine alleinerziehende Hausmutter. Zuerst hat Wicherns Schwester Therese ein Mädchenhaus eröffnet, und Wicherns Mutter lebte auch mit auf dem Anwesen. Im zweiten Jahr des Bestehens des Rettungshauses heiratete Wichern und seine Frau Amanda zog mit in das Anwesen ein. Für Wichern, seine Familie und für die Geschäftsführung und den Empfang war ein eigenes Haus gebaut worden. Später hatte Wichern selbst eine kinderreiche Familie – neun Kinder gebar seine Frau. Einige von ihnen arbeiteten ebenso wie die Mutter Amanda im Rauhen Haus mit. Für die einzelnen Häuser mit je 12 Kindern wurde der Ausdruck **Kinderfamilien** eingeführt.

Das Geld für das gesamte Unternehmen stammte größtenteils von einem sogenannten Komitee, dem zwei Hamburger Senatoren und einige Bürger und Kaufleute angehörten. Sie bildeten den sogenannten Verwaltungsrat des Rauhen Hauses. Ein führendes Mitglied stellte auch das Bauernhaus und ein großes Grundstück in Horn zur Verfügung. Aus dem Verwaltungsrat, der mindestens 16 Personen umfasste, wurde ein sogenannter Ausschuss von 8 Personen zusammengestellt, der die tägliche Arbeit begleitete und z. B. auch über die Aufnahme von Kindern entschied. Man sieht, dass für dieses Werk eine formelle **Verwaltungsstruktur** geschaffen wurde. Obwohl Wichern der sogenannte Vorsteher des Rauhen Hauses war, konnte er nicht so unabhängig schalten wie z. B. Dr. Barnardo. Dieser Unterschied war bedingt durch die kirchlichen Verhältnisse: Die Hamburgische Staatskirche wurde strenger verwaltet als eine englische Freikirche. Dennoch war das Rauhe Haus prinzipiell von Staat und Kirche unabhängig, und Wichern weigerte sich auch, um staatliche Unterstützung nachzufragen.

Wichern hat nicht nur das Rettungshaus gegründet, er war auch ein Reformer der evangelischen Kirche durch den Aufbau der Inneren Mission, und wurde vom preußischen Staat gerufen, um das staatliche Gefängniswesen zu reformieren. Daran erkennt man, welche Bedeutung für ihn das richtige Verständnis von Strafe hatte, über das er bei Schleiermacher gelernt hatte nachzudenken. Seine Vorstellungen von der gesellschaftlichen Struktur beruhten auf den beiden Pfeilern **Familie** und **Verein**. Besonders in der Gründung von Vereinen der Inneren

Mission bestand sein Ansatz darin, die Kirche wieder näher an die Bevölkerung heranzuführen und sie offener zu machen für die einfachen Kirchenglieder. Mit diesen beiden Säulen: Familie als grundlegende Erziehungsstätte und Verein als Chance der Partizipation für viele Menschen auch aus einfachen sozialen Verhältnissen – übte Wichern einen großen Einfluss auf die Entstehung der modernen Sozialpädagogik aus. Dennoch hat die heutige **Sozialpädagogik** Schwierigkeiten mit Wichern, da er sein Rettungswerk in erster Linie als ein geistliches Werk verstand. Erziehung und Glaubenserziehung im christlich-evangelischen Glauben waren für ihn untrennbar. Die Abspaltung seines Glaubensimpulses von seinem pädagogischen Impuls ist nicht möglich, das macht es der heutigen säkularen Sozialpädagogik schwer. Es war damals auch in Deutschland eine Zeit der Erweckungsbewegungen, in der soziale und pädagogische Werke aus dem Glauben heraus geschaffen wurden. Auch für England gilt Gleiches, wie wir an Dr. Barnardo sahen. Aber in der heutigen Sozialpädagogik ist nicht nur die starke Glaubenskraft kaum nachzuvollziehen, die die Begründer der Sozialpädagogik beseelte; ebenso schwer ist ihr **Freiheitsgeist** nachzuvollziehen, die Staatsunabhängigkeit. Zu eng sind heute Sozialwerke mit dem Staat verknüpft, um dieses Freiheitsbedürfnis noch nachvollziehen zu können.

Die starke Bedeutung der Vergebung oder Verzeihung in der Erziehung hängt für Wichern auch mit dem christlichen Glauben zusammen. Sie macht seine Erziehungsweise erstaunlich modern. Es scheint ja leicht zu sein, Jugendlichen Verzeihung zu gewähren, die in das Rauhe Haus kommen, nachdem sie Straftaten begangen haben oder auf andere Art ein verwahrlostes Leben geführt haben. Sie haben ja weder Wichern persönlich noch das Rauhe Haus geschädigt. So kann er doch im genauen Sinne nichts verzeihen. Er spricht Vergebung zu – und er leitet daraus Konsequenzen für seine Erziehung ab. Ein wesentlicher Punkt unter Wicherns pädagogischen Ideen war die Notwendigkeit, beim Eintritt in das Rettungshaus einen starken ersten Eindruck zu setzen. Auf den **Anfangsmoment** kam es an, und wenn dieser gesetzt war, so musste er im weiteren Leben des Kindes im Rettungshaus bestätigt werden, der Anfang durfte nicht durch konträres Erleben wieder aufgehoben werden. So konnte das Kind die Vorstellung gewinnen, in etwas Neues eingetreten zu sein, zu etwas Neuem zu gehören. Der Einfluss des bisherigen Lebens ist nicht einfach ausgelöscht und er wird sich wieder bemerkbar machen, aber dennoch erscheint der Faden, der die Kinder mit ihrem früheren Leben verbindet, zunächst wie abgerissen und es entsteht die Chance für neue Eindrücke, für neue Gefühle und neues Wissen, die vielleicht auch nach einiger Zeit schon Krisen aushalten können. Wenn Wichern dem neu aufgenommenen Kind am ersten Tag die Vergebung zuspricht für alles, womit es seine Eltern bekümmert hat und sich selbst geschadet hat (Wittenborn, S. 150

unten), so besagt das im Grunde die rückhaltlose Aufnahme in die neue Gemeinschaft. Die neue Gemeinschaft bedeutet eine neue Lebensweise, bedeutet einen neuartigen Umgang zwischen Kindern und Erwachsenen und zwischen Kindern und Kindern, und ein neues Sprechen und Denken mit Bezug auf Gott. Wichern fasste seine kleine Ansprache an den Neuankömmling so zusammen: »Mein Kind, dir ist alles vergeben! Sieh um dich her, in was für ein Haus du aufgenommen bist. Hier ist keine Mauer, kein Graben, kein Riegel. Nur mit einer schweren Kette binden wir dich hier, du magst wollen oder nicht. Du magst sie zerreißen, wenn du kannst. Diese heißt Liebe und ihr Maß ist Geduld. Das bieten wir dir, und was wir fordern, ist zugleich das, wozu wir dir verhelfen wollen, nämlich, dass du deinen Sinn änderst und fortan dankbare Liebe übest gegen Gott und Menschen.« (Wittenborn, S. 147)

Der Eintritt in das Rettungshaus beginnt nicht mit einem Schock. Denn er erfolgt nicht zwangsweise. Die Eltern haben in den meisten Fällen zugestimmt, ja ihre Kinder gerne abgegeben. Man könnte auch annehmen, dass den Kindern bewusst gewesen wäre, dass ihr bisheriges Leben für sie schädlich war und eine Strapaze. Aber das wäre wohl zu optimistisch oder naiv gedacht. Die zugedachte Verbesserung der Lebensumstände war ihnen zunächst unheimlich und fremd. Erst wenn sich Kinder in die neuen Umstände eingelebt haben, können sie im Rückblick erkennen, dass ihre frühere Lebensweise schädlich war. Diese Einsicht gehört bereits zum Reifungsprozess bzw. Erziehungsprozess, den die neue Institution anstrebt. Dennoch war Wichern das Einverständnis der Eltern nicht gleichgültig. Er pflegte die Eltern kurz vor dem Eintritt des Kindes noch zu besuchen.

Das erste sichtbare Zeichen eines unbelasteten Neuanfangs bestand darin, dass das Rauhe Haus kein verschlossenes Haus war, ein Haus ohne Zäune und Mauern. Ein freies Kommen und Gehen war möglich. Wenn dagegen Kinder bei ihrem Straßenleben von der Polizei aufgegriffen wurden, so wurden sie eingesperrt, eventuell in eine Besserungsanstalt. Das bedeutet: Bei Wichern galt das Angebot der Freiheit sofort – nicht etwa erst nach Beweisen der Besserung. Dem Kind mag es gar nicht klar gewesen sein, was es bedeutete, dass es durch Liebe gebunden werden sollte – und dass man Geduld haben werde. Immerhin konnte es verstehen, dass dasjenige, was von ihm gefordert wurde, mit Hilfe der Erzieher erreicht werden sollte. Aber Wichern schreibt, dass die **Zusicherung der Vergebung** die Kinder sehr beeindruckte. In diesem ersten Gespräch wird dem Kind außerdem verboten, über frühere Erlebnisse und Taten zu sprechen. Das ist ein radikaler Gedanke, denn natürlich liegt es den Kindern nahe, sich über ihr früheres Leben zu unterhalten. Aber sie sollen wissen, dass dieses tabu ist. Sie sollen sich gegenseitig daran hindern. Dieses Verbot hat zum einen den Grund, dass niemandem etwas aus seinem früheren Leben zum Vorwurf gemacht werden kann. Es soll einfach nichts bekannt sein aus dem früheren Leben. Zum anderen verhindert es auch, dass Kinder sich vermeintlicher Heldentaten rühmen und sich im Prahlen überbieten. Dann würde das Leben in der Verwahrlosung nachträglich verklärt. Bei manchen würde eine Sehnsucht entstehen, wieder dorthin zurückzukehren. Dieses **Schweigegebot** ist für Wichern ein Kardinalpunkt. Im Grunde macht es die zugesprochene Vergebung glaubwürdig. Frühere Handlungen sind wie ausgelöscht. Von Schuld ist nicht die Rede – es ist eine Kategorie für Ältere und Erwachsene, nicht für Kinder und erst recht nicht für diese Kinder. Vergebung ist hier also nicht Vergebung von Schuld, sondern ein Versetzen in ein neuartiges Leben und Ignorieren der bisherigen Lebensweise. Die Kinder mussten am Tage ihres Eintrittes morgens sehr früh kommen. Im Verlaufe des Tages wurde niemand neu aufgenommen. Manche kamen in Begleitung der Eltern, manche allein. Nach der Begrüßung bereiteten ältere Knaben dem Ankömmling ein Bad, danach konnte er sich neu einkleiden. Beides war nötig angesichts der Verwahrlosung der meisten ankommenden Kinder. Danach fand das Gespräch mit Wichern statt. Sodann wurde das Kind zur Hausmutter geführt, also Wicherns Frau. Das Kind erfährt, dass es Mutter zu dieser Frau sagen darf. Wichern beobachtete, dass die Kinder länger brauchten, bis sie dieses Angebot der Liebe verstehen lernten. Danach kommen die übrigen Knaben der Hausgemeinschaft und geben dem Ankömmling die Hand und heißen ihn willkommen. Es zeigt sich nun bald, warum die neuen Kinder früh am Morgen eintreten sollen. Sie sollen am ersten Tag die Ordnung des Hauses erleben. Sie sehen, wie die Kinder sich beschäftigen: Holz sägen, Holz spalten, Wasser herantragen, Wasser erhitzen und den Waschtrog füllen, waschen, Kartoffeln von außerhalb heranfahren mit der Karre, Kartoffeln schälen, Stube ausfegen, Kleider bürsten. Die Ordnung des Hauses selbst soll wirken, soll ein Erziehungsmittel sein. Dazu gehören auch die beiden Andachten am Morgen und am Abend, ferner die Unterrichtsstunden morgens und am späten Nachmittag sowie die Ruhezeit am Tage. Ferner auch die Festtage wie Sonntag und christliche Feiertage. Die Eindrücke des ersten Tages waren für Wichern sehr wichtig, um einen Anfang der Besserung zu setzen. Es kam ihm darauf an, diesen ersten Aufschwung so lange zu erhalten wie möglich. Das Leben im Rauhen Haus wurde prinzipiell als Fortführung des Neuanfangs gestaltet.

Die Erzieher zeigten den Kindern, dass sie keine Angst vor ihnen hatten oder Schlechtes befürchteten, der Beweis war die Offenheit des Hauses und des Geländes. Sie hatten den Kindern Geduld versprochen, sie wussten also, dass Rückfälle möglich waren, bis hin zum Weglaufen, aber sie vermittelten die Zuversicht, dass die Gemeinschaft damit fertig würde. Wenn die Erzieher merkten, dass einzelne etwas planten, z. B. weg zu laufen, so durften sie nicht andere Kinder, die vielleicht Mitwisser waren, danach aushorchen. Vertrauen sollte gelten, nicht nachforschen. Strafe sollte es nur in wenigen Ausnahmefällen geben, denn Strafen erinnerten die

Kinder an ihr früheres Leben und hätten Rückfälle bewirken können. Die offene Kommunikation zwischen den Kindern und zwischen den Erziehern und Kindern sollte erhalten werden, sie war ein hohes Gut, weil die Kinder je länger je mehr Offenheit als eine Wohltat empfanden, die sie von der Heimlichtuerei entband. Es musste eine Lebendigkeit der Kommunikation erhalten bleiben. Das ist auch der Grund, warum Wichern skeptisch war gegen das Mittel »Hausordnung« (Sämtliche Werke VII, S. 459 ff). Oft ist es in Besserungshäusern ein probates Mittel, ein Regelwerk im Sinne einer Hausordnung zu schaffen und dieses dann durchzusetzen. Dahinter steckt der Gedanke der Gewöhnung: durch Gewöhnung an das sozial erwünschte Verhalten erreiche man eine sittliche Besserung. Es ist eine Art von Konditionierung. Durch ein Verhalten, das sozial belohnt wird, verändert sich auch die innere willentliche Haltung. Gegen diese Auffassung war aber Wichern schon durch sein Studium bei Schleiermacher gefeit. Das pädagogische Denken sollte sich auf die Frage richten, wie man Gebote und Verbote in der Erziehung vermeiden kann (Herrmann, S. 239). Es geht nur über den Weg, dass man dem Kind sinnvolle Angebote macht, die es annehmen oder zurückweisen kann. Eine innere Haltung, eine Gesinnung entsteht nur in Freiheit. Durch Gewöhnung bewirktes Verhalten bricht bei veränderten äußeren Bedingungen wieder zusammen. Wichern sagte, die Hauseltern seien die lebendige Hausordnung (Sämtliche Werke VII, S. 460). Das ist natürlich ein hoher Anspruch. Im Grunde ist er nur zu halten, wenn auch ein größerer Teil der Kinder im Rettungshaus diesen Geist in sich aufnimmt. Daher waren die Andachten, in denen biblische Geschichten ausgelegt wurden, sehr wichtig. Sie waren zusammen mit den Feiern der wichtigste Weg, eine Gemeinschaft zu formen. Gemeinsames Singen spielte dabei eine große Rolle. Erst die Gemeinschaftlichkeit in dem Bemühen um den evangelischen Glauben gab weiteren Gemeinschaftserlebnissen eine Nachhaltigkeit: dem gemeinsamen Arbeiten und gemeinsamen Wandern.

Der **Freiheitsbegriff** Wicherns zeigt sich auch darin, wie er mit dem Gedanken der gegenwirkenden Erziehung umging. Auch dieser Gedanke stammt von Schleiermacher. Die Erziehung ist meistens unterstützend, sie ist manchmal auch erhaltend und bewahrend, sie ist gelegentlich aber auch gegenwirkend, wenn die Situation es erfordert. Man könnte meinen, bei den erziehungsschwierigen Kindern, mit denen Wichern es zu tun hatte, müsste die Erziehung von Beginn an gegenwirkend sein. Aber wir haben gesehen, dass eine solche Auffassung falsch wäre. Auch in dieser Hinsicht lernte Wichern von Schleiermacher. Es gibt Gut und Böse. Das ist für Schleiermacher und Wichern unbestreitbar. Genau genommen gibt es Gutes und Böses im Menschen, und zwar in jedem Menschen. Es gibt Gutes und Böses im Erzieher und auch im Kind. Der Mensch ist nicht gut oder böse. Es gibt Gutes und Böses im Menschen. Und das Böse ist Teil der Welt, es wird nicht einfach verschwinden. Es ist kein Irrtum, kein bloßes Abirren vom rechten Weg. Das Böse ist eine Macht. Ebenso auch das Gute. Wenn die Macht des Bösen über einen Menschen geschwächt werden soll, ist Selbsterkenntnis nötig. Auf längere Sicht ist eine solche Einsicht unerlässlich. Wichern versprach den eintretenden Kindern Geduld. Er sah den Weg der Selbsterkenntnis als einen langen Weg an. Darum wollte er die Kinder drei Jahre lang im Rettungshaus behalten, darum blieben die Erzieher mit den Jugendlichen auch noch in Kontakt, wenn diese eine Lehre angetreten hatten oder ein Dienstverhältnis eingegangen waren. Darum luden die Erzieher die Ausgeschiedenen noch zu Festen und Jubiläen ein. Den Jugendlichen stand in Bezug auf ihre Eltern und ihr Herkunftsmilieu noch eine Bewährungsprobe bevor. Wichern wollte nicht, dass sie ihren Eltern entfremdet würden, auch wenn er sie dem elterlichen Milieu entriss. Noch weniger wollte er eine Verurteilung der Eltern durch die Kinder erreichen. Die Mitarbeiter des Rauhen Hauses setzten während der Zeit, in der die Kinder im Rettungshaus waren, die Besuche bei den Eltern fort, in der Hoffnung, ihr Verständnis für das zu gewinnen, was mit ihren Kindern geschah. Später sollten die ausgeschiedenen Jugendlichen ggf. einen positiven Einfluss auf ihre Eltern ausüben. Dieser Bezug zu den Eltern war auch wichtig für die Selbsterkenntnis. Diese sollte wachsen, auch wenn über frühere Taten zwischen den Kindern nicht gesprochen wurde. Mit Wichern selbst oder einem Erzieher konnte darüber gesprochen werden, um die Selbsterkenntnis anzuregen. Gegenwirkende Erziehung sollte nur dem Zweck der Selbsterkenntnis dienen. Gegenwirkende Erziehung reicht von Ermahnung über Verweis bis Strafe. Schleiermacher hatte schon gezeigt, dass Strafe in der Erziehung ein abnehmendes Prinzip sein muss und von Einsicht abgelöst werden muss. Das ist nur möglich, wenn gegenwirkende Erziehung erst nach einem Fehlverhalten einsetzt und keineswegs präventiv gegen erwartetes Fehlverhalten eingesetzt wird. Das würde die Freiheit beeinträchtigen. Die Freiheit ist auch Freiheit zum Fehlverhalten. Die Erzieher reagieren, wenn es geschehen ist. Sie lassen sich auch dabei vom Gedanken der Vergebung leiten, weil er der Gedanke der Liebe ist. Indirekt wird auch ihnen dadurch eine Freiheit ermöglicht. Denn sie lassen sich nicht von der Sorge treiben, jederzeit könnten diese schwierigen Kinder etwas neues Schlimmes anrichten. Sie vertrauen den Kindern und der Gemeinschaft, die auch mit Fehltritten fertig werden kann. Ja, letztlich vertrauen Erzieher und Kinder der Kraft der Vergebung, welche die Kinder schon beim Eintritt erfahren haben. Und diese Kraft ist christlich, weil Christus Vergebung erwirkt hat.

Konkret sind diese pädagogischen Gedanken in einer Geschichte aus dem Rauhen Haus nachvollziehbar, die durchaus an die Geschichte von Ushikov bei Makarenko erinnert. Wichern berichtet sie im 2. Jahresbericht des Rauhen Hauses von 1834.

An einem Sonntag hatte Wichern einige schwierige Jungen bei sich behalten, auch einen zuvor renitenten, erfreute sie aber mit Obst und gutem Essen, während die übrigen Knaben auf einem Spaziergang waren. Als diese zurückkehrten, nutzten jener renitente und ein weiterer die Situation und verschwanden. Zunächst glaubte Wichern, sie seien zur Kirmes gegangen und kämen bald zurück. Das geschah aber nicht. Wichern suchte die ihm bereits bekannten Eltern des zweiten Jungen auf. Dort kam er übel an, die Eltern drohten ihm Prügel an. Aus den früheren Besuchen konnte er schließen, wo die Jungen jetzt umherwanderten, und wie sie sich durchschlugen. Es war Hochsommer. Nach einiger Zeit bat Wichern die Polizei, sie zu suchen, und sie wurden nach eineinhalb Tagen gefunden. Die Polizei nahm sie in Arrest, und Wichern willigte ein, sie ins Rauhe Haus zurückzunehmen. In ihrer Abwesenheit kamen einige Jungen zu Wichern, um ihm zu erzählen, was vor dem Verschwinden geschehen war. Die beiden hatten versucht, auch andere zum Weglaufen zu ermuntern. Sie stießen aber auf Widerstand. Jungen sagten, sie hätten es gut hier, und einer sagte sogar, sie würden von Gott zur Rechenschaft gezogen, wenn sie so sprächen und das täten. Daraufhin habe dieser renitente Junge, der jetzt entwichen sei, ganz massiv gegen den Glauben gelästert: Sie sollten das ganze Heilige an den Galgen hängen. Es sei sowieso alles Lüge. Sodann streute er bei einigen seinen Plan aus: Er wolle in einem Landgebiet eine Viehherde hüten, dazu werde man ihm ein Pferd geben und er werde sich auf dem Landstück eine Hütte bauen. Für alle Fälle entwendete er von den Bauarbeitern schon einmal etliche Nägel. Mit dieser Aussicht verlockte er aber nur den einen, der mit ihm ausrückte. Ein schönes Beispiel für jugendliche Abenteuer-Phantasie.

Im Wissen um alles das nahm Wichern die beiden wieder auf. Was sollte er tun? Seine erste Handlung bestand darin, dass er der gesamten Hausgenossenschaft im Beisein der zwei Ausreißer diese gesamte Geschichte mitteilte. Er wollte den beiden nicht die Hoheit über ihre Geschichte überlassen, mit der sie wiederum andere hätten zum Weglaufen animieren können. Sodann wurde allen verboten, mit den beiden zu sprechen. Diese mussten auch sonntags in schlechten Kleidern und barfuß gehen. Sie saßen beim Essen separat und durften an den Andachten und am Unterricht nicht teilnehmen. Sie durften mit niemandem sprechen. Natürlich war ihre Reaktion Trotz. Sie würden bald wieder verschwinden und alles noch geschickter anstellen. Wichern ließ sie also gezielt fühlen, was sie ohne die Gemeinschaft des Rauhen Hauses hätten: schlechte Kleidung, keine Kommunikation, keine Gemeinschaftserlebnisse. Zugleich aber führte er viele Gespräche mit ihnen: Sie sollten ihm alle Geschehnisse und Gedanken genau mitteilen. Das dauerte Wochen. Gleichzeitig wurde die Isolierung stückchenweise gelockert. Etwa Mitte August müssen sie zurückgebracht worden sein, am 29. Oktober zog Wicherns Frau nach der Hochzeit in das Rauhe Haus ein und wurde die Hausmutter, und dieses war der Anlass, die beiden wieder vollgültig aufzunehmen. Ihnen war verziehen.

Vergebung setzt Selbsterkenntnis frei und Vergebung stärkt den Mut zur Ehrlichkeit. Das erkennt man an dem weiteren Gang des Geschehens. Die Geschichte der beiden Jungen führte bei weiteren Jungen zur Gewissenserforschung. Einige offenbarten, dass sie sich auch Nägel genommen hatten, und anderes mehr kam zur Sprache. Wichern war erschüttert. Ihm war klar, dass bei solch unredlicher und unehrlicher Gesinnung die Andachten zur Heuchelei werden mussten. Also setzte er die Andachten aus, damit eine Besinnung über alle diese Vorfälle einsetzen könne. Die Gefahr der leeren Ritualisierung musste abgewendet werden. Aber einen Ersatz hatte Wichern nicht. Die Andachten waren das stärkste Band der Gemeinschaft, das nun zerrissen war. Das war für viele Kinder schrecklich. Viele baten ihn, die Andachten wieder aufzunehmen, er lehnte es ab. Aber es geschah etwas, das jedoch Wichern zunächst nicht bemerkte, weil er die Kinder nicht überwachte. Erst später, als er wieder Andachten hielt, erzählten sie es ihm. Die Kinder taten sich spontan zu kleinen Gruppen zusammen und hielten Andachten auf eigene Faust. In einer Gruppe wurden Lieder gesungen – versteckt im Garten, in einer anderen Gruppe las einer aus der Bibel vor. Eine Gruppe begann, die anderen Gruppen zusammen zu holen, man bildete jetzt wieder eine Hausgemeinde und einige wendeten sich an Wichern mit der Bitte, die Aufsicht über ihre Andachten zu übernehmen. So wurden die Hausandachten wieder belebt. Für Wichern war es sehr wertvoll zu erfahren, welche Jungen Initiativen ergriffen hatten, um Gruppen zu bilden. So konnte er an einigen Jungen, von denen er es nicht angenommen hatte, sehen, wie stark ihnen Leben und Lehre des Rauhen Hauses schon ans Herz gewachsen waren.

Man sieht am Fortgang dieses Geschehens auch, dass die Zusicherung der Vergebung den Pädagogen in eine gewisse Ohnmacht versetzt. Das ist keine ungefährliche Situation. Offensichtlich war Wichern schon nach gut einem Jahr ratlos. Repressive Mittel kann er nicht einsetzen, das wäre gegen den Geist der Vergebung gerichtet. Einfach all die Verfehlungen vergeben und so weitermachen wie bisher – das geht nicht. Nach der Vergebung muss ein Wille erkennbar werden, das Verhalten zu ändern und die Ethik der Gemeinschaft neu zur Geltung zu bringen. Entweder einige erkennen das und tun etwas – vielleicht solche, die bisher gar nicht viel gesagt haben – oder es geht nicht weiter. Wer vergibt, macht sich auch ohnmächtig. Er hat nur noch seinen Glauben, dass die Verkündung des Gotteswortes nicht vergeblich sei. Wichern hatte nichts mehr außer seinem Glauben. Es musste sich zeigen, ob er wirklich glaubte. Nur der Glaubende kann sich auf die Vergebung einlassen. Sie ist ein Risiko. Es ist auch das Risiko der Freiheit. Wichern gab den Kindern und Jugendlichen Freiheit. Er verzichtete auf die Erziehung durch Gewöhnung und auf Strafe. Die Kraft, auf Strafe zu verzichten, musste er jedoch erst erringen. Im ersten Jahr hat er aus Ängstlichkeit heraus einen Jungen gestraft und hat erfahren, dass die Strafe nichts Gutes bewirkte. Die Jungen hatten die Freiheit, diese Gemeinschaft zu erhalten oder sie scheitern zu lassen. So schwierig das klingt: Vergeben enthält auch die Bereitschaft zu scheitern. Ein Erziehungswerk, das auf Vergebung aufbaut, kann nicht zugleich der Annahme huldigen, dass es auf jeden Fall lange Bestand haben wird. Ein Überwinden schwieriger Situationen muss als ein Geschenk begriffen werden.

Vielleicht liegt in dieser Bedingung auch der Grund für den **Freiheitswillen** des Gründers Wichern. Hätte er das Werk finanziell vom Staat oder von der Kirche abhängig gemacht, hätte ein Druck bestanden, das Erziehungswerk auf jeden Fall durchzuhalten. Dann aber wäre die Versuchung groß gewesen, auch die Freiheit für die Kinder einzuschränken, damit kein Kind das Werk zu Fall bringen könnte. In dieser Situation sind Lehrer und sind meistens auch Sozialpädagogen. Sie müssen ihr Erziehungs- und Bildungswerk durchhalten, oft sagt man durchziehen, weil von Seiten der höheren finanzierenden und sogar Aufsicht führenden Instanz ein Scheitern nicht geduldet würde. Daher schützen sie sich dagegen, dass einzelne das Werk zu Fall bringen könnten. Diese Haltung schränkt aber tendenziell die Freiheit der Teilnehmenden ein. Insofern bedeutet der Grundsatz, ein Erziehungswerk auf Vergebung aufzubauen, auch eine weitgehende Rücknahme eigenen Ehrgeizes und des Wunsches nach Anerkennung für das Werk. Die höheren Instanzen sollten allerdings auch lernen, dass Scheitern in der Erziehung möglich ist. Die große Chance der Freiheit ist nicht ohne Preis zu haben.

»Vertraue der Kraft des Verzeihens!«

- **Wenn du den anvertrauten Kindern und Jugendlichen verzeihst, setze damit einen neuen Anfang in eurem Zusammenleben!**
- **Verzeihe nicht still für dich, sondern sprich dein Verzeihen gegenüber dem Betroffenen oder den Betroffenen aus!**
- **Wenn du den anvertrauten Kindern und Jugendlichen verziehen hast, vertraue ihnen, stelle das Misstrauen beiseite!**
- **Gib dir Rechenschaft, ob dein Verzeihen die Selbsterkenntnis und den Mut zur Ehrlichkeit in eurer Gemeinschaft gestärkt hat!**
- **Prüfe dich, ob du die Kraft hast, dich auf Verzeihung einzulassen! Wenn du die Ohnmacht fürchtest, gehe lieber den Weg der Gewöhnung oder der Strafe!**
- **Wenn du strafst, suche die Zustimmung des Bestraften zur Strafe!**

Literatur:

Herrmann, Volker (Hrsg.): Johann Hinrich Wichern – Erbe und Auftrag. Stand und Perspektiven der Forschung. Heidelberg: Winter 2007 (= Veröffentlichungen des Diakoniewissenschaftlichen Instituts an der Universität Heidelberg, Nr. 30).

Scheibe, Wolfgang: Die Strafe als Problem der Erziehung: eine historische und systematische pädagogische Untersuchung. Weinheim: Beltz 1967.

Erich **Wittenborn**: Johann Hinrich Wichern als Sozialpädagoge, dargestellt an seiner Rettungshauserziehung. Wuppertal Dissertation1982.

Wichern, Johann Hinrich: Sämtliche Werke. Hrsg. von Peter Meinhold. Band I bis Band VII. Berlin/ Hamburg: Lutherisches Verlagshaus 1962 bis 1975.

Vorbereitende Lektüre:

Text 16: Johann Hinrich Wichern: Rettungsanstalten für sittlich verwahrloste Kinder. Das rauhe Haus in Horn. 1834. In: Johann Hinrich Wichern. Sämtliche Werke. Hrsg. von Peter Meinhold. Band IV/Teil 1. Schriften zur Sozialpädagogik (rauhes Haus und Johannestift). Berlin: Lutherisches Verlagshaus 1958. Auszug S. 125–127.

9. Vorlesung
»Überliste auf freundliche Weise!«

Dieser Grundsatz kann Empörung auslösen. Wie kann ein Pädagoge sich vornehmen, Kinder und Jugendliche zu überlisten! Das klingt doch etwas gemein, bösartig. Ein bisschen wird das Bösartige abgeschwächt, wenn es heißt: Überliste auf freundliche Weise! Ist das nicht der Ausdruck der pädagogischen Geschicklichkeit, die das Motto hat: ›Ich bringe dich dahin, wohin du eigentlich gar nicht willst, aber ich tue es auf freundliche Weise.‹? Ich bin sozusagen lieb, wenn ich dich ein wenig überliste. Ja, es stimmt schon, das gehört zum pädagogischen Handeln. Ein kleine Kind schreit, weil es trotzt oder weil etwas wehgetan hat, und die Mutter sagt: Schau mal da, die Katze sucht ein Mäuschen. Also ablenken. Ablenken ist ein wichtiges Mittel in der Pädagogik, ablenken von Schmerz, ablenken von der Unlust zum Beispiel beim Essen, wenn Mütter sagen: Jetzt noch ein Löffelchen für den Vati, der gerade nicht da ist. Ablenken auch vom Schmollen oder gar von der Wut, zum Beispiel »Schau mal, die Mutti hat etwas Leckeres«. Bis zu einem gewissen Alter, etwa bis zur Grundschulzeit, funktioniert es oft. Es muss schnell und überraschend kommen. Ablenken ist natürlich auch eine Form des Überlistens, ein freundliches Überlisten.

Ich glaube, die Kunst des freundlichen Überlistens wird immer wichtiger, je mehr wir früher übliche Formen der direkten Erziehung als ungeeignet ablehnen. Wir sprachen schon über die Strafe. Sie muss abnehmen, soll möglichst ganz verschwinden und darf in milder Form nur bei kleinen Kindern angewendet werden, wenn sie rasch nach der Tat kommt und nicht lange anhält. Aber eigentlich können wir die Strafe überhaupt nicht akzeptieren, nur als Rechtsstrafe, nicht als pädagogische Strafe.

Sodann haben wir zunehmend auch direkte Formen der Erziehung verworfen, zum Beispiel Befehlen. Der militärische Befehl ist mit Sanktionsmöglichkeiten ausgestattet. Befehlsverweigerung wird hart bestraft. Aber der Pädagoge hat keine Befehlsautorität, es sei denn, er droht körperliche Strafe an. Aber die kann er nur in Extremsituationen pädagogisch rechtfertigen. Dennoch kommt die Befehlsform häufig vor: »Nehmt die Hefte heraus!«, »Stellt die Handys ab!« oder ähnliches. Aber der Pädagoge meint es im Grunde so: »Nehmt bitte die Hefte heraus!«, »Setzt euch bitte!«, »Unterbindet bitte das Tuscheln!«. Denn er weiß, dass er gar keine Befehlsgewalt hat. Manchmal steigert sich ein Pädagoge bis zum Anschreien: auch das ein Mittel direkter Erziehung.

Aber wir wissen: Weder die Strafe nutzt, noch die direkten Mittel der Erziehung nutzen, wenn bei den Kindern oder Jugendlichen keine Einsicht vorhanden ist. Wir wollen, dass die Kinder und Jugendlichen aus eigenem Willen mitmachen. Wir wollen eine Übereinstimmung der Ziele erreichen. Was der Pädagoge erreichen will, das sollten auch die Kinder und Jugendlichen wollen: gute Beziehungen zwischen allen Beteiligten, eine gute, vielleicht oft auch heitere Atmosphäre beim gemeinsamen Tun, Leistung entsprechend den Leistungszielen, Ehrlichkeit, Freundlichkeit. Also braucht der Pädagoge indirekte Mittel der Erziehung, und da kommt die freundliche List ins Visier. Wir Pädagogen sind edle Gemüter und wollen mit dem Wort »List« nicht gern in Verbindung gebracht werden. »Freundliche List« ist schon besser, aber manchen doch anrüchig.

Das Wort »List« erinnert uns daran, dass es eben doch nicht immer die Gemeinsamkeit des Zieles gibt zwischen Pädagogen und den ihnen anvertrauten jungen Menschen. Latent weiß der Pädagoge, dass es auch Widerstand geben kann gegen die pädagogischen Ziele. Zumindest der momentane, stimmungsbedingte Widerstand kann durch freundliche List überwunden werden, wie zum Beispiel durch Ablenkung. Grundsätzlicher Widerstand, der schon Opposition ist, kann so kaum überwunden werden. In diesem Falle bedarf es einer Überprüfung der pädagogischen Ziele und Mittel.

Wenn ich den Grundsatz »Überliste auf freundliche Weise« in Verbindung bringe mit **Janusz Korczak** ist die Empörung vielleicht doppelt so groß. Denn Janusz Korczak genießt als Pädagoge zu Recht größte Verehrung. Er hat dreißig Jahre lang zwei Kinderheime geleitet – eines mitten in Warschau und eines am Rande Warschaus – und ging schließlich mit den etwa 200 Kindern seines jüdischen Kinderheims in der Mitte Warschaus in die Waggons, die sie alle ins Vernichtungslager Treblinka brachten, also in das Gas. Inmitten der großen Menschenmenge, die von SS-Männern und Helfern aus dem Ghetto zusammengetrieben worden war, um abtransportiert zu werden, bewegte sich der Zug dieser Kinder, auf einem vierstündigen Gang zur Verladestation, geführt von Korczak und Stefania Wilczynska, die neben ihm das Heim leitete, und auch weiteren Erziehern. Korczak teilte das Schicksal der ihm anvertrauten Kinder, das er nicht abwenden konnte. Er, der schon verzweifelte gesundheitlich gebrochene 64jährige Mann, blieb bis zuletzt der Hoffnungsträger der Kinder.

Je mehr über Korczaks Schicksal bekannt wurde, je größer wurde die Verehrung für ihn, den wahren Pädagogen, der uns gezeigt hat, was wirkliche pädagogische Liebe bedeutet, der Tag und Nacht bei den Kindern war und in der letzten Phase des Kinderheims keine Minute mehr von den Kindern wich. Wir wissen nichts über die letzten Stunden, den Transport ins Todeslager Treblinka, das Sterben dort in der Gaskammer. Auch vom Zug der Kinder gibt es kein Bild, nur wenige Zeugenaussagen von Menschen, die im Ghetto waren und dem Morden entkommen waren. Doch hat sich das Bild dieses Zuges von Kindern unter Korczaks Führung wie ein Fanal eingebrannt.

Wir wissen vieles über die Tätigkeit Korczaks in den beiden Kinderheimen, dem jüdischen – also mit jüdischen Kindern – und dem polnischen, also mit polnischen Kindern. Korczak hat viel geschrieben, vieles wurde bis zur Okkupation durch die deutsche Wehrmacht im Jahre 1939 veröffentlicht, es gibt manche Beschreibungen von ehemaligen Zöglingen der Kinderheime. Korczak betreute in den Heimen Kinder bis 14 Jahre, die jüngsten waren 3 Jahre alt, nur wenige konnten länger als bis zum Alter von 14 Jahren in einem der Heime bleiben. Es waren Kinderheime, die als Waisenheime bezeichnet wurden, obwohl nicht wenige Kinder noch wenigstens einen Elternteil oder eine Tante hatten, zu denen sie am Wochenende für eine Übernachtung gehen durften. Für das jüdische Heim war dieses der Freitag und der Sonnabend, der Sabbat. Korczaks pädagogisches Ideal war die Freiwilligkeit, die Selbstregierung der Kinder, waren Offenheit und Transparenz aller Vorgänge im Heim.

Darf ich angesichts von Korczaks einzigartiger Stellung in der Pädagogik überhaupt von List sprechen, sei es auch von freundlicher List? Ich will nicht unbedingt auf diesem Wort bestehen, urteilen Sie später selbst, ob man es verwenden darf in Bezug auf Korczaks Pädagogik oder nicht. Damit kennzeichne ich auch nicht das Ganze der Pädagogik Korczaks, sondern nur ein Mittel, dass er in unterschiedlichen Varianten anwendete.

Hinter dem was ich mit freundlicher List bezeichne, steckt eine Verwandlungsfähigkeit. Etwas zugespitzt gesagt: eine Art psychologischer Zauberei. Korczak konnte in gewisser Weise das Kind verwandeln und er konnte sich selbst verwandeln. Er drehte den Blickwinkel herum, verblüffte das Kind, wandelte den Schmerzpunkt in einen Lustpunkt um, machte dem Kind das Gegenteil von dem schmackhaft, was es eigentlich wollte, ließ es lachen, wenn es eigentlich wütend war. Er nahm ihnen sozusagen blitzschnell Gefühle weg wie Wut, Heimweh, Furcht und gab ihnen stattdessen andere wie Heiter-Sein über etwas Witziges, Sich-Großes-Vornehmen, zum Beispiel einen großen Kampf führen, er veranlasste sie, die momentane Stimmung fallen zu lassen, weil noch Größeres in der nahen Zukunft lockte.

Er verwandelte sich auch selbst. Der Direktor des Waisenhauses war plötzlich selbst eines der Kinder. Er baute eine bis ins Kleinste durchdachte pädagogische Ordnung auf und verstieß ab und zu gegen sie – mit einem gewissen Augenzwinkern. Er war der einfühlsame Pädagoge und dann der Statistiker, der alle Vorfälle, Verhaltensweisen, Spracherzeugnisse der Kinder in großen Statistiken erfasste, ein Meister des Zählens. Er war der Versteher der kindlichen Seelen und dann der Arzt, der ganz nüchtern objektive physiologische Ursachen suchte und erkannte. Der erfahrene kluge Pädagoge, der viele Bücher über seine Erziehungspraxis und über Erziehungssituationen geschrieben hatte, gab den Praktikanten, die ein Erziehungsproblem an ihn herantrugen, oft nur zur Antwort: Weiß ich's denn?

Was steckte hinter dieser Verwandlungsfähigkeit – der transitiven und der reflexiven – also Verwandlung der Kinder und Verwandlung seiner selbst? Man muss sicher sagen: Sie war eine Frucht seiner Sprachmacht. Der großartige Schriftsteller konnte mit dem Wort rühren, aber auch schockieren, auch provozieren, er konnte mit dem Wort vexieren, also eine Sache drehen, auf den Kopf stellen, den Blick um 180 Grad wenden. Natürlich konnte er trösten, aber auch spotten, er konnte so gutmütig spotten, dass der Verspottete selbst lachte, er konnte ironisieren, so dass der Angesprochene nicht wusste, ob er es so meinte oder nicht. Er konnte sogar schneidend ironisieren, aber der Getroffene musste sich seinem Witz beugen und im Endeffekt über sich selbst lachen, er konnte sein Urteil in der Schwebe halten, den Hörer schwankend zurücklassen. Er hatte sich geschult nicht nur im Schreiben von Romanen, Erzählungen, eines Bühnenstückes, auch in Diskussionen auf wissenschaftlichen Konferenzen, auch international, in Stellungnahmen als Experte vor Gerichten, besonders Jugendgerichten, in vielfältigen Beratungen von Eltern, Erziehern und Kindern, in Vorlesungen an Hochschulen, wurde bekannt in Polen und international. Er fand seine Auditorien, gewann seine Leser und seine Hörer als Redakteur am Radio.

Erstaunlich, dass dieser Mann mit diesen Fähigkeiten seine Überlegenheit gegenüber Kindern, Jugendlichen und Eltern nicht ausspielte, sondern eher wie ein schlichter väterlicher Erzieher in seinen Heimen auftrat. Wenn Freunde kamen, übersahen sie den Mann in Arbeitskleidung mit dem grauen Kittel und suchten den Direktor. Nur wer ein Auge dafür hatte, wie die Kinder seine Nähe suchten, erkannte in ihm den *spiritus rector*. Korczaks Art mit den Menschen seiner Umgebung umzugehen, hatte immer ein Überraschungsmoment, er beobachtete sie, bevor sie es wussten und konnte ihnen als einer erwidern, der schon etwas durchschaut hatte.

Man kann aber diese Kunst der Verwandlung auch von seinem tragischen Ende her deuten. Eine der Praktikantinnen, die in den letzten beiden Lebensjahren Korczaks im jüdischen Waisenhaus mitarbeitete, also von 1940 bis 1942, deutete es so: Das gejagte Opfer will die Motive seines Verfolgers verstehen. Es verkriecht sich in eine Höhle und analysiert seinen Verfolger. So wächst der Besiegte und Erniedrigte über sich hinaus, gewinnt ein Bewusstsein seines Selbst und seines Werkes und erkennt seine Überlegenheit über seinen Mörder, auch wenn dieser sich zum Übermenschen erklärt hat. So verstand Yona Bocian den Meister. Yona Bocian wurde in das KZ Majdanak verschleppt. Sie konnte es überleben, ging nach Palästina und schrieb im späteren Israel über Korczak. Yona Bozian, manchmal auch als Tosia Bocian erwähnt, erlebte im November 1940 auch, dass Korczak von der deutschen Geheimpolizei, der Gestapo, verhaftet wurde. Gestapo-Polizisten patrouillierten ständig im Ghetto, und Korczak weigerte sich, in der Öffentlichkeit den gelben Judenstern zu tragen. Einen Monat war er in Haft und wurde gefoltert, bis schließlich Leute aus der jüdischen Gemeinschaft das Lösegeld zusammen hatten, das die Gestapo forderte. Man kann es auch als Erpressungsgeld bezeichnen. Korczak kam völlig erschöpft und verstört zurück, aber den Kindern erzählte er, dass er bei den Deutschen ein Training gemacht habe und ihnen gezeigt habe, dass er noch alles könne (Lewin, S. 56–58). Das meinte wohl Yona Bocian: Er hatte seine Verfolger innerlich besiegt, sie konnten ihn nicht brechen, und trotz der langen Hungerzeit, die sie hinter sich hatten, gingen er und wie manche sagten, auch die Kinder aufrecht und schweigend die vier Stunden zum Verladeplatz. Der Besiegte, der Gedemütigte, der Ermordete – war doch ein Sieger über die Mörder.

Für den Historiker und Biographen ist es vielleicht absurd, eine Lebensgeschichte vom Ende her zu verstehen – die Entwicklung vollzieht sich doch mit der Zeit, nicht gegen die Zeit, aber in Korczaks Leben geht auch vieles auf, wenn man es vom Ende her versteht. Im Ghetto führte er im Waisenhaus Gottesdienste ein – er, der doch während seines Lebens kaum ein Interesse an seiner jüdischen Religion gezeigt hatte. Muss man – vom Ende her betrachtet – die A-Religiosität Korczaks noch einmal genauer betrachten? Jedenfalls schrieb Korczak schon in den zwanziger und dreißiger Jahren Gebete auf. Er nannte die kleine Sammlung: »Allein mit Gott, Gebete derer, die nicht beten.« Sollen sie helfen zu beten? Das »Gebet eines Erziehers« ist uns nur überliefert, weil die Erzieherin, die neben Korczak das polnische Kinderheim leitete, am Stadtrand Warschaus, es abgeschrieben hatte und sie ihre Abschrift später veröffentlicht hat. Sie hieß Maryna Falska. Es ist auch eigentlich kein bittendes Gebet: »Erhobenen Hauptes fordere ich, denn es ist nicht für mich, Gib den Kindern ein gutes Schicksal, gewähre ihren Anstrengungen Hilfe, ihrem Bemühen Segen.« So ist Korczak: Er wandelt das Gebet in eine Forderung an Gott, fordernd tritt er vor Gott. Und was bietet er Gott als Gegenleistung. »Mein einziges Kleinod: meine Traurigkeit.« (Sämtliche Werke, Band 5, S. 68) Das Kostbarste was Korczak hat, ist seine Traurigkeit – über das Los der Kinder. Über dem Erdboden dieser Traurigkeit wachsen, leuchten und irrlichtern seine Verwandlungen. Die Verwandlungskunst bringt Humor hervor – und als Schwester des Humors auch die Komik, ja auch den Spott, die Parodie, und auch die Ironie, in einzelnen Momenten auch die Satire. (Sämtliche Werke, Band 2, S. 473)

Der Humor in einem schriftstellerischen Werk ist zunächst eine literarische Kategorie. Das Geschriebene richtet sich an den Leser. Er amüsiert sich beim Lesen, findet das Geschriebene und Gelesene lustig, amüsant. Ist der Humor nur ein Element des Geschriebenen und Gelesenen oder auch ein Element der Handlungen, von denen da geschrieben wird? Das kommt auf die an der Handlung beteiligten Personen an. Es kann humorig sein, von Schülern zu lesen, die ihrem Lehrer einen

Streich spielen. Aber ist es auch für den Lehrer lustig? Er braucht wohl viel Abstand, um die Situation mit den Augen der Schüler betrachten zu können und schließlich über sich lachen zu können. Schauen wir also was Korczak geschrieben hat und betrachten wir das Handeln, das in diesen Beschreibungen vorkommt. Betrachten wir es als Pädagogen – unter pädagogischem Gesichtspunkt.

Nehmen wir folgende Szene, die ein ehemaliger Zögling aus dem jüdischen Waisenhaus berichtete. Jüdische Zöglinge der 20er und 30er Jahre verließen nicht selten Polen, gingen nach Palästina und schrieben später auf, was sie mit Korczak erlebt hatten. Stefania Wilczynska stritt mit einem Mädchen, das seinen Brei nicht essen wollte. Es sagte, der Brei sei verbrannt. Korczak ging langsam auf den Tisch zu, nahm die Schüssel mit Brei und aß sie so schnell wie möglich leer. Die Situation war gelöst, entspannt. Eine andere Situation, von der derselbe ehemalige Zögling berichtete: In der Kleiderkammer gab Stefania einem der älteren Zöglinge ein paar Schuhe. Aber diese wollte er nicht und sagte: Ich werde sie nicht anziehen. Stefania aber: Andere bekommst du nicht. Es wurde laut und einige Kinder und auch Korczak näherten sich dem Punkt des Lärms. Korczak stellte sich hinter den Rücken von Stefania und streckte ihr die ganze Zunge heraus. Gelächter bei allen Kindern. Stefania dreht sich um, sieht Korczak und streckt warnend ihren Zeigefinger gegen ihn. Der jedoch steht da, als sei nichts geschehen. Im allgemeinen Gelächter sagt der Junge: Gut, ich probiere sie mal an. Aber wenn sie nicht passen, bringe ich sie zurück. Die Situation war gelöst, entspannt.

Das Humorige an diesen Vorfällen ist, dass Korczak sich plötzlich wie ein Kind benahm. Er aß ganz schnell den Brei auf und er streckte Stefania hinterrücks die Zunge heraus. Die Kinder fanden das lustig und der Leser findet es humorig. In der Tat, Korczak entspannte die Konfliktsituationen. Stefania wollte ihre Anordnung, die Anordnung der Erzieherin, durchsetzen. Sie hielt das für nötig, um die Abläufe nicht zu stören. Sie hielt den Brei für essbar und die Schuhe für akzeptabel. Es musste weitergehen, neuer Brei konnte nicht gekocht werden. So viele Schuhe waren nicht da, dass jedes Kind lange aussuchen konnte. In beiden Fällen wurde nicht entschieden oder ausdiskutiert, wer mehr Recht hatte. Leistete Korczak im ersten Fall eine Mutprobe – verbrannten Brei essen – oder bewies er, dass der Brei essbar war? Jedenfalls war das Streitobjekt weg und Korczak sagte weder: »Pfui« noch »lecker«. Immerhin trat er als Schnellesser auf.

Im zweiten Fall schien er dem Jungen zu sagen: ›Nimm's nicht so tragisch! So ist Stefania eben, anders geht es nicht‹. Er gab den witzigen Zungen-Herausstrecker, schön hinter dem Rücken, wie es die Kinder vielleicht auch manchmal taten. Als Stefania sich umdrehte, war er so unschuldig wie Kinder, die hinterrücks die Zunge herausstrecken. Aber Stefania war ja nicht dumm, sie ahnte, was er getan hatte. Im allgemeinen Gelächter wollte der Junge nicht weiter streiten, er gab nach.

Hat Korczak in beiden Fällen Stefania unterstützt oder hat er sie vor den Kindern blamiert? Stefania galt als die strenge, Korczak galt als der humorige. Aber es war ja auch Stefanias Amt, unter den zahlreichen Anfragen, Kinder ins Kinderheim zu bringen, diejenigen auszuwählen, die man wirklich aufnehmen konnte und die es am nötigsten hatten. Sie musste manchen Eltern und anderen Erwachsenen die enttäuschende Entscheidung mitteilen: Es geht nicht. Sie wusste, welches Privileg es für die Heimkinder war, dort zu sein, allein schon was die Versorgung betraf. Daher erwartete sie von den Kindern auch Einordnung. Korczak konnte seine gelegentlichen humorigen Einlagen geben, weil Stefanias starker Rücken das aushielt. Nur so klappte in solchen Situationen das Zusammenspiel beider. Wenn Stefania am Mittwochnachmittag ihre Mutter besuchte, veranstaltete Korczak manchmal ein Spiel, das er nannte: »Die Katze ist weg, die Mäuse tanzen«. Stefania war beleidigt, als sie das hörte, später lächelte sie dazu. Korczak wollte sich wohl nicht beliebt machen auf Stefanias Kosten, er wollte studieren, wie Kinder reagieren, wenn sie nicht im direkten pädagogischen Stil angesprochen werden, sondern wenn der Pädagoge wie einer von ihnen ist.

Die Kinder mussten regelmäßig Lebertran trinken, wegen Vitaminen und Eiweiß. Wer das gemacht hat, weiß, dass Kinder keinen Lebertran mögen. Also nahm sich Korczak öfter selbst ein Glas, würzte seinen Tran mit einer Prise Salz, leerte sein Glas dann in der Attitüde des genießenden Trinkers und hauchte nach dem Genuss behaglich aus. Er schien zu sagen: Man muss ihn nur auf die richtige Art trinken, dann schmeckt er schon. Dieses Verhalten war für die Kinder lustig und witzig. In anderen Fällen ist nur die Beschreibung humorig und man fragt sich, was die Kinder dabei dachten.

Eine Geschichte spielte in der Sommerkolonie. Denn bevor Korczak die Kinderheime übernahm, sammelte er Erfahrungen in der Betreuung von Kindern in Sommerkolonien, man könnte sie auch Ferienlager nennen. Sie befanden sich am Rande der Stadt in ländlichem Umfeld. Einige Kinder waren heimlich in den Garten eines Bauern gegangen und hatten sich Möhren herausgezogen, Tomaten abgenommen und Gurken. Der Bauer merkte den Verlust, schon traf die Beschwerde bei der ungeliebten Sommerkolonie mit so vielen schlecht erzogenen Kindern ein. Korczak musste dem Bauern das entwendete Gemüse bezahlen. Aber erstmal musste man feststellen, wie viel es war. Die Kinder waren zu befragen, Korczak notierte ihre Angaben in sein Notizbuch. Ein Junge lief noch hinter ihm her, er habe noch etwas zu sagen. Korczak hatte aber genug, alles musste bezahlt werden. Also sagt er dem Jungen, ehe der seine Beichte ablegen kann: »Geh lieber spielen, die Ferien sind sowieso so kurz.« Doch der Junge lässt sich nicht abschütteln: »Ich will jetzt etwas sagen, ich habe keine Zeit – ich habe auch Möhren ausgerissen.« Korczak resigniert. »Und aufgegessen?« – »Ja.« – »Wie viele?« Der Junge denkt nach: »Erstmal drei.« Frage: »Waren es große?« Antwort: »Mittelgroße.« »Und dann beim nächsten Mal vier. Und beim dritten Mal weiß ich nicht mehr.« »Wie viele ungefähr?« »Ungefähr sechs.« Korczak seufzt, notiert und sagt: »Zusammen also elf.« »Nein, Doktor, Sie haben falsch gerechnet: Dreizehn sind es zusammen.« Das also auch noch: Jetzt rechnet er noch richtig, und so werden es noch mehr. Dann kommen noch zwei Tomaten heraus und eine Gurke.

Der ehrliche Junge, überhaupt die ehrlichen Jungen, sie gestehen einfach alles, ohne zu ahnen, wie wenig Geld da ist, um den Bauern zu entschädigen. Aber die Bauern sind auf die Sommerkolonie ohnehin nicht gut zu sprechen und solche Feinde kann die Sommerkolonie nicht gebrauchen. Korczak hatte die Jungen schon ausgeschimpft: Sie hätten entsprechend der Mitteilung des Bauern einen Zweig abgebrochen – ob sie denn nichts von Naturschutz verstünden. Die Jungen sind schuldbewusst. Nur der Leser versteht schmunzelnd Korczaks Hinweis auf den Naturschutz, der bedeutet: Warum waren sie nur so dumm, sich durch Unvorsichtigkeit zu verraten und Spuren zu hinterlassen? Sie hätten Korczak viel Ärger ersparen können. Er kann es ja nicht sagen. Er versteht den Hunger der Jungen nach Gemüse und Vitaminen. Dem bekenntnisfreudigen Nachzügler flüstert er leise ein Wort zu, das dem Jungen, der es nicht kannte, wie eine große Warnung erscheinen musste: »Hypervitaminose«.

Der Leser schmunzelt über Korczaks bedauernswerte Lage: Er gönnt den Kindern von Herzen die gesunde Kostergänzung, aber sie haben es etwas übertrieben, wurden unvorsichtig und haben sich verraten. Wenn sie es doch bloß richtig machen würden – ohne Spuren. Aber Korczak kann es ihnen ja nicht vormachen. Und dann rechnet der eine auch noch so gut. »Elf« war doch hoch genug. Die Kinder haben eine Erziehungsstunde in Sachen »Schadensersatz« bekommen, sie sind überzeugt, die Erziehungsstunde brav absolviert zu haben, aber Korczak war es gar nicht nach dieser Erziehungsstunde zumute – er will keine braven Kinder, sondern geschickte Kinder. Die Kinder haben nichts Witziges erlebt, aber der Leser erfreut sich am Humor der Schilderung.

Korczak hat dieses Geschehnis lange nach dem Vorkommnis geschildert, in der Radiosendung »Der alte Doktor«, auch als »Plaudereien des alten Doktors« bezeichnet. Die erwähnte Begebenheit wurde 1938 vorgetragen. Da waren Korczaks Plaudereien im Radio schon eine feste Institution. Mit ersten Radiosendungen hatte Korczak 1930 begonnen. Später hat er einen Zyklus von Plaudereien unter dem Titel »Fröhliche Pädagogik« veröffentlicht. Es war sein letztes veröffentlichtes Buch, dann begann die deutsche Besetzung und sehr bald kam der Gang ins Ghetto. »Fröhliche Pädagogik«, manche sagten auch »Pädagogik mit Augenzwinkern« – humorvolle Darstellungen von pädagogischem Vorgehen haben wir ja selten. Insofern stellen Korczaks Erzählungen schon etwas Besonderes dar.

Eine andere Plauderei aus diesem Zyklus heißt schlicht »Schlägereien«. Hier geht es um die Rauflust der Jungen in bestimmtem Alter. Wie bringt man sie davon ab, ohne den moralischen Zeigefinger zu heben, ohne Verbote auszusprechen? Es geht auf Korczaks Art. Er sagt den Jungen erst einmal: Es geht gar nicht anders, man muss sich schlagen, es gibt Situationen, da muss es einfach sein. Er erzählt, wie eine Mutter mit ihren drei Buben und mit ihrer Sorge zu ihm kommt: Sie prügeln sich so oft. Korczak fragt die Buben: Wie viele Schlägereien sind es in der Woche? Sie wissen es nicht. Schon falsch. Man muss sie zählen. Korczak ist ein großer Zähler. Man muss den Schlägereien Punkte geben, je nach Schwere: eine kleine Rauferei 1 Punkt, eine mittlere 2 Punkte, eine erbitterte Schlägerei 3 Punkte. Jeder bekommt pro Woche 10 Punkte, die er verbrauchen kann. Am Montag reizt es schon einmal und der Junge denkt: Jetzt noch nichts verbrauchen, die Woche ist noch lang. Eine kleine Rauferei lohnt eigentlich nicht, lieber die Punkte aufbewahren für eine richtige große Schlägerei. Aber sonntags, am letzten Tag der Woche, ist man eigentlich friedlich gestimmt, es ergibt sich kein rechter Anlass. Die ganze Woche ist um – keine Schlägerei. Das macht nichts: Man hat ein schönes Punktekonto, kein Punkt wurde verbraucht. Man bringt seine Punkte sozusagen auf die Postsparkasse – ja, wirklich, so sagt Korczak: Postsparkasse. Toll wie das Konto anschwillt: Man könnte sich prügeln ohne Ende, ein herrliches Gefühl.

Korczak empfiehlt noch andere Methoden: Ein Boxkampf mit sich selbst – vor dem Spiegel – bis zur Erschöpfung, mit allen gegenseitigen Beleidigungen. Hinterher schaust du dich im Spiegel richtig an: rot aufgeplustert, ein Knopf ab, die Kleidung schief – einfach hässlich. Oder einer sagt zu dir: Willst du eine gewischt bekommen? Du sagst nicht ja, oder: Versuch's doch! Nein du sagst: concordia res parvae crescunt, discordia maximae dilabuntur. Du sagst es wie eine Beschwörungsformel. Der andere versteht es nicht, es wird ihm unheimlich. Unsere Lateiner wissen es schon: Es heißt: »Durch Eintracht werden die kleinen Dinge groß, durch Zwietracht zerfallen auch die größten.« Toll, ein lateinischer Spruch lässt die Streitlust erkalten. Das ist eben Korczak: Mit der Macht der Sprache kann man manches machen.

Humorvolle Pädagogik – für den Pädagogen Humor, für die Kinder eine ernste schwierige Aufgabe, die Punkte richtig einzusetzen. Vor die Streitlust schiebt sich die Kalkulation, wie bei der Kampflust: Kann ich es mir überhaupt erlauben? Lieber sparen für etwas Größeres. Wie viel Suggestion würde dazu gehören, die Kinder davon zu überzeugen? Korczak könnte es vielleicht schaffen. Statt sich zu schlagen, vergleichen die Kinder ihre Punktekonten für freie Schlägereien, sozusagen Rabattmarken. Die Sammelleidenschaft ist wirklich eine Triebfeder in einem bestimmten Kindesalter. Aber fiktive Punkte sammeln?

Korczak hat keine Scheu, der Komische zu sein. Wir sahen es schon, als er den Brei aß und die Zunge herausstreckte. Komisch ist manches, was er tat. Er interessiert sich sehr für das körperliche Wachstum der Kinder, er möchte dem Geheimnis des Wachsens geradezu auf die Spur kommen. Er misst und wiegt die Kinder in kurzen Abständen und trägt die Werte akribisch ein. Gerne gab er den Kindern sogenannte Erinnerungskarten, also Postkarten mit einem Bild, die sie an etwas Schönes im Kinderheim erinnern sollten. So gab er auch Ansichtskarten als Anerkennung für die Leistung des Wachsens aus. Komisch war auch, dass er den Kindern, die 6 oder 7 Jahre alt waren, die ausgefallenen Milchzähne abkaufte: 50 Groszy gab er für einen Zahn, das lohnte schon, den Zahn aufzubewahren. Korczak baute an einem Schloss aus Kinderzähnen. Wollte er sagen: Bis zum Zahnwechsel ist das Kind ein Prinz, eine Prinzessin – und sie sollen nie vergessen, woher sie kommen? Die physische Verwandlung in Kindheit und Jugend hatte für ihn, den Arzt, etwas Geheimnisvolles.

Komisch musste Korczak den Kindern auch erscheinen, wenn er zu schimpfen schien. Dann gebrauchte er Wörter gegenüber den Kindern wie: Flausenköpfchen, Tränental, Galgenstrick oder auch noch besser: Ach du Lux-Torpedo, du Perpetuum Mobile, du Motorisierung, du Zimbel, du Ef-Dur, du Freimaurer und vieles mehr. Den Kindern gefiel es irgendwie, aber sie wussten nicht, was diese Wörter zu bedeuten hatten. Korczak war eben ein Virtuose der Wörter.

Wenn ein Kind sich schmerzhaft gestoßen hatte, brachte er es fertig, die Aufmerksamkeit des Kindes auf den Gegenstand zu lenken, an dem es sich gestoßen hatte. »Schau mal, ein Splitter ist von der Schublade abgeplatzt. Das tut der Schublade bestimmt weh.« Oder was das ernstere Problem des Heimwehs betrifft: Korczak erzählt den Kindern, wie ihre Mütter unter Heimweh leiden, und was sie aufhält ins Kinderheim zu kommen. Er vergleicht das Heimweh der Mutter nach dem Kind und des Kindes nach Hause mit weißen Tauben. Sie fliegen los und treffen sich und geben sich einen Kuss. Er endet die Erzählung mit: »Habt die weiße Taube eurer Sehnsucht lieb!« Wie konnte man das Heimweh besser überwinden als wenn man es liebte. So überwindet man ja auch seine Feinde, indem man sie liebt.

Nicht nur Schmerz, Sehnsucht, auch Angst konnten die Geschichten des Doktors vertreiben, wenn der Wind tobte und der Schnee immer dichter wurde. Als die Kinder aus dem großen modernen Waisenhaus in Warschau umziehen mussten in ein kleineres älteres Haus im Ghetto, ließ Korczak alle Einzelheiten des Umzugs genau planen, gab jedem Kind eine Aufgabe, gab ihnen eine Vorstellung davon, wohin die Sachen kommen sollten, dass eine große Traurigkeit nicht aufkommen konnte. Die schon erwähnte Yona Bocian schrieb sogar, dass es in den beiden Jahren im Ghetto, als die Lebensbedingungen unerträglich wurden und Korczak unter den Folgen der Folter litt, die Kinder manchmal allen Ernstes geglaubt hätten, sie seien nicht hungrig. Korczak hatte sie fühlen lassen, dass sie auserwählt seien für ihr Schicksal. Dieses meine es gut mit ihnen. Yona Bocian sprach von den »vielen Zaubereien und Hypnosen« des Doktors. Geheimnisvoll musste es wirken, wie Korczak nächtlich geräuschlos durch den Schlafsaal ging. Er erforschte den Schlaf der Kinder, er nannte es ein Schlafmysterium. Er wollte wissen, wie viele Stunden Schlaf die einzelnen brauchten, wie lange sie bis zum Einschlafen brauchten, welche Schlafhaltung sie einnahmen, eingerollt oder ausgestreckt. Er überprüfte ja nicht nur Gewicht und Größe der Kinder, sondern maß auch häufig am Morgen Temperatur, zählte den Puls und maß mit einem Dynamometer die Muskelkraft. Alle Werte wurden in Listen eingetragen. So wollte er einem Zusammenhang von Schlafdauer, Schlafhaltung und Wachstum beziehungsweise Veränderung der physiologischen Daten auf die Spur kommen. Das war wichtig, weil Eltern oft unbedachte Urteile abgeben: Das Kind schläft zu wenig oder schläft zu viel. Es war auch wichtig für die Zuteilung von Arbeiten im Kinderheim: Die jeweilige Arbeit sollte zu den physiologischen Daten passen. Blässe, Trägheit oder umgekehrt Eifer, Arbeitslust: Alles sollte auf den Zusammenhang mit physiologischen Daten geprüft werden.

Den Kindern gefiel das Messen offensichtlich. Die vielen Zahlen und Tabellen, die der Doktor aufzeichnete, mussten etwas Besonderes sein – und es waren Zahlen über sie selbst. Mit seiner Zählmethode konnte der Doktor auch Wichtiges herausfinden: Er konnte einem Kind sagen, wie oft es sich schon über andere beschwert hatte und wie oft andere sich über dasselbe Kind beschwert hatten. So hatte es plötzlich einen kleinen Blick in einen Spiegel. Das stete Aufschreiben von Beobachtungen und Äußerungen, die Kurven und Graphiken an der Anzeigetafel, die zum Beispiel die Anzahl der Fälle zeigte, die in den letzten Zeitabschnitten vor das Kameradschaftsgericht gebracht wurden, und auch die Häufigkeit, mit der die Strafparagraphen zugeteilt wurden – alles zeigte den Kindern, wie exakt alles zuging, wie transparent es war und wie wichtig daher die Ordnung im Kinderheim war. Für Korczak waren diese zahlreichen Daten auch Forschungsdaten, einige davon verwendete er in Vorlesungen und Vorträgen, aber zu einer zusammenhängenden Auswertung oder Interpretation kam es nicht.

Nicht nur Korczak, auch anderen **Pädologen** der Zeit, die die sogenannte Wissenschaft vom Kinde betrieben, blieb die Synthese der zahlreichen gesammelten Daten versagt. Korczak führt eine Erziehung vor, die nicht auf die direkten Mittel der Erziehung zurückgreift, sondern indirekte Mittel wählt – Geschichten, welche die Phantasie wachrufen, die Komik, die überraschende neue Aussicht, die Ablenkung durch einen neuen Ehrgeiz. Auch das viele Zählen legt über das ganze Geschehen eine Aura des Exakten, des Durchsichtigen und zugleich auch des Geheimnisvollen, denn wer weiß schon, was aus dem Zählen schließlich heraus kommt. Es sind ganz überwiegend freundliche Mittel. Die Stimmung kann sich schlagartig ändern: von Streit, Unzufriedenheit, Traurigkeit in Witz, Spannung, Staunen. Wer die direkten Mittel vermeiden will, weil sie wenig bewirken, braucht Phantasie für die indirekten Mittel. Nenne man es Zauberei, Hypnose, Verwandlungskunst oder eben freundliche List: Korczak zeigt, dass es ein großes Feld für die Pädagogik ist. Voraussetzung ist das tiefe Hineindenken in die Kinder und Jugendlichen, das Erahnen ihrer Gründe und Motive, und Voraussetzung ist auch ein kluger, vielleicht virtuoser Gebrauch von Wörtern.

»Überliste auf freundliche Weise«!

- **Lenke Kinder von der momentanen Stimmung von Zorn, Trotz oder starkem Wunsch ab, indem du ihre Aufmerksamkeit auf etwas Neues oder anscheinend Aufregendes richtest.**
- **Nutze die Lust von Kindern an Zahlen, um ihre Aufmerksamkeit auf ein neues Ziel zu lenken.**
- **Übe dich in der Fähigkeit des spontanen Handelns, löse eine Konfliktsituation auf, indem du die Aufmerksamkeit auf dich und dein momentanes Handeln lenkst.**
- **Benutze nur witzige Schimpfwörter!**
- **Kleide das aktuelle Problem von Kindern in eine Geschichte, in der das Problem in übertragener Form gelöst wird.**
- **Schaffe Varianten des Verzeihens – z. B. Paragraphen, die direkt oder indirekt auf Verzeihen hinauslaufen.**

Literatur:

Lewin, Aleksander: So war es wirklich: Die letzten Lebensjahre und das Vermächtnis Janusz Korczaks. Aus dem Polnischen von Esther Kinsky. Bearbeitet von Silvia Ungermann. Gütersloher Verlagshaus 1998 (= Sämtliche Werke/ Janusz Korczak, hrsg. von Friedhelm Beiner und Erich Dauzenroth, Ergänzungsband).

Vorbereitende Lektüre:

Text 17: Janusz Korczak: Fröhliche Pädagogik (zuerst 1935/36). In: Janusz Korczak: Das Kind neben dir. Gedanken eines polnischen Pädagogen. Berlin: Volk und Wissen 1990. Auszug S. 45–55. (Enthalten auch in: Sämtliche Werke, Band 4).

10. Vorlesung
»Unterstütze das Können, nicht das Nicht-Können.«

Dieser Grundsatz bezieht sich auf unsere Gewohnheit, mehr auf die Schwächen als auf die Stärken zu schauen. Es wird viel daran geübt, die Schwächen zu überwinden. Stärken halten wir meistens für selbstverständlich. Pädagogik, so scheint es, richtet sich auf das, was man noch nicht kann. Viele Eltern sehen ihre Hauptaufgabe darin, das Kind daran zu erinnern, was es noch üben muss, um besser zu werden, um Schwächen auszubügeln. Zu dem was das Kind gut kann, muss man nichts sagen. Auf Fehler, auf die schwachen Stellen muss man immer wieder hinweisen. Wir haben ja gewisse Normvorstellungen, zum Beispiel: In allen Schulfächern muss man einigermaßen gut sein. Es gilt als selbstverständlich, dass ein Kind alle Pflichtfächer erlernt. Es geht nicht, dass ein Kind sagt: Wenn ich eben in Englisch schlecht bin, das macht nichts, ich habe genug Fächer, in denen ich gut bin. Das nehmen die wenigsten Eltern hin, und die Lehrer auch nicht. Bei manchen Kindern führt der stete Druck, die Schwächen zu beheben, aber gar nicht zu einer Besserung. Das Nicht-Können verfestigt sich eher. Ja, manche Pädagogen sagen: Durch unsere ständige Konzentration auf die Schwächen verstärken wir diese oftmals eher, als dass wir sie beheben. Üben, das auf der Stelle tritt, wird nach einiger Zeit kontraproduktiv und bewirkt das Gegenteil. Wir sprechen auch von schulmüden Jugendlichen, sie sind sozusagen schon überschult, was jetzt noch kommt, bewirkt vielleicht nur, dass sie das Lernen völlig verlernen, dass sie gar nicht mehr ansprechbar sind für Lernen. Doch man wird nicht behaupten, dass sie keinerlei Stärken hätten und gar nichts könnten. Vielleicht müsste man für solche Jugendliche eine neue Pädagogik haben.

Ich habe mal ein wenig auf Henning Köhler geschaut. **Henning Köhler** ist vom Ursprung her ein Heilpädagoge. Er kommt aus der anthroposophischen Heilpädagogik. Wir haben schon von Karl König gehört – im Zusammenhang mit dem Grundsatz »Mache dein Anliegen elementar!« Er ist, fußend auf Rudolf Steiner, der Begründer der anthroposophischen Heilpädagogik. Er hat die Dörfer der anthroposophischen Heilpädagogik ins Leben gerufen, die Camphills. Henning Köhler hat nicht ein Heim oder eine Schule gegründet, sondern eine so genannte Heilpädagogisch-Therapeutische Ambulanz, also eine Beratungs- und Therapieeinrichtung, die Eltern aufsuchen, die sich Sorgen um ihr Kind oder ihre Kinder machen. Dort bekommen die Eltern Beratung und die Kinder bekommen Therapien von Heileurythmie, Kunst, Musik bis zu therapeutischem Reiten. Die Einrichtung arbeitet zusammen mit einer Schule für Erziehungshilfe. Ein bisschen ähnlich ist ja in Dresden das Rudolf-Steiner-Haus in der Angelika-Strasse. Henning Köhler nannte seine Heilpädagogisch – Therapeutische Ambulanz »Janusz-Korczak-Institut«. Er schätzt die Person und die Werke von Janusz Korczak. Henning Köhler ist etwas über 60 Jahre alt und sieht aus wie ein alter indischer Guru – ziemlich zugewachsen. Er hat zahlreiche Bücher zu pädagogischen Fragen veröffentlicht, besonders zu »Kindern, die aus dem Rahmen fallen« – so heißt eine Vortragsreihe auf CD's, die er herausgegeben hat. Eine ganze Gruppe weiterer Heilpädagogen mit jeweiligen Spezialisierungen arbeitet mit Köhler in dem Janusz-Korczak-Institut, das sich in Nürtingen in Württemberg befindet. Der Aufbau solcher Einrichtungen im Geiste der anthroposophischen Heilpädagogik – neben zahlreichen Schulen und Heimen – zeigt, wie stark der heilpädagogische Impuls ist, der von Rudolf Steiner ausging, und wie nötig er auch ist, denn der Bedarf an solchen Therapien ist groß.

Ich nehme ein kleines Buch von Henning Köhler, das den Titel hat »Schwierige Kinder gibt es nicht – Plädoyer für eine Umwandlung des pädagogischen Denkens«. Es erschien 2007 in 6. Auflage. Eine Art Beratungsbuch für Eltern die glauben, schwierige Kinder zu haben. Aber der Buchtitel deutet ja an: Sie sollten ihr Denken umstellen. Im Buch befindet sich der Abdruck eines Gespräches, das Köhler mit einer Mutter geführt hat, Mutter einer siebenjährigen Tochter. Die Mutter sieht es so, dass das Kind sich gegen alles sträubt, immer ungehorsam ist. Vom Spielen draußen rechtzeitig herein kommen, Hände waschen vor dem Essen – über alles mögliche Alltägliche gibt es Streit. Sobald es ein »du sollst« gibt, sträubt sie sich. Natürlich fragt der Berater gleich: Gibt es auch etwas, gegen das sich das Kind **nicht** sträubt? Natürlich, sagt die Mutter, wenn ich sagte: nimm deine Farben und male ein Bild, dann wäre das Kind hocherfreut und finge gleich an. Aber die Mutter sagt es praktisch nicht, denn das Kind malt sowieso. Die Mutter muss sie gar nicht um ein Bild bitten. Der Berater setzte an dieser Feststellung der Mutter an. Sie solle an dieser Fähigkeit ihrer Tochter anknüpfen und sie des Öfteren um ein Bild bitten und ein solches auch gerahmt ins Esszimmer hängen. Also nicht nach dem Motto handeln: Malen – das ist doch nichts Besonderes. Das tut sie doch sowieso dauernd.

Noch auf etwas Ähnliches stieß der Berater. Das Kind ließ sich von der Mutter gern Geschichten vorlesen. Die Mutter benutzte dieses Bedürfnis, um mehr Gehorsam zu erzielen. »Wenn du jetzt das tust, was du tun sollst, dann lese ich dir später eine Geschichte vor.« Die Mutter solle dieses Bedürfnis als eine Stärke sehen und Geschichten ohne Vorbedingung vorlesen. Das alltagspädagogische Verhalten der Mutter ist ganz deutlich, und sicherlich ist es nicht nur ein Verhalten von Müttern, sondern auch von Lehrern. Was ein Kind kann – seine Stärken – gelten als selbstverständlich, die Konzentration der Erzieher richtet sich auf das was das

Kind **nicht** kann oder nicht will. Das tun zu dürfen, was es kann, wird als Belohnung dafür eingesetzt, dass es etwas übt, was es nicht gut kann.

Manchmal wird über die so genannte Gemeinschaftsschule diskutiert. Kinder aller Fähigkeitsniveaus sollen zusammen unterrichtet werden. Dann kommt der Einwand: Wie soll ein Lehrer mit den unterschiedlichen Lerntempi der Kinder umgehen: Die einen haben es längst verstanden und wollen weitergehen im Lernstoff, aber die anderen müssen noch verweilen. Dann heißt es oft: Die fähigen Kinder, die es schon können, sollen den Schwächeren helfen. Das geht vielleicht manchmal, ist aber keine befriedigende Antwort auf das Problem. Wenn das ein Prinzip würde, so würde das Nicht-Können unterstützt – auf Kosten des Könnens, denn die fähigen Schüler müssten auf der Stelle treten.

Ich gehe zurück zum Thema ›**Schulmüde Jugendliche**‹ und komme dann später noch einmal zu Henning Köhler. Wir tun uns ja schwer mit solchen Jugendlichen, die schon in der 7. oder 8. Klasse für das schulische Lernen nicht mehr zu haben sind, die sozusagen für die Schule verloren sind. In Sachsen müssen sie aber 9 Schuljahre voll machen, in einigen Bundesländern sogar 10 Jahre. In der DDR hatte man die Existenz solcher Schüler anerkannt: nach der 8. Klasse gingen die schwächeren oder lernunwilligen Schüler in eine Teil-Berufsausbildung über. Das betraf etwa 12–13 % der Schüler. Diese Lösung bedeutete auch einen Wechsel der Pädagogik für diese Schüler. Köhler hatte eine Umwandlung des pädagogischen Denkens eingefordert. Der hauptsächliche Lernort für die Schüler wurde der Betrieb und sie lernten praktisches Arbeiten mit der Hand. Es mag nicht für alle Schüler dieser Art motivierend gewesen sein, vielleicht war es auf Dauer ein eintöniges Arbeiten, aber es war für viele sicherlich zunächst ein willkommener Wechsel. In der DDR gab es nur selten ein Sitzenbleiben, also waren diese Jugendlichen in der Regel erst 14, höchstens 15 Jahre.

In Dänemark kennt man noch eine andere Lösung: die so genannten Nachschulen. Sie gehören zu den so genannten Jugendschulen. Diesen Ausdruck gibt es in Deutschland nicht. Das heißt, es gibt keine Schule die ausdrücklich für das Jugendalter bestimmt ist. Das heißt, im Schulwesen taucht Jugend als pädagogische Kategorie nicht auf. In Dänemark gibt es ebenfalls kein Sitzenbleiben, es sei denn ein freiwilliges Sitzenbleiben, so sind die Schüler auf den einzelnen Klassenstufen auch ziemlich gleich alt. Mit 14 Jahren sind sie dann Jugendliche. In den Nachschulen sammeln sich nach der Beendigung der 7. Klasse so genannte schulmüde Jugendliche. Es sind kleine Schulen, in denen die Schüler in der Regel zusammenleben, arbeiten und lernen. Am beliebtesten sind dafür frühere Bauernhöfe, in denen die Schüler sich in Handwerken und Gartenarbeit betätigen und auch Unterricht haben. Berühmt ist das Schulschiff des Schulunternehmers Twind, in dem die Jugendlichen für ein Jahr an den Küsten Europas entlangfahren, Städte besuchen und auf dem Schiff natürlich auch Unterricht haben. Es ist also durchaus eine neue Pädagogik, die diese Schüler erleben, um doch noch im Lernprozess zu bleiben, und zugleich jugendgemäß die Bedürfnisse nach körperlicher Arbeit, nach Zusammenleben mit Gleichaltrigen und ein wenig Abenteuer zu erfüllen.

Es hat sich auch in Deutschland eine Initiative gebildet, um die schulmüden Jugendlichen anzusprechen. Sie wurde an der Alice Salomon Hochschule in Berlin ergriffen, einer Fachhochschule für Sozialpädagogik. Diese Initiative heißt »produktives Lernen«, sie wird geführt von den Hochschullehrern Jens Schneider und Ingrid Böhm. »**Produktives Lernen**« – das deutet auch auf eine andere Pädagogik hin. Wenn wir auf unseren Grundsatz zurückkommen: »Unterstütze das Können, nicht das Nicht-Können«, so kann man das Prinzip des produktiven Lernens so benennen: »**Wissen entsteht aus dem Können**«. Wir kennen aus Schule und Studium das Umgekehrte: Können entsteht aus dem Wissen. Wir sammeln zunächst Wissen und wenn wir genügend Wissen haben, können wir beruflich handeln, das heißt wir beginnen, berufliches Können zu erwerben. Können entsteht aus dem Wissen. Das Wissen muss dem Können vorhergehen. Berufliches Können baut auf gutem beruflichem Wissen auf. Vielleicht gibt es schon in der Zeit der Wissensaufnahme kleine Phasen praktischer Tätigkeit, aber das berufliche Können ist das noch nicht. Das was wir als Beruf bezeichnen, ist ja gerade dadurch geprägt, dass praktisches Können auf fachlichem Wissen, vielleicht auch allgemeinem Wissen aufbaut. Sonst wäre es kein berufliches Können, sondern vielleicht Arbeitserfahrung oder Lebenserfahrung. Menschen, die keinen Beruf erlernt haben, erwerben Arbeitserfahrung. Vielleicht ergeht es ihnen so, wie es in dem Projekt »Produktives Lernen« vorgesehen ist: Wenn sie eigenes Können erfahren, entwickeln sie den Wunsch, ihr Können zu erweitern und werden gewahr, dass sie dazu ihr Wissen erweitern müssen. Also suchen sie Wege zum Wissenserwerb. Das muss nicht heißen, wieder zur Schule zu gehen oder eine Vorlesung zu hören, es kann auch heißen, einen Fachmann zu befragen, einem Fachmann zuzuschauen, ein Fachbuch zu lesen oder Ähnliches. Für die schulmüden Jugendlichen, um die es in dem Projekt geht, ist es wichtig, zunächst Könnenserfahrungen zu machen, nach Jahren des Misserfolgslernens (wie die Psychologen sagen), also nach Jahren, in denen sie erfahren haben, dass sie es nicht wissen und können, dass sie keinen Lernerfolg haben. Aus der Könnenserfahrung entsteht das Bedürfnis nach weiterem Wissen, zielgenau für eine neue Könnenserfahrung. Es kommt bei diesem Projekt also darauf an, eine Stärke eines Jugendlichen zu entdecken, die zu einem ersten Können führt, sei es auch ein schlichtes Können. Es geht also darum, dass Können zu unterstützen, während bisher das Nicht-Können unterstützt wurde. Obwohl die Lehrer es ganz anders wollten, hat sich das Nicht-Können schon habitualisiert, das Misserfolgslernen hat schon eingesetzt und die Lehrer mühen sich vergeblich. Solche Jugendliche gehören vielleicht zu einer Subkultur, in der es einfach cool ist, schlecht zu sein in der Schule und dort nichts zu machen, sich nicht anzustrengen.

Das Projekt »Produktives Lernen« begann als ein Projekt für arbeitslose Jugendliche, also Schulabgänger, die keine Lehrstelle fanden oder suchten und auch keinen Arbeitsplatz fanden oder suchten. Es begann als ein viermonatiges Projekt, also eine viermonatige Lernerfahrung für solche Jungendliche, die genannt wurde: Lernen in der Stadt (LIST). Der Titel war angelehnt an ein vergleichbares Projekt in New York, das hieß »City-As-School« – das war eine alternative High School. Sie vermittelte ein Praxislernen in einem Tätigkeitsfeld in der Stadt. Die Jugendlichen im Projekt LIST sollten nicht als einsame Stadtcowboys agieren, sondern sich auf eine Gemeinschaft stützen können, die von Sozialpädagoginnen und Sozialpädagogen begleitet wird. Von Anfang war dieses Berliner Projekt europäisch-international angelegt, es gab Partner in St. Petersburg, in Pécs in Ungarn, in Vilafranca in Katalonien, in Louriñha in Portugal, und es waren im Verlauf der jeweiligen Projekte Unterschiede zu sehen, dahingehend, ob das jeweilige Projekt von Sozialpädagogen geleitet wurde, wie in Berlin, oder von Lehrern wie zum Beispiel in St. Petersburg und in Pécs. In St. Petersburg wurde das Projekt »Die Stadt als Schule« zum Beispiel auf besonders begabte Schüler ausgelegt, an einer so genannten gnoseologischen Schule, einer Erkenntnisschule, die ein Lyzeum für begabte Schüler ist. In Pécs und St. Petersburg wurde das Projekt einer Schule einverleibt, in Berlin und in Spanien blieb das Projekt außerhalb von Schulen. Jedes Projektteam musste eine Art von Curriculum, also ein Lernangebot für das viermonatige Lernen entwickeln, ein so genanntes Modul. Die Module wurden untereinander ausgetauscht.

Wenn die Stadt der Lernort sein soll, so dürfen nicht Lehrer als Vermittler auftreten. Das war der Berliner Ansatz. Es müssten Leute mit Fachwissen sein, die irgendwo in der Stadt eine Werkstatt oder eine Firma betrieben, vielleicht auch ein Museum, ein Labor, eine Bibliothek. In einer Orientierungsphase beraten sich die Jugendlichen mit einer Sozialpädagogin, um eine Entscheidung zu treffen, welche praktische Erfahrung sie machen möchten. Wenn sie eine Vorstellung haben, ist es ihre Aufgabe, mit Hilfe von Telefonbuch oder durch Herumfragen einen geeigneten Praxisort zu finden und die Zustimmung dort zu erlangen. Auf jeden Fall soll die Praxiserfahrung sogleich Ernstcharakter haben. Sie soll etwas sozial Anerkennenswertes umfassen, also nicht ausschließlich selbstbezogen sein. Als Beispiele wurden unter anderen genannt: Jenny wollte eine Sonnenbrille machen, die zu ihrem Typ passte. Ein Optiker gab ihr die Möglichkeit, ihr eigenes Modell zu basteln. Kristin wollte Tieren helfen und fand eine Tierärztin, bei ihr versorgte sie kranke Tiere. Karsten wollte über sich selbst und seinen ersten Schritt ins praktische Tun einen illustrierten Bericht machen und fand das Magazin »Tip« das ihm die Chance gab, seinen Bericht erscheinen zu lassen. Micky fand, dass die Polizei unfair gegenüber Demonstranten war, die gegen die Tagung des Weltwährungsfonds in Berlin demonstrierten. So machte er während solcher Demonstrationen Aufnahmen. In einem Fotoatelier fand er die Chance, diese Fotos zu einer Ausstellung zusammenzustellen. Einige Jugendliche wollten auch größere Projekte angehen. Zum Beispiel hatte Sabine gehört, dass in einem Tierheim ein Katzenhaus fehlte, sie stellte sich die Aufgabe, ein solches zu bauen, natürlich mussten Personen im Tierheim ihr vieles erklären.

Die erste Phase war also die Orientierungs- und Vorbereitungsphase. Danach kam die Phase der Praxisplatzsuche. Sie erforderte viel von den Jugendlichen, es galt, entsprechende Einrichtungen für sich und den eigenen Plan zu gewinnen. Danach sollten sieben Wochen Praxisphase folgen, die möglichst mit einem oder mehreren eigenen Produkten gekrönt wurde. Die Produkte wurden in der vierten Phase der gesamten Gruppe präsentiert.

So war der Plan, vielleicht klingt er etwas einfach und romantisch. Es war ein Projektangebot, von dem einzelne auch wieder absprangen. Vor allem aber war damit zu rechnen, dass einzelne einen Praxisplatz nach einiger Zeit wieder fallen ließen, und es blieb nichts anderes übrig als einen anderen zu suchen, also von vorn zu beginnen. Das ist anders in sozialpädagogischen Projekten als in der Schule: Man kann nie 100 % der Beteiligten zum Ziel bringen, manchmal nicht einmal 50 %, man muss stets damit rechnen, dass Pläne nicht aufgehen. Aus Sicht der Projektleiter war es nicht schlimm, wenn Jugendliche nach einer Woche wieder einen neuen Praxisplatz suchten. Wichtig war, dass das was sie taten, selbstbestimmt war. Das war absolut nötig, wenn sie Vertrauen zu ihrem eigenen Können finden sollten. Das gesamte Projekt wurde zunächst von einem Förderverein getragen und erhielt kein öffentliches Geld, war auch nicht als Maßnahme der Berufsvorbereitung anerkannt, erhielt daher auch kein Geld von der Bundesanstalt für Arbeit. Die teilnehmenden Jugendlichen wurden finanziell von ihren Eltern getragen; andere, die keine Unterstützung hatten, konnten nicht aufgenommen werden, weil das Projekt kein Geld hatte, um den Jugendlichen Unterhalt zu zahlen. Auch die Firmen und Einrichtungen machten ohne Entgelt mit.

Faktisch war es die Hoffnung der Berliner Initiatoren, dass wenigstens ein Teil der Jugendlichen auf diese Weise eine Lehrstelle oder eine Arbeit finden könnten. Sozialpädagogen wussten natürlich, dass die Jugendlichen bei dieser Suche nach ihrem eigenen Wollen und Können begleitet werden mussten. Dafür waren die Donnerstage und Freitage vorgesehen. Die Tätigkeit am Praxisort umfasste die Tage Montag bis Mittwoch, und an den zwei folgenden Tagen trafen sich die Jugendlichen zum Austausch untereinander und mit den Pädagogen. Aus dieser Erfahrung ging die Gründung einer Lernwerkstatt hervor. Denn die Jugendlichen hatten das Bedürfnis, einiges herzustellen, was sie für ihr Vorhaben in der Einrichtung brauchten, oder etwas auszuprobieren. Das reichte von: Etwas auf der Schreibmaschine oder auf dem Computer schreiben, bis hin zu: Teile eines Möbels, zum Beispiel eines Tisches, anzufertigen, den man in einer Tischlerei fertig stellen wollte. Man nannte diesen neuen Ort zuerst »Lernstatt«, also Stätte des Lernens, weil Lernwerkstatt schon zu nahe bei Lehrwerkstatt lag, das schon ein spezifischer Ort der Berufsbildung ist. In der Lernstatt konnten sich verschiedene Werkzeuge und einzelne Produkte ansammeln, hier konnten die Jugendlichen etwas zeichnen, recherchieren und dokumentieren.

Man sieht, dass die Stadt mit all ihren Potenzen für das Lernen ohne eine pädagogische Begleitung und Strukturierung nicht gut nutzbar war für die Jugendlichen. Natürlich waren Absichten und Pläne der Jugendlichen oft nicht mit der Realität überein zu bringen, vor allem nicht mit der Realität der eigenen Fähigkeiten, der eigenen Anstrengungsbereitschaft, des eigenen Durchhaltewillens und der eigenen Ausdauer. So kam es häufig zum Wechsel der Praxisplätze. Aaron zum Beispiel ging von einer Druckerei zu einer Baustelle, dann zum Supermarkt und schließlich zu einer Umzugsfirma. Der Wechsel war jeweils mit Enttäuschung an der Tätigkeit verbunden; aber das Prinzip dieses Projektes, dass man wieder neu anfangen kann, hielt ihn im Projekt. Natürlich war die Suche nach dem eigenen Können für die Jugendlichen auch ein Stress. Daher entwickelte sich im Zusammenhang mit der Lernstatt ein weiterer Schritt: eine so genannte Schülerfirma wurde gegründet (Institut für Produktives Lernen 2004, S. 145). Die Schülerfirma kauft und verkauft virtuell und nimmt virtuell Aufträge an und stellt Rechnungen – zum Beispiel auch im Austausch mit anderen Schülerfirmen. Sie steht also zwischen Ernstsituation und Schule. Es zeigte sich, dass Aaron nach den Enttäuschungen erst einmal diesen Zwischenraum brauchte, in dem er sich betätigen konnte, ohne Erfolgsdruck und auch ohne Lernzwang. Hier konnte er virtuell arbeiten – bei Musik und nach Bedarf Pausen machen.

Weitere Praxisplätze, die von Jugendlichen aufgesucht wurden, waren: ein Zooladen, ein Kindergarten, ein Krankenhaus, und zwar die Neugeborenenstation, ein Streichelzoo, ein Bäckerladen, ein Tonstudio, ein Reisebüro und andere mehr. Frank zum Beispiel wanderte von einer Elektrofirma zu einem Fahrradgeschäft, dann zu einem Autoreifenservice. Dieser letztere sagte ihm zu, hier blieb er bis zum Schluss. Ein Mädchen wollte gern ins Fitness Studio, erst dort merkte sie, dass sie nicht wusste, was sie konnte und was nicht. Sie gab wieder auf, weil sie merkte, dass sie den Leuten ja gar nicht sagen konnte, welche Übungen sie machen sollen.

Die letzte Phase des Projektes ist die Präsentation. Hier unternehmen die Jugendlichen etwas, um zu verdeutlichen, was sie getan haben und eventuell erreicht haben, zum Beispiel etwas Fertiggestelltes oder eine Collage. Die Parole, unter die Sozialpädagogen dieses Projekt gestellt haben, hieß: »Aus dem Können lernen« (Institut für Produktives Lernen 1999, S. 12). Sie verdeutlicht sehr gut, dass es um die Unterstützung des Könnens ging. Hier ging es um Jugendliche, die allererst eine Könnenserfahrung brauchten. Sie suchten diese. Sie probierten es wiederholt. Es ging nicht unbedingt um ein Können, das man später zum Gelderwerb einsetzen kann, aber doch war es erwünscht, ein solches Können zu finden, also letztlich Fuß zu fassen in der Erwerbsarbeit, möglichst verbunden mit einer Berufsbildung. Diese gesellschaftliche Notwendigkeit schränkt ja unseren Begriff des Könnens stark ein. Da die Notwendigkeit des Gelderwerbs besteht, findet manches Können wenig Beachtung, das auch wichtig ist im Miteinander-Leben: andere erfreuen zu können, eine schöne Stimme zu haben, lange tauchen zu können, die Vögel richtig füttern zu können und vieles, vieles mehr. Aber auch dieses Können gilt es pädagogisch zu unterstützen und in diesem Projekt sollte auch vieles Können, das in der Wirtschaftswelt wenig beachtet wird, unterstützt werden: Enttäuschungen überwinden, ehrlich sein, große Pläne schmieden und anderes. Aber letztlich musste auch ein Können gefunden werden, das sich im Erwerbsleben bewähren kann. Nicht unbedingt muss der Bedarf vom Markt ausgehen, auch ein Können kann sich einen Markt schaffen.

Man kann sich schon vorstellen, dass das Projekt »Lernen in der Stadt« nicht immer so weiter geführt werden konnte, schon aus finanziellen Gründen und weil den Firmen und Einrichtungen kein offizieller Partner gegenüber stand, sondern letztlich nur Jugendliche auf der Suche nach ihrem Können. So musste sich das Projekt nach einigen Jahren unter den Schirm des Bildungssenators von Berlin stellen. Es wurde als ein Angebot in Hauptschulen eingegliedert. Erstaunlicherweise ergriffen 7 Hauptschulen die Chance. An dieser Nachfrage erkennt man, wie drängend das Problem der Schulmüdigkeit und der Orientierungslosigkeit Jugendlicher in Hauptschulen ist. In der 9. Klasse können Schüler am Projekt »Produktives Lernen« teilnehmen, das heißt sie gehen für drei Tage in der Woche an Praxisplätze und haben Unterricht in der Schule nur an 2 Tagen, und zwar in den Fächern Deutsch, Mathematik, Englisch, Gemeinschaftskunde. Die Lehrer der Schulen müssen sich bemühen, diese Konzentration des Unterrichts zu leisten; Mitarbeiter der Alice-Salomon-Hochschule begleiten diese Schulen und die Schüler in der Praxiserfahrung und bei der Arbeit in den Lernwerkstätten. Jetzt heißt es Lernwerkstatt und jede teilnehmende Schule erhält Geld vom Senat, eine solche Lernwerkstatt einzurichten. Nunmehr also wird das Projekt gemeinsam von Mitarbeitern der Alice-Salomon-Hochschule und Lehrern betrieben. So etwas gibt es nicht häufig. Da nun das Projekt über ein ganzes Schuljahr geht, ist der Wechsel von Praxisstellen durchaus erwünscht. Am Ende soll möglichst eine Entscheidung für eine Lehrstelle stehen.

Neben den 7 Hauptschulen kamen 5 Sonderschulen für Lernbehinderte hinzu. Im Jahre 2003 hatten 250 Schüler aus Hauptschulen das Projekt mitgemacht, 48 % von ihnen gelang der Übertritt in eine Berufsausbildung. Von den 176 Sonderschülern waren es nur 19 %. Aber den meisten gelang zumindest der Übertritt in eine berufsvorbereitende Maßnahme. Arbeitslos blieben von den Hauptschülern 14 %, von den Sonderschülern 2 %. Diese Zahlen werden von den Initiatoren als Erfolg gewertet. Inzwischen wurde das Projekt auf Sachsen-Anhalt und auf Brandenburg ausgeweitet, als Projekt für Hauptschulen beziehungsweise Hauptschüler in Regelschulen und auf Sonderschulen.

Wenn es schulmüde Jugendliche gibt, so gibt es auch studienmüde Studenten, eben weil der Grundsatz dieser Vorlesung »Unterstütze das Können, nicht das Nicht-Können« noch wenig beachtet wird. Wenn das Können erweitert und gesteigert wird, zieht es auch das Nicht-Können an sich. Es gibt einen Transfer von den Gebieten des Könnens auf Gebiete des Nicht-Könnens, auch wenn diese Gebiete anscheinend wenig miteinander zu tun haben. Vielleicht müssen wir Einseitigkeiten zulassen, in der Hoffnung, dass sich Vielseitigkeit dann mitentwickelt. Die Vorstellung von einem möglichst gleichmäßigen Können in vielen Gebieten müssen wir hinter uns lassen.

Ein Feld, in dem ebenfalls das Prinzip gilt »Aus dem Können lernen«, ist die so genannte informelle Bildung, die besonders in Entwicklungsländern gefördert wird, und zwar im allgemeinen Bildungsbereich und im erwerbsbezogenen Bildungsbereich. Es geht darum, ein Können zu entwickeln, mit dem Erwerb möglich ist, im Dienstleistungsbereich oder auch im landwirtschaftlichen Bereich, zum Beispiel Fischzucht oder Hühnerhaltung. Dieses Können entsteht informell – durch Mitlernen und Mittun bei Personen, die einen solchen Erwerb schon aufgebaut haben. Aus diesem Können sollte der Wunsch entstehen, weitergehendes Können zu entwickeln, zum Beispiel die Gründung eines neuen Kleinbetriebes zur Herstellung weiterer Produkte, verbunden mit einer Vermarktung. Um das zu erreichen, werden ortsnahe Angebote von Weiterbildung gemacht, die begleitend zur Erwerbsarbeit angelegt sind.

Henning Köhler fordert eine Umstellung unseres pädagogischen Denkens. Das bedeutet für ihn auch, in einem – oberflächlich betrachtet – offensichtlichen Nicht-Können ein zunächst nicht leicht erkennbares Können zu sehen. Das wäre wirklich eine Umwandlung unseres pädagogischen Denkens und mancher mag sich fragen, ob diese Vorstellung nicht allzu kühn ist. Es gibt das Phänomen, dass ein Mensch in **einer** Domäne eine Hochbegabung hat – bildende Kunst, Musik. Mathematik zum Beispiel – aber auf der andern Seite auf einem Gebiet eine so genannte Teilleistungsschwäche. Aber Henning Köhler geht weniger auf dieses Phänomen ein, sondern schaut tiefer in die so genannte Teilleistungsschwäche hinein. In diesem Falle ist es das so genannte ADS (= Aufmerksamkeitsdefizitsyndrom), manchmal auch verbunden mit Hyperaktivität, dann heißt es: ADHS (= Aufmerksamkeits- Defizit und Hyperaktivitätssyndrom). Die Kinder, die ihm als so genannte ADS-Kinder in die Beratung und Therapie geschickt werden, weisen in der Tat typische Symptome auf: leichte Ablenkbarkeit; kurze, aber intensive Aufmerksamkeitsspanne; visuelle Dominanz, das heißt sie sind schlechte Hörer und gute Seher; Vergesslichkeit und Diskontinuität, also sprunghaftes Wesen; Impulsivität; Bewegungsunruhe, Atemlosigkeit; rhythmische Instabilität, also keine gleichmäßige Wärmeregulation; übergangsloses Einschlafen und Aufwachen; unersättlicher Kommunikationsdrang; Gemütsaufwallungen und Überflutung durch innere Bilder; einen Führungsanspruch; manchmal Unsicherheit im grundlegenden Sinnesfeld betreffend also das eigene Körperbild, den Gleichgewichtssinn, die Wahrnehmung der inneren Körperzustände, die Eigenbewegungswahrnehmung. Das ist alles ernst zu nehmen und damit müssen Eltern und Lehrer erst einmal fertig werden. Aber Henning Köhler sieht die Lösung nicht darin, dagegen anzugehen und möglicherweise sogar ein Medikament zu verabreichen, sondern darin, in dieser Absonderlichkeit des Kindes auch die Stärke zu sehen. Er sieht sie vor allem im dem was als »kurze, aber intensive Aufmerksamkeit« bezeichnet wurde. Köhler greift die Bezeichnung eines anderen Forschers auf: sie sind »blitzhell – überwahrnehmende furchtlose Erkunder« (Köhler 2004, S. 186). Das bezieht sich auf die visuelle Wahrnehmung, nicht auf die auditive. Diese Überaufmerksamkeit nennt er auch einen urkindlichen Wahrnehmungsstil. Er erinnert an die großen betrachtenden Augen Neugeborener und von Säuglingen (S. 193). Er spricht von dem momentanen Einswerden mit dem Wahrgenommenen. Es spricht daraus auch etwas **Un**kindliches, wenn man es auf das Alter dieser Kinder in der Vorschulzeit oder Grundschulzeit bezieht (S. 186). Es ist wie ein »wissender Ernst« (S. 187), manchmal Bekümmerung, manchmal finstere Entschlossenheit. Als könnte man diesen Kindern nichts verbergen, als durchschauten sie jede Lüge, und manchmal als wollten sie sagen: Ich weiß gar nicht, ob ich hier sein will. So sagen sie mitunter erstaunliche philosophische Sätze (S. 187). Öfter kommen sie auf das Böse zu sprechen, das sie fasziniert und betroffen macht.

Die überwache Wahrnehmung illustriert Köhler am Beispiel eines zehnjährigen Jungen, der Köhler vorgestellt wurde. Damals befand sich zwischen den vielen Sachen, die in seinem Beratungszimmer für die Kindertherapien bereit liegen, ein kleiner Stoffzwerg. Als der Junge nach einiger Zeit wiederkam, fragte er nach einem kurzen Blick ins Zimmer: Wo ist der Zwerg? Er befand sich inzwischen in einer Spielzeugkiste. Dieses schnelle visuelle Abtasten sieht Köhler als eine Stärke dieser Kinder, es ist ihr Wahrnehmungstypus. Aber die starke Aufmerksamkeit hält nur kurz an, nach spätestens 20 Minuten bricht sie zusammen. Die Kinder drängen vorwärts. Köhler sagt: sie sind zukunftsorientiert (S. 215), als läge das, was sie jetzt brauchen, in der Zukunft. Manchmal auch sind sie verhalten, als wollten sie zurück zu einem Ursprung. Sie spüren besonders stark die Spannung des stetigen

Übergangs aus einer Vergangenheit in die Zukunft. Die Zukunftsorientierung ist überhaupt ein Schlüssel für die therapeutische Sichtweise Köhlers. Köhler beschäftigt sich auch viel mit Autobiographien bedeutender Persönlichkeiten, um herauszufinden, ob es in deren Kindheit etwas Auffälliges gab. Das ist häufig der Fall. Bei vielen, die später als Wissenschaftler, Gelehrte, Erfinder oder Vorbilder Großes leisteten, gab es in der Schulzeit Schwächen oder Teilausfälle. Thomas Edison, der nicht nur die Glühbirne erfand, sondern mehr als 1000 Patente anmeldete, hatte als Kind eine anscheinend sehr sprunghafte Kreativität. Köhler sieht eine unbewusste Strategie bei solchen Kindern. Sie weigern sich, in bestimmte Lerngebiete tiefer einzudringen, weil sie die Begabung, die in ihnen ist, schützen wollen. Diese soll stark werden, die Kinder wollen sich nicht an anderes verschwenden, dass nicht ihre Begabung ist. Wenn ihre Begabung erst einmal entfaltet ist, gelingt es oft überraschend problemlos, auch ein bisher vermiedenes Gebiet aufzunehmen. Sie stellen das ihnen fern Liegende sozusagen zurück, falls sie später doch ein Bedürfnis haben, können sie es aneignen. Es ist ja auch verständlich, dass jeder Lernende für die Aneignung von etwas Ungeliebtem **viel mehr** Energie braucht als für einen geliebten Gegenstand. Das eben macht das Üben in Künsten oder Fachgebieten, für die man keine Begabung spürt, so zäh und mühsam. Je geringer der Fortschritt ist, umso mehr wächst der Druck, noch mehr zu üben.

Fordern wir dieses, so unterstützen wir das Nicht-Können. Gehen wir dagegen auf etwas anderes über, dem das Kind von innen her entgegenkommt, zum Beispiel Malen, so kann es sein, dass eines Tages auch ganz andere Fähigkeiten mitgezogen werden. Der Therapeut fragt also einerseits: Wohin strebt das Kind ?, andererseits auch: Wo spürt oder erkennt das Kind Widerstände, denen es ausweicht oder die es neutralisieren will? Der Therapeut sieht also eine Willensrichtung und diese will er vor allem anderen stärken, eben um das Können zu unterstützen. So kann unser Grundsatz also eine Wahrheit enthalten für Therapeuten, Lehrer und Eltern. Wir müssen, so schärft Köhler immer wieder ein, uns von der Normvorstellung lösen, was ein Kind in welchem Alter können muss und damit auch von der Vorstellung eines möglichst gleichmäßigen Könnens in allen Gebieten. Das was in der Kindheit als Absonderlichkeit wahrgenommen wird, erweist sich später eventuell als eine Lebenskraft, aus der eine große Lebensleistung hervorgeht. Ob damit alle medizinischen und sonstigen psychologischen Aussagen über ADS beiseite geräumt sind, sei dahingestellt. Wissenschaftler werden von Köhlers Aussagen nicht immer begeistert sein. Dennoch: Für viele Kinder kann die Anwendung des Grundsatzes »Unterstütze das Können, nicht das Nicht-Können« eine Hilfe sein, auch für Studenten und Erwachsene.

»Unterstütze das Können, nicht das Nicht-Können!«

- **Bleibe gelassen, wenn ein Kind ein Schulfach ablehnt oder meidet.**
- **Beachte, was ein Kind will und was es nicht will.**
- **Wenn Kinder nicht aus dem Wissen lernen, suche nach Wegen, wie sie aus dem Können lernen können.**
- **Verfolge einen Könnensbegriff, der mehr umfasst als das Können, das in der Erwerbsarbeit benötigt wird, aber vernachlässige letzteres nicht!**
- **Versuche, in der Teilleistungsschwäche auch eine Stärke zu entdecken!**

Literatur:

Institut für Produktives Lernen in Europa. Ingrid **Böhm** und Jens **Schneider**: Produktives Lernen - eine Bildungschance für Jugendliche in Europa. Berlin/Milow: Schibri Verlag 1996.

Institut für Produktives Lernen in Europa (Hrsg.): Produktives Lernen in der Lernwerkstatt. Pilotprojekte aus Pécs, St. Petersburg und Berlin stellen ihre Arbeit vor. Berlin/Milow: Schibri Verlag 1999.

Institut für Produktives Lernen in Europa (IPLE): Produktives Lernen - von der Tätigkeit zur Bildung. Ein Beitrag zur Schulreform in der Sekundarstufe I. Baltmannsweiler: Schneider Verlag Hohengehren 2004.

Köhler, Henning: War Michel aus Lönneberga aufmerksamkeitsgestört? Der ADS-Mythos und die neue Kindergeneration. Mit einem Nachwort von Georg Kühlewind. Stuttgart: Verlag Freies Geistesleben. 3. Auflage 2004.

Vorbereitende Lektüre:

Text 18: Henning Köhler: Schwierige Kinder gibt es nicht. Plädoyer für eine Umwandlung des pädagogischen Denkens. Verlag Freies Geistesleben 2007. Auszug S. 88–93.

11. Vorlesung
»Schaffe eine Öffentlichkeit, die dein pädagogisches Tun reicher macht«

Was bedeutet Öffentlichkeit? Wenn z. B. etwas intern bleiben soll und doch bekannt wird, sagt man: Jemand hat es in die Öffentlichkeit getragen. Das bedeutet meistens: Jemand hat es einem Presseorgan oder einem Rundfunksender mitgeteilt. In der Politik kommt das öfter vor: Ein Gutachten soll möglichst intern bleiben, aber jemand gibt es einem Zeitungsredakteur weiter. Wikileaks mit Julian Assange ist ja das prominenteste Beispiel für das Öffentlich-Machen von Dokumenten, Bildern oder Filmaufnahmen, die als intern oder geheim eingestuft wurden. Für Wikileaks ist Öffentlichkeit ein hoher Wert. »leak« heißt ja »Leck«, undichte Stelle, da tröpfelt etwas heraus, was nicht heraus soll. Wikileaks will die Verantwortlichkeit öffentlich machen: Wer hat was getan, wer hat was gesagt, wer hat wofür Geld bekommen, wer hat Geld zurückbehalten, wer hat gelogen? Solches transparent, also öffentlich zu machen, ist wichtig für das Zusammenleben der Menschen. Die Tendenz zur Geheimhaltung, zur Halbwahrheit und zur Lüge ist groß in den Institutionen von Staat und Wirtschaft, und es gibt diese Tendenz sogar in Kirchen. Öffentlichkeit bedeutet also: Informationen für alle Interessierten zugänglich machen. Öffentlichkeit hat also mit einem freien Informationswesen zu tun. Wir lesen ja immer wieder, dass in manchen Ländern Menschen, die Informationen an die Presse geben, auch die internationale Presse, z. B. über Gewalthandlungen der Polizei oder Justiz in ihren Ländern, verhaftet werden, ja dass sogar Journalisten getötet werden.

Eine Öffentlichkeit zu schaffen, kann auch bedeuten, Menschen zur Teilnahme an einem Vorhaben oder Projekt zu bewegen. Viele Kulturveranstaltungen, auch Bildungsveranstaltungen sind darauf angewiesen, dass die Menschen teilnehmen. Ein Fremdwort für Teilnehmen ist Partizipation. Die Menschen sollen nicht nur wissen, dass es diese Veranstaltungen gibt, sondern sie sollen auch teilnehmen, partizipieren. Zurzeit bemüht man sich ja auf vielen Ebenen, Einwanderer aus anderen Ländern, Migranten, zu mehr Partizipation zu bewegen. Im Zusammenhang mit pädagogischen Angeboten ist bloße Information, bloßes Wissen um das Angebot zu wenig, es geht um Partizipation. Partizipation ist ja nicht nur ein »Nehmen«, wie es im Wort Teilnehmen steckt, sondern es ist auch ein Unterstützen. Das gilt zumindest für wiederholtes Teilnehmen. Wer regelmäßig ins Theater geht, unterstützt das Theater. Wer um Teilnehmer wirbt, wirbt auch um Unterstützung. Es ist kein

Zeichen von Schwäche, um Unterstützung zu werben, sondern ein Zeichen der eigenen Überzeugung, dass man ein wichtiges Anliegen und ein guten Vorhaben hat. Man unterstützt eine Schule, indem man dort Lehrer wird, indem man sein Kind in diese Schule schickt und als Eltern kleinere Aufgaben in der Schule übernimmt oder auch Geld spendet für die Schule. Die Unterstützung kann auch bedeuten, dass man die Idee der Schule an einem anderen Ort ebenfalls in die Tat umsetzt, also im Geiste dieser Pädagogik etwas Neues gründet. So werden zunehmend Menschen in ein Vorhaben hineingezogen, die partizipieren und weiterentwickeln. Aus dem Vorhaben wird vielleicht eine Bewegung oder ein Werk. Es entsteht eine anwachsende Öffentlichkeit, die an Informationen aus diesem Vorhaben und zu diesem Vorhaben interessiert ist. Auf diesem Wege sind die verschiedenen Reformpädagogiken gewachsen. Das Entstehen einer Öffentlichkeit um eine Pädagogik, um eine pädagogische Idee, bereichert diese Pädagogik. Mehr engagierte Menschen steuern Ideen bei, entwickeln eine Praxis, über die sie berichten. In diesem Sinne ist es für jede Pädagogik wichtig, Öffentlichkeit für ihre Konzeption und für ihre Praxis zu schaffen. Die Partizipation vieler Menschen trägt nicht nur zur Vertiefung und Erweiterung der jeweiligen Pädagogik bei, sie kann auch helfen, Widerstände zu überwinden, die sich vielleicht in Teilen der allgemeinen Öffentlichkeit aufbauen, z. B. in der Politik, in der Presse. In starkem Maße geht es um die finanzielle Unterstützung, die Praktiker und Befürworter einer Pädagogik wollen etwa die Kürzung staatlicher Zuschüsse abwenden. So war es kürzlich im Freistaat Sachsen bei den staatlichen Zuwendungen für die Schulen in freier Trägerschaft. Diese Schulen, die pädagogisch gesehen unterschiedliche Konzeptionen haben, arbeiten inzwischen so gut zusammen, dass sie die vorgesehenen Kürzungen der staatlichen Zuschüsse größtenteils abwenden konnten. Sie kämpfen immer wieder dagegen, dass der Staat das Attribut »öffentlich« nur für sich in Anspruch nimmt und die Gegenüberstellung benutzt: öffentliche Schulen (sprich staatliche Schulen) und private Schulen (sprich Schulen in freier Trägerschaft). Auch letztere verstehen sich als öffentliche Schulen, weil sie eine öffentliche Aufgabe erfüllen, also den schulpflichtigen Kindern eine Schule anbieten, und weil sie allen zugänglich sind. Also: Öffentlichkeit zu schaffen für ein pädagogisches Vorhaben, ist ein wichtiger Aspekt des Grundsatzes »Schaffe eine Öffentlichkeit, die dein pädagogisches Tun reicher macht.«

Ich möchte aber zusätzlich noch auf einen anderen Aspekt eingehen, der auch unter diesen Grundsatz fallen kann. Überhaupt Öffentlichkeit zu schaffen, kann als eine pädagogische Aufgabe begriffen werden. Wenn ein Pädagoge sich an andere Menschen wendet, auch erwachsene Menschen, weil er ihre Entwicklung fördern will, entdeckt er vielleicht, dass diese Menschen sehr isoliert und vereinzelt sind, dass sie nicht kommunizieren über ihr Tun und auch nicht über ihre Nöte, dass sie wenig Mut haben, mit anderen über Probleme zu sprechen, die sie alle haben. Sie haben vielleicht schon resigniert, sind eingeschüchtert, fürchten um ihr Auskommen und ihre Arbeit und anderes. Öffentlichkeit heißt dann, überhaupt über die gemeinsame Lage zu kommunizieren, um vielleicht gemeinsam handeln zu lernen. Öffentlichkeit heißt dann, nicht mehr aus Scham oder Angst zu schweigen, sondern im Kreise gleich Betroffener zu sprechen und darüber hinaus eine allgemeinere Öffentlichkeit auf die eigenen Probleme aufmerksam zu machen. Öffentlich heißt hier, Wohlgesinnte zu finden und sogar Unterstützer zu gewinnen. Die Schritte in die Öffentlichkeit hinein sind sehr schwer und es kann eine pädagogische Aufgabe werden, Menschen zu ermutigen, Schritte in die Öffentlichkeit hinein zu gehen. Auf diesen zweiten Aspekt des Grundsatzes »Schaffe eine Öffentlichkeit, die dein pädagogisches Tun reicher macht« möchte ich noch eingehen.

Gehen wir erst auf die Situation zu, dass ein pädagogischer Gedanke und ein pädagogisches Tun schon da sind, und dass für dieses pädagogische Vorhaben eine Öffentlichkeit geschaffen wird. Ich möchte das am Beispiel einer reformpädagogischen Konzeption von Schule tun, der Freinet-Schule. Es gibt in Deutschland eine sogenannte Freinet-Kooperative als eingetragener Verein mit einer Geschäftsstelle in Bremen. Früher hieß sie Pädagogik – Kooperative e. V.. Jetzt hat sie als Untertitel »Bundesverband von Freinet – Pädagoginnen in Deutschland.« Diese Kooperative wurde 1976 gegründet. **Célestin Freinet** (1896–1966) war zu diesem Zeitpunkt schon seit 10 Jahren tot. In Deutschland aber gab es erst seit den 60er Jahren des vorigen Jahrhunderts eine ernsthafte Beschäftigung mit Freinet und dann auch eine Freinet – Bewegung mit zahlreichen Schulgründungen. Die Umbenennung in Freinet – Kooperative e. V. im 100. Geburtsjahr Freinets, also 1996, ist Ausdruck der Tatsache gewesen, dass man sich jetzt sicher fühlte in der Freinet – Pädagogik und diese und keine andere Pädagogik wollte. Uns fällt vielleicht das Wort »Kooperative« auf. Warum heißt es nicht einfach »Verein«? Das Wort »Kooperative« ist durchaus Programm. In einer Kooperative verbinden sich Selbstständige zu einer Zusammenarbeit, um ihre Möglichkeiten zu optimieren. Das französische Wort *Coopérative* übersetzt man am besten mit Genossenschaft. Selbstständige Betriebe bringen Kapital und Technik in eine Genossenschaft ein, das ist zum Vorteil aller Beteiligten, hebt aber die Selbstständigkeit nicht auf. Die Genossenschaftsbewegung in der Landwirtschaft und in der Industrie entstand im 19. Jahrhundert, griff auch auf den Hausbau über und Kauf und Verkauf von Lebensmitteln. Die Wohnungsbaugenossenschaften sind noch heute ein Überbleibsel der Genossenschaftsbewegung, wenn sich das Modell auch insofern geändert hat, als die Städte die wichtigsten Genossenschaftler geworden sind. Reinere Genossenschaften gibt es in der Landwirtschaft – und da gibt es auch wiederum Organisationsvarianten. Hier erwerben die Genossenschaftler Anteilsscheine. Was bedeutet es also, wenn sich die Freinet – Pädagogen zu einer Kooperative verbinden? Sie lehnen sich damit an das Genossenschaftsrecht an, wenn sie auch im genauen Sinne keine Genossenschaft sind, denn eine Genossenschaft hat in jedem Fall eine wirtschaftliche Zielsetzung. Aber das, was ideell im Genossenschaftsgedanken steckt, wollen die Freinet – Pädagogen für ihre Bewegung wahrmachen: Selbsthilfe, Selbstverantwortung, Selbstverwaltung, und Förderung und Unterstützung ihrer Mitglieder. Daher passt die Rechtsform der eingetragenen Genossenschaft nicht richtig auf eine pädagogische Bewegung. Man greift auf die Rechtsform eingetragener Verein zurück und nennt sich Kooperative e.V. Eigentlich ist das eine Doppelung, die nicht ganz stimmig ist, denn eine Genossenschaft ist kein Verein. Doch in diesem Falle blieb nur der Rückgriff auf das Vereinsrecht übrig, denn es handelt sich bei der pädagogischen Bewegung um eine Vereinigung von Personen ohne Vereinigung von Kapitalien oder Sachgütern. Das e.V. tritt in Verbindung mit wirtschaftlichen Genossenschaften dann auf, wenn mehrere Genossenschaften aus derselben Branche einen Dachverband gründen, einen Zentralverband. Diesem übertragen sie Entscheidungsvollmachten, aber nominell keine Kapitalien oder Güter, daher heißen solche Zentralverbände auch oft e.V. Vereine fühlen sich manchmal zur Unterstützung ihrer Mitglieder verpflichtet. Das muss aber nicht so sein. Von Vereinsmitgliedern wird erwartet, dass sie den Zweck des Vereins unterstützen, zumindest durch ihren Mitgliedsbeitrag. Der Zweck liegt außerhalb der persönlichen Interessen der Mitglieder, diese unterstützen den Zweck des Vereins aus karitativen Motiven, z.B. bei einem Verein für den Wiederaufbau einer zerstörten Kirche. Eine Genossenschaft hat aber den Sinn, ihre Mitglieder zu unterstützen. Jeder Genossenschaftler, z.B. Bauer, soll es schaffen, seinen Betrieb zu erhalten, soll informiert sein über alle Chancen der Verbesserung, soll notwendiges Werkzeug günstig kaufen können. So ist es auch bei der Freinet – Kooperative e.V. Jede Freinet – Schule und jeder Freinet-Lehrer, die der Kooperative beitreten, soll unterstützt werden durch gegenseitigen Austausch, soll gestärkt werden in der Selbstorganisation und seine Unabhängigkeit bewahren. Die Genossenschaft ist eine Vereinigung zur Selbsthilfe, sie ruft nicht sogleich nach dem Staat und dem staatlichen Geld. Sie verlässt sich nicht darauf, dass der Staat die notwendigen Mittel und Werkzeuge zur Verfügung stellt, sondern schafft sich ihre eigenen. Also im Falle der Freinet – Bewegung fragt sie nicht nach den vom Staat empfohlenen oder finanzierten Lehrbüchern, sondern schafft sich ihre eigenen, oder arbeitet anders, eben ohne Lehrbücher. Ebenso schafft sie sich eine Vielzahl von Lehrmitteln. Alle Genossenschafter, also alle Freinet-Lehrer, wirken daran mit und alle können davon Gebrauch machen. Ebenso schafft sie sich ihre eigene Weiterbildung. Von Anfang an war es in der deutschen Freinet – Bewegung nicht so, dass es einen Verein gegeben hätte, in den alle Interessierten eingetreten wären. Man will gar nicht eine Struktur mit einem Vorstand für alle Schulen und Lehrer der Bewegung. Zentralismus ist genau das Falsche. Schon Freinet bekämpfte den zentralistischen französischen

Staat. Daher entstanden in Deutschland mehrere Kooperativen, zuerst entstand eine solche Gruppe in Freiburg im Breisgau, weil es so nah zum Elsaß liegt und man Kontakt zu französischen Freinetschulen hatte. Es mussten sich in einzelnen Regionen Gruppen von Lehrern bilden, denn als einzelner, vereinzelter Lehrer kann man nicht Freinet - Pädagoge sein. Man kann auch nicht Freinet - Pädagoge werden, indem man darüber Vorlesungen in der Universität hört. Man konnte nur Freinet - Pädagoge werden durch Austausch in einer Gruppe gleichgesinnter Lehrerinnen und Lehrer, durch viel Ausprobieren, Erfahrungen von Gelingen und Missgelingen. An eine richtige Freinetschule war vielleicht noch gar nicht zu denken, erst einmal mussten sich Lehrer die wichtigsten Techniken und Ideen Freinets aneignen. Dazu gehören vor allem der Einsatz einer Druckerpresse, die Selbstverwaltung der Klassen durch einen Klassenrat, und das was man mit Freinet die Freiheit des Ausdrucks nannte. Nach Freiburg kam eine Gruppe in Berlin zustande, dann in Hamburg, in Bremen, in Darmstadt, in Erlangen und anderen Orten. Man bezog Druckerpressen über die französische Freinet - Organisation, man las zusammen Texte von Freinet. Die erste sorgfältig erstellte deutsche Übersetzung von ausgewählten Texten Freinets erschien 1965. Eine Saarbrücker Professor, der Célistin und seine Frau Élise Freinet kannte und die Freinet - Bewegung in Frankreich überschaute, hatte das Buch 1965 herausgegeben. Erst 1985 folgte dann von ihm eine Übersetzung eines Buches von Élise Freinet über ihren Mann und über sein Werk unter dem Titel »Erziehung ohne Zwang«. Dieser Saarbrücker Pädagogik - Professor hieß Hans Jörg. Er beteiligte sich nicht an den Freinet - Kooperativen, sondern gründete einen »Arbeitskreis Schuldruckerei« zusammen mit Lehrern. Er schaute besonders auf die pädagogischen Innovationen Freinets, also den veränderten Unterricht. Er sah nicht so sehr die organisatorische Neuheit, die in dem Wort Kooperative enthalten war.

Die verschiedenen Lehrergruppen hatten nach und nach eine sichere Kenntnis der Texte und Ideen Freinets, sie erstellten Lehrmaterialien und begannen mit einer Zeitschrift, die den Titel bekam »Fragen und Versuche«. Dieser Titel spielt an den Lieblingsgedanken Freinets an, dass Lernen ein »tastendes Versuchen« ist, also ein langsames Sich-Vorwärts-Tasten, erst mit den Händen, dann mit dem Intellekt. So auch musste das pädagogische Lernen der Lehrer sein. Diese Zeitschrift wurde als sogenannte Autoren - Zeitschrift geführt und wird es bis heute. Daher entscheidet nicht ein einzelner Redakteur oder eine kleine Gruppe von Redakteuren über den Inhalt der Zeitschrift, sondern alle eingereichten Beiträge werden aufgenommen. Reihum übernimmt immer eine neue Gruppe die Verantwortung für das nächste Heft. Viermal im Jahr kommt ein Heft, der Aufwand ist also erheblich. Alle Interessierten sind gleichberechtigt, wenn es um die Veröffentlichung geht.

Nicht nur eine Zeitschrift war nötig, noch wichtiger war es, die nach und nach an verschiedenen Orten entstehenden Lehrmittel möglichst allen verfügbar zu machen. Es musste ein Materialvertrieb aufgebaut werden. Die Adressenkartei aller interessierten Lehrer musste geführt werden, die Verbindungen zwischen den Gruppen mussten vermittelt werden.

Inzwischen fanden Treffen auf Bundesebene statt, reihum bei verschieden Gruppen. Da die Bremer Gruppe die größte war, weil es eine starke Freinet-begeisterte Gruppe in der Erziehungswissenschaftlichen Fakultät der Universität gab, übernahm Bremen schließlich die Koordinierungsaufgaben und wurde der Sitz einer großen gemeinschaftlichen Kooperative. Neben diesem übergreifenden Verband, der die Selbstständigkeit der einzelnen Gruppen nicht antastete, aber doch eine gemeinsame Mitgliedschaft der interessierten Lehrer förderte, existierte nach wie der Arbeitskreis Schuldruckerei, den Hans Jörg gegründet hatte.

In der **Freinet – Kooperative in Deutschland** mit Geschäftssitz in Bremen gibt es heute Regionaltreffen von Lehrern, also Lehrer aller Schulformen und auch Kindergärtnerinnen, ebenso gibt es Zusammenkünfte schulformspezifischer Art, z. B. Treffen der Grundschullehrer oder Treffen der Sonderschullehrer. Zusätzlich zu den Regionaltreffen, die sich auf Bundesländer begrenzen, finden alle zwei Jahre Bundestreffen statt. In den Jahren dazwischen finden sog. Symposien statt, bei denen es darum geht, die verschiedenen Schul- und Vorschulaktivitäten, auch die Lehrerbildung an Hochschulen, zu vernetzen. Beim letzten Symposion, das in der Nähe von Kassel stattfand, im Monat März, wurde z. B. angeboten, dass Teilnehmer im Vorfeld des Symposions, von Januar bis März, hospitieren konnten. Etwa 70 Freinetlehrer boten an, in ihrem Unterricht zwei bis fünf Tage lang zu hospitieren, verteilt über ganz Deutschland. Jeder anbietende Lehrer bzw. Lehrerin nahm zwei bis vier Hospitanten an und sorgte für deren preiswerte Unterbringung. Ende März trafen sich alle für drei Tage in der Nähe von Kassel, in der Reinhardswaldschule. Jeder Teilnehmer am Symposion musste 305 Euro bezahlen und die Fahrten zum Hospitationsort und nach Kassel selbst bestreiten. Für teilzeitbeschäftigte Lehrer war der Preis reduziert. Von den 305 Euro wurde Unterkunft und Verpflegung in der Reinhardswaldschule bestritten, ebenso die Unterkunft am Hospitationsort. Man sieht, dass es um ein selbstbestimmtes Netzwerk geht, man will unabhängig bleiben und trägt daher auch die Kosten für die selbstbestimmte Tagung. Geld von außen ist ja meist auch mit Auflagen verbunden. Bei der Zeitschrift gibt es keine feste Redaktionsgruppe, es soll kein Gefälle entstehen zwischen eingeweihten Lehrern und Neulingen. Ebenso bereitet auch nicht der jeweilige Verband der Kooperative das Symposion vor, sondern wechselnde Gruppen von Lehrern, auch neue unerfahrene. Das gehört zum Prinzip »Kooperative«. Ähnlich auch in den Weiterbildungen. Durch Teilnahme an sechs Modulen können Lehrinnen, Lehrer, Kindergärtnerinnen, auch Hochschullehrer ein Freinet-Zertifikat erwerben, im Verlaufe von zwei Jahren. Auch dabei gilt: Die teilnehmenden Lehrer bilden sich gegenseitig weiter, nur gelegentlich treten Referenten auf, aber diese sind meistens auch Lehrer. Selbsthilfe und gegenseitige Unterstützung soll das Prinzip der Kooperation sein.

Wie schon erwähnt, hat Freinet seine Pädagogik und die dazu gehörige Organisationsweise in **Frankreich** entwickelt. Es entstanden Freinet - Kooperativen inzwischen in vielen Ländern. Deutschland ist unter den vielen Ländern, in denen es Freinet-Pädagogik gibt, ein spätgeborenes Kind. Alle zwei Jahre findet eine internationale Begegnung des Freinet - RIDEF statt (*Rencontre Internationale des Éducateurs Freinet*). 2006 fand das RIDEF im Senegal statt, 2008 in Mexiko, 2010 in Nantes in Frankreich, 2012 in Léon in Spanien und 2014 soll es in Italien in der Reggio Emilia sein. Die Zahl der Teilnehmer liegt bei ca. 400. Deutsche Teilnehmerinnen und Teilnehmer am RIDEF treffen sich vorher zu einer Vorbereitungswoche in Deutschland. Man bereitet einen gemeinsamen Auftritt vor - mit Materialien und Erfahrungen. Auch beim RIDEF bilden Lehrerinnen und Lehrer sich gegenseitig. Selbst nach Senegal reisten 21 deutsche Lehrerinnen und Lehrer. Finanziell tragen alle Kooperativen das große Treffen mit. Die deutsche Kooperative trug z. B. zum RIDEF im Senegal 2500 Euro bei. Da die Freinet - Kooperative e. V. in Deutschland sicherlich mehr als 800 Mitglieder hat, und jedes Mitglied je nach Beschäftigungsstatus zwischen 40 und 110 Euro Jahresbeitrag bezahlt, können solche Ereignisse aus eigenen Mitteln unterstützt werden. Auch auf internationaler Ebene gibt es einen Verein, eine Kooperative, welche die Kooperativen in den Ländern zusammenhält. Dieser Verein heißt FIDEM: *Fédération Internationale des Mouvements d'École Moderne*. Die »Moderne Schule« ist ein Synonym für die Freinet - Schule. Ebenso wie die nationalen Kooperativen hat auch die FINEM eine Charta mit ihren Grundsätzen formuliert.

Schon Freinet hatte sorgfältig darauf geachtet, dass die Bewegung der »Modernen Schule« eine Sache der **Lehrerschaft** blieb, die sich aus der Praxis entwickelte, sich in der Praxis weiter entwickelte und sich national und international vernetzte. Die französische Kooperative der Freinet - Pädagogik erhielt den Namen »*Institut Coopératif de l'École Moderne*« (I. C. E. M.). Sie wurde 1926 gegründet und wuchs dann besonders nach dem 2. Weltkrieg stark an - auf etwa 10.000 Mitglieder. Der Sitz war ganz in der Nähe des Ortes, in dem Freinet seine Schule hatte - in Cannes an der Côte d'Azur, der himmelblauen Mittelmeerküste Frankreichs in der Nähe von Nizza. Hier ist eine Werkstatt zur Produktion von Unterrichtsmaterialien, so wie diese von Lehrern entwickelt wurden. Es war schon Freinets Idee, dass die Lehrer sich selbst mit preiswerten Lehrmaterialien versorgen sollten, aus einer Sammlung, die auf der Praxis von Lehrern beruhte. Insofern war es auch eine ökonomische Kooperative, eine Genossenschaft mit wirtschaftlichem Zweck: eine Einrichtung, die in dieser Weise in Deutschland nicht besteht, da in Deutschland die Informationen zu Unterrichtsmaterialien online gestellt werden. Die Werkstatt in Cannes heißt: Kooperative der laizistischen Bildung (*Coopérative de l'Enseignement Laïc*). (Laun, S. 514, S. 464). Der

Ausdruck »laïc« (laizistisch) wundert uns vielleicht. Es gab und gibt in Frankreich zwei Säulen im Bildungswesen: die große Säule des staatlichen Bildungswesens und die kleinere Säule des Bildungswesens der katholischen Kirche, das auch staatliche Mittel bekommt. Die Freinet - Schulen schieben sich eigentlich dazwischen, mit dem Ausdruck »laizistisch« wird gesagt: Die Schulen sind nicht beeinflusst. Sie sind Teil des staatlichen Schulwesens, folgen aber ihrer eigenen Pädagogik. Um die Unabhängigkeit hat schon Freinet Schulkämpfe geführt. Seine Schule stand in dem Kleinstädtchen St. Paul in der Nähe von Cannes, aber Freinet musste die Schule verlassen und gründete ein privates Landerziehungsheim in der Nähe. Um einen gewissen politischen Schutz zu haben, trat er in den 20er Jahren in die Kommunistische Partei Frankreichs ein, verließ diese aber wieder gleich nach dem Kriege. Die sozialistischen Kulturminister Frankreichs ließen seine Schulbewegung innerhalb des staatlichen Schulwesens gewähren und konnten sie auch der wachsenden Größe wegen nicht angreifen. Freinet begleitete die Schulbewegung von seinem Landerziehungsheim aus. Die »Coopérative de l'Enseignement Laïc« ist eine wirkliche Genossenschaft im Dienste ihrer Mitglieder, sie ist nicht auf Gewinn ausgerichtet und trägt sich durch den preisgünstigen Verkauf von Lehrmaterialien. Freinet-Lehrer haben also von Beginn an viel privates Geld in ihre öffentliche Unterrichtsaufgabe gesteckt.

Der Gedanke der Kooperative war für Freinet nicht nur ein Organisationsmuster, er hatte auch eine pädagogische Dimension. Der genossenschaftliche Geist der Selbständigkeit, der Selbstverantwortlichkeit, der gegenseitigen Unterstützung sollte auch in der Schulklasse zu spüren sein. Die **Schulklasse** ist selbst eine Art Kooperative. Dazu gehört auch, dass es eine Klassenkasse gibt. Geld kommt z. B. aus dem Verkauf einer Klassenzeitung, die von den Schülern zu Hause gegen einen kleinen Betrag angeboten wird. Natürlich wollen viele Eltern sie lesen. Auch Mittel der Schule für Sachkosten werden in die Klassenkasse aufgenommen. Gekauft wird z. B. Futter für die Fische im Aquarium und gekauft werden auch Druckmaterialien für die Klasse, die aus Cannes von der Werkstatt bezogen werden. Jede Woche findet eine Vollversammlung der Klasse statt, am Ende der Schulwoche, bei manchen ist das der Sonnabend, bei manchen der Freitag. Die Vollversammlung heißt: Der Klassenrat. In der Vollversammlung gibt es eine feste Tagesordnung. Sie soll im Prinzip folgende Punkte haben:

1. Kassenbericht des jeweiligen Kassenführers
2. Was uns gefallen hat
3. Was uns nicht gefallen hat
4. Wir beschließen
5. Wir schlagen für die nächste Woche vor.

Es sollen also Probleme der Gemeinschaft beraten werden und es soll ein Wochenplan für den Unterricht der nächsten Woche beschlossen werden – mit Hilfe des Lehrers (Laun, S. 48/49). Außer in dieser Versammlung finden die Ereignisse in der Klasse auch noch einen Niederschlag in der Wandzeitung der Klasse. Sie soll drei Rubriken haben: Ich kritisiere

Ich finde gut

Ich schlage vor.

So kann jeder der Gemeinschaft etwas mitteilen. Damit Kritik an Mitschülern nicht zum Streit führt, kann ein Zettel mit Kritik auch in den Briefkasten für Kritik eingeworfen werden.

Man sieht also: »Öffentlichkeit« ist ein sehr wichtiges Prinzip in der Freinet – Pädagogik. Schon in der Schulklasse gibt es das Prinzip Öffentlichkeit, als Beteiligung, Partizipation aller. Alle können sich äußern, nichts wird geheim beschlossen. Es gibt kein Repräsentativsystem, z. B. Wahl eines Klassensprechers, sondern es gibt das Prinzip der Mitsprache aller in der Vollversammlung. Alle Genossenschaftler kommen zusammen und entscheiden gemeinsam.

Mit diesem Prinzip wurde ebenso eine große **Lehrer-Öffentlichkeit** geschaffen, die sogar international geworden ist. Alle Lehrer werden beteiligt, alle können sich äußern und beitragen, es gibt einzelne Aufgaben, aber keine Hierarchie zwischen Vorstand und Mitgliedschaft. Doch die Praxis der Freinet-Pädagogik hat noch zu einem weiteren Weg geführt, Öffentlichkeit zu erzeugen – eine Öffentlichkeit, die das pädagogische Tun reicher macht. Wir haben ja schon einmal darüber gesprochen, dass es nicht nur den Weg vom Wissen zum Können gibt. Dieses ist heute im Bildungswesen der Hauptweg: Wir sammeln Wissen an, erst später wenden wir es in der praktischen Situation an. Man nimmt an, dass wir uns in der praktischen Situation unseres Wissens erinnern und demgemäß handeln. Die Praktiker bezweifeln diese Abfolge manchmal und sagen: **Praxis erlernt man in der Praxis.** So sagen ja auch die Freinet – Pädagogen: Freinet – Pädagoge wirst du in der Praxis einer Freinetschule und im Austausch mit Praktikern, nicht durch Vorlesungen und Seminare. So liegt es nahe, dass in der Freinet – Pädagogik auch der andere Weg vorkommt: vom Können zum Wissen. Du kannst schon etwas ausführen und lernst erst später zu verstehen, warum das eigentlich funktioniert und was dem zugrunde liegt. So etwas gibt es in der Freinet – Pädagogik. Die Kinder drucken schon Wörter und Sätze, ohne lesen zu können. Das bedeutet: Sie setzen Buchstaben in der richtigen Reihenfolge in den Setzrahmen ein. Wenn sie das oft genug getan haben, können sie schließlich lesen, sie lernen das Lesen durch dieses Tun. Freinet hat ja das Drucken mit der **Druckerpresse** in den Schulunterricht eingeführt, und zwar gleich in die erste Klasse. Die Schüler berichten zum Beispiel über das Erlebte am Wochenende. Es stellt sich heraus, dass ein Satz besonders interessant oder lustig ist. Ein kurzer Satz, vielleicht ganz am Anfang nur ein Wort und später nach einigen Wochen Unterricht vielleicht auch zwei oder drei kleine Sätze. Der Lehrer schreibt dieses eine Wort oder diesen einen kleinen Satz mit großen Druckbuchstaben an die Tafel. Alle Kinder können mit geschlossenen Augen sagen, was an der Tafel steht. Oft genug haben sie den Satz wiederholt. Nun müssen zwei Kinder den Satz drucken. Das bedeutet: Ein Kind schaut jeden Buchstaben an der Tafel genau an und sucht diesen Buchstaben im Setzkasten. Im Setzkasten müssen die Buchstaben nicht alphabetisch geordnet sein, leichter ist es zunächst, wenn sie nach Häufigkeit geordnet sind. Das Kind gibt diesen Buchstaben, die Druckletter also, dem anderen Kind, das es in ein kleines Setzrähmchen einsetzt, dort passt es in der Länge der Letter genau hinein, sitzt also fest und steht über das Setzrähmchen hinaus, denn die Letter soll drucken. Das Setzrähmchen hat die Länge einer Zeile und wird genau in die Druckerpresse passen. So geht es bis das Wort fertig ist oder der kleine Satz. Für eine leere Stelle zwischen zwei Wörtern gibt es ja auch ein nicht erhabenes Leerstück, das man im Druckwesen Spatium nennt. Jetzt kommt die Schwierigkeit, dass das Setzrähmchen um 180 % gedreht werden muss, also in Spiegelschrift eingesetzt wird, damit die Schrift auf dem bedruckten Blatt wieder direkt erscheint. Das Drehen ist nicht das Problem. Die Kinder können das Setzrähmchen drehen und vor einen Spiegel stellen. Solche Spiegel stehen entweder auf dem Tisch der Schüler oder sind an der Druckerpresse befestigt. Nun sehen die Kinder das Wort bzw. den Satz in Normalschrift im Spiegel. Nun können sie genau schauen, ob der Setzer bei einer Letter vielleicht Oben und Unten vertauscht hat. Eigentlich hat es der Setzer leicht. Denn die Lettern haben an der unteren Kante alle eine Kerbe, die gerade eben über dem Rand des Setzrähmchens steht. So sieht der Setzer, ob er eine durchgehende Kerbe geschaffen hat. Wenn nicht, hat er einen Fehler gemacht. Ein weiteres Kind rollt nun den fertigen Drucksatz mit schwarzer Farbe ab, ein anderes legt ein Blatt auf den Drucksatz und drückt es mit dem Pressdeckel auf den Satz. Die Kinder lernen also, sich die Gestalt der Buchstaben genau einzuprägen, sie lernen die Buchstaben in Normalschrift und auch in Spiegelschrift kennen. Sie lernen auch, sich die Gestalt von Wörtern einzuprägen, also die Buchstabenfolge. Sprechen können sie die Wörter schon vorher. So lernen sie nach und nach, das Gesprochene mit dem Schriftbild zu vergleichen und lernen auch den Lautwert eines Buchstabens kennen bzw. zwei oder drei Lautwerte eines Buchstabens. So entsteht das Lesen von selbst. Für die Klasse entsteht eine Sammlung bedruckter Blätter. Diese Sammlung ergibt sozusagen die Fibel der Klasse. Eine vorgefertigte Fibel benötigt die Freinet – Pädagogik nicht. Die Kinder machen ihre eigene Fibel, ebenso die Lehrbücher. Die Kinder erfassen Sinn und Inhalt dessen, was sie drucken, also bevor sie es drucken. In einer vorgefertigten Fibel tritt ihnen

Gedrucktes entgegen, dessen Sinn und Inhalt sie entziffern sollen. Dann können sie eine Beziehung dazu herstellen. Die vorgefertigte Fibel ist natürlich fehlerfrei. Auch Freinet legte Wert darauf, dass alle gedruckten Texte fehlerfrei waren. Schon der Tafeltext musste fehlerfrei sein, auch wenn ihn Kinder selbst schrieben. Notfalls wurde verbessert. Die Kinder, die nicht am Drucken beteiligt sind, malen den Tafeltext ab auf ein Stück Papier. Sie wissen, was die Wörter bedeuten, auch wenn sie nicht den Lautwert jedes Buchstabens isolieren können.

Heute legen wir in den Grundschulen meist großen Wert darauf, dass die Erstklässler rasch die Lautwerte der Buchstaben erlernen und dann aus den Lautwerten Wörter zusammensetzen bzw. gedruckte Wörter durch Aneinanderfügen der Lautwerte erlesen, um schließlich darauf zu kommen, welches Wort gemeint ist, das ja schon zu ihrem Sprachwortschatz gehört. Unsere heutige Orthodoxie des Lesen- und Schreibenlernens legt Wert auf das Konstruieren von Wörtern aus Buchstaben bzw. aus Lautwerten. In Freinets Methode wird das optische Gedächtnis stärker beansprucht, die Kinder prägen sich Schriftbilder von Wörtern an, erwerben sozusagen ein Wörterbuch erinnerter Schriftbilder. Wenn sie auf ein gedrucktes Wort stoßen, fragen sie sozusagen ihr virtuelles Wörterbuch der Schriftbilder von Wörtern ab, ob das vorliegende Wort im Wörterbuch verzeichnet ist. Dann wissen sie, wie es lautet. Andernfalls müssen sie es einprägen und dem Wörterbuch hinzufügen. Im Gedächtnis von Wörter-Schriftbildern und in der Unterscheidung von Wörter-Schriftbildern sind Freinet - Kinder sehr geübt, umso mehr als sie früh lernen, auch Spiegelschrift zu lesen. Unsere Orthodoxie hält das für unnötig, aber immerhin sagen die Freinet-Pädagogen, dass sie deutlich weniger Kinder mit Lese-Rechtschreibschwäche haben als die normalen Schulen.

Wenn nun einmal solch ein Druckstock hergestellt ist, kann man viele Abzüge machen. Für jedes Kind natürlich, für die eigene Fibel, aber man kann auch Blätter anderen Freinetklassen schicken und bekommt von ihnen ebenfalls deren gedruckte Blätter. Das ist spannend. Man hört etwas von anderen Erstklässlern, man wendet das Lesen-Können an. Es entsteht eine sogenannte **Klassenkorrespondenz**. Natürlich kann man auch noch andere Drucktechniken hinzunehmen: Kartoffeldruck und Linolschnitt z. B., und kann die Blätter verschönern. In unserer Textsammlung ist ein Beispiel für die Herstellung einer Klassenkorrespondenz. Natürlich kommen dann die handgeschriebenen Briefe hinzu und normalerweise bittet das Kind den Lehrer, vor dem Absenden nachzusehen. Der Briefwechsel kann zu einem Heft gebunden werden, Bilder können in ein Album geklebt werden. Im Zentrum steht aber der Austausch von gedruckten Texten, die den anderen Klassen wiederum als Anlass zum Sprachunterricht dienen können. So entsteht in einem Austausch ein Lerninhalt.

Die Drucktechnik reizt also dazu, die Öffentlichkeit zu vergrößern, eine weitere Klasse oder sogar mehrere am eigenen Geschehen Anteil nehmen zu lassen.

Nicht nur die Lehrer tauschen sich aus, wie man den Unterricht verbessern und interessanter machen kann, sondern auch die Schüler geben sich untereinander Anregungen. Ganz im Sinne des Grundsatzes: Schaffe eine Öffentlichkeit, die dein pädagogisches Tun reicher macht. Die Freinet - Pädagogik veranschaulicht diesen Grundsatz hervorragend. Klassenzeitungen und Schulzeitungen werden gedruckt und ausgetauscht. Es sind Zeitungen der Schüler, nicht werbeträchtige Darstellungen durch Lehrer. Ein Grundsatz der Freinet-Pädagogik heißt, wie gesagt, ›Freier Ausdruck‹. Die Schüler üben sich früh im Herstellen von Texten, auch in der mündlichen sprachlichen Darstellung, und erfahren, dass ihre sprachlichen Äußerungen geachtet werden.

Werfen wir nun noch einen Blick auf den zweiten Aspekt unseres Grundsatzes: »Schaffe eine Öffentlichkeit, die dein pädagogisches Tun reicher macht.« Damit meine ich, eine Öffentlichkeit zu schaffen, bevor man mit einem pädagogischen Vorhaben beginnt, z. B. einer Schule. Verstummte, resignierte, eingeschüchterte, ängstliche Menschen müssen sich Öffentlichkeit erobern. Das ist ein großes Wagnis und für diese Menschen ein riesiger Schritt. Das Schaffen von Öffentlichkeit ist unter diesem Gesichtspunkt selbst ein pädagogisches Vorhaben, sozusagen ein erwachsenenpädagogisches Vorhaben. Die Menschen müssen lernen, in der Gruppe zu sprechen und dann auch lernen, öffentlich zu sprechen. So nehmen sie sich allmählich wahr in ihrer Menschenwürde, sehen sich als Rechtspersonen, erfahren dass sie ein Recht haben, dass ihrer Arbeit Früchte ihnen selbst und ihrer Familie gebühren. Sie lernen sich zu behaupten und zu wehren in friedlicher Weise. Ich habe diese grundlegende pädagogische Aufgabe, die sich an vielen Orten der Welt stellt, am Beispiel des Sizilianers Danilo Dolci verdeutlicht. Wenn sie den kurzen Text zu **Danilo Dolci** lesen, den ich in die Textsammlung eingefügt habe, so erkennen sie auch leicht einige Parallelen zu Freinet. Sie liegen vor allem in dem Bemühen, die Menschen zu Genossenschaften zusammenzuführen, sie also aus der Vereinzelung herauszuführen, ihnen zu helfen, die eigenen Ressourcen gegen fremden Zugriff zu behaupten, in diesem Falle die Wasserressourcen, die geernteten Früchte und den Wein selbst zu verarbeiten und zu vermarkten - in genossenschaftlichen Zusammenschlüssen - und schließlich ihren Kindern eine Schule zu schaffen, in der die Lebensbedürfnisse der Kinder im Mittelpunkt stehen. Im Falle Danilo Dolcis war diese Anstrengung in einem Umfeld zu leisten, in dem Mafiaclans die Herrschaft ausübten und Politik und Justizwesen durchsetzt hatten bis hin zur höchsten Ebene in Rom. Immer wieder haben integre und mutige Menschen wie z. B. Journalisten, Schriftsteller, Richter, manchmal auch Politiker, diese Verschlingung aufgedeckt und bekämpft, nicht wenige von ihnen wurden ermordet. Auch Danilo Dolci war manchmal gefährdet, wurde eingeschüchtert durch Verhaftung und Bedrohung, aber seine Gegenwehr bestand darin, eine Öffentlichkeit zu schaffen, in der über die Methoden der herrschenden Kreise offen gesprochen wurde, in der man sich ermutigte, aus dem Schweigen herauszutreten und über das selbst Erlebte, die Beraubung, Erpressung und Ausbeutung zu sprechen und zu schreiben. Der Weg zu kooperativem Handeln war lang und mühsam. Dolcis Lebensdaten sind 1924 – 1997. (Nähere Ausführungen zu Danilo Dolci finden sich in: Waterkamp 2012, Kapitel 11: Die Soziale Schule: Italien und Sizilien, S. 130–138.)

In der Zeitschrift Sozialpädagogik hat ein Sozialpädagoge namens Bernd Stappert im Jahre 1983 ein Gespräch mit Danilo Dolci abgedruckt (Stappert 1983). Man könnte das, was Dolci vorschwebte, vielleicht eine Volkspädagogik nennen, wenn er eine solche auch nicht schaffen konnte. Bei Freinet war eine ähnliche Absicht vorhanden. Dolci lehnte sich an den Brasilianer Paulo Freire an, auf dessen pädagogisches Programm dieses Wort ebenfalls passt. Von ihm haben wir in der 4. Vorlesung gehört. Früher gab es den Begriff Volksbildung. Aber es gibt keine Volkspädagogik, bis heute nicht. Am nächsten kommt dieser Vorstellung vielleicht die Bemühung in Lateinamerika um die **Educación popular**. Das Wort »Volkspädagogik« deutet auf ein steigendes Maß an Öffentlichkeit hin. Man muss lernen, Pädagogik als eine Gesamtheit zu sehen, von der Kinder- und Schulpädagogik über die Erwachsenpädagogik bis zur Altenpädagogik, von der Pädagogik für Straßenkinder bis zur Heilpädagogik für Behinderte – dann würden wir eine wirkliche pädagogische Öffentlichkeit schaffen.

»Schaffe eine Öffentlichkeit, die dein pädagogisches Tun reicher macht!«

- **Suche Mitstreiter, indem du über deine praktischen Erfahrungen sprichst und schreibst!**
- **Gib Interessierten die Chance, über ihre praktischen Erfahrungen zu sprechen und zu schreiben!**
- **Mache deine Praxis transparent, lade Hospitanten ein!**
- **Lasse schriftliche Erzeugnisse, die in der Praxis entstehen, zirkulieren!**
- **Nimm die Meinungsäußerung des Anfängers genau so wichtig wie die des Erfahrenen!**
- **Gib jedem die Chance der Initiative und der Aufgabenlösung!**
- **Durchbrich die Vereinzelung und den Druck des Schweigens, indem du Menschen, die davon bedroht sind, in ein Gespräch miteinander führst!**

Literatur:

Laun, Roland: Freinet - 50 Jahre danach. Dokumente und Berichte aus drei französischen Grundschulklassen. Beispiele einer produktiven Pädagogik. 2., aktualisierte u. verbesserte Auflage. Heidelberg: Schmidt-Herb & Mehlig 1983.

Stappert, Bernd/ **Dolci**, Danilo: Friedenserziehung - eine Überlebensfrage. In: Sozialpädagogik 25 (1983), 1, S. 11-18.

Waterkamp, Dietmar: Pädagogische Charakteristik von Schulwesen in zehn Nationen. Dresdner Vorlesungen 2012. Dresden TUD press 2012.

Vorbereitende Lektüre:

Text 19: Hans Jörg: Freinet, die Bewegung »Moderne Schule« und das französische Schulwesen heute. In: Célestin Freinet: Die moderne französische Schule. L'école moderne française. Übersetzt und besorgt von Hans Jörg. Paderborn 1965. Auszug S. 216-218.

Text 20: Klaus Hoff: Entwicklung einer Klassenkorrespondenz. Grundschule 1. Klasse. In: Célestin Freinet: Pädagogische Texte. Mit Beispielen aus der praktischen Arbeit nach Freinet. Hrsg. von Heiner Boehncke und Christoph Hennig. Rowohlt TB 1980. Auszug S. 154-168.

Text 21: Antonio Mangano: Danilo Dolcis Erziehung zur positiven Freiheit. Aus dem Italienischen von Rolf Mäder. Münster 1998 (Erscheinungsjahr des italienischen Originals nicht genannt). Auszug S. 203-208.

12. Vorlesung
»Lass die zu Erziehenden zugleich Lenker deiner Erziehung sein«

Dieser Grundsatz ist sicherlich provokativ. Die Kinder selbst sollen dem Erzieher sozusagen die Hand führen? Sie sollen dem Erzieher zeigen, wie er mit ihnen pädagogisch umgehen soll? Sage ich damit, das Kind wüsste selbst am besten, wie der Erzieher mit ihm umgehen sollte? Weiß der Erzieher selbst so wenig? Ist das Kind nicht stimmungsabhängig – mehr als der Erwachsene? Soll der Erwachsene sogleich alle Wünsche des Kindes erfüllen? Immerhin wissen wir schon, dass es eine Erziehung nur von oben nach unten nicht geben kann. Wir scheitern mit unserer Erziehung, wenn wir die Bedürfnisse der Kinder und Jugendlichen nicht gut genug wahrnehmen. Wir kommen nur weiter, wenn wir die Reaktionen der Kinder und Jugendlichen gut wahrnehmen und Schlussfolgerungen daraus ziehen. Wir wissen das und es ist schon lange bekannt. Dennoch bewahrt diese Einsicht die Erzieher keineswegs immer davor, die anvertrauten Kinder und Jugendlichen manipulieren zu wollen. Allzu schnell glauben wir zu wissen, was die Reaktionen zu bedeuten haben, was ihnen zugrunde liegt. Korczak war ein Pädagoge, der sehr empfindlich auf das Manipulationsstreben der Erzieher reagierte: Er verteidigte die Rechte der Kinder auch gegen ihre Erzieher. Sie erinnern sich: Mit List löste er manchmal Situationen auf, in denen ein Erzieher oder eine Erzieherin ihren Willen gegen den Willen des Kindes durchsetzen wollte. Korczak gab den Erziehern zu bedenken, wie wenig sie über das Kind wissen: »Wir kennen das Kind nicht, schlimmer noch, wir kennen es nur aus Vorurteilen.« (Ungermann, S. 153). Korczak hegte oftmals den Verdacht, dass Erzieher die Kinder nur besser kennenlernen wollen, um ihre Ziele umso leichter durchsetzen zu können. Die Vorurteile sitzen eben tief: Der Erzieher weiß, was gut ist für das Kind; der Erzieher weiß auch, worauf das Kind hinaus will, wenn es trotzt, wenn es nicht sogleich die Aufgaben erledigt, wenn es Widerworte gibt. Es hat eben Zeiten in Deutschland und auch in anderen Ländern gegeben, in denen die Lehrer autoritär erzogen wurden und ihnen beigebracht wurde, auf ihrer Autorität zu bestehen, also letztlich eine Erziehung von oben nach unten zu betreiben. Aber wir haben gehört, dass diese Auffassung von vielen Pädagogen attackiert und unterlaufen wurde. Wir haben über die Selbsterziehung gesprochen und über Alexander Neill. Wir haben darüber gesprochen, dass Pädagogik dialogisch sein muss und haben dabei Korczak und Freire erwähnt. Sie wissen sicherlich, dass es seit etwa 1890 eine Bewegung gab, die man Reformpädagogik nennt und die mitunter so charakterisiert wird: Pädagogik vom Kinde aus. Also eine Pädagogik durchaus – keine Abschaffung der Pädagogik, aber eine Pädagogik vom Kinde aus. Dahinter steht nicht die naive Annahme, das Kind könne sich ganz einfach selbst erziehen, sondern das Bemühen, dem Kind und auch dem Jugendlichen eine aktivere Rolle in der Beziehung zwischen Erzieher und Kind zu geben. Diese Erkenntnis muss aber verbunden werden mit Korczaks Mahnung: Wir kennen das Kind kaum, wir haben viele Vorurteile über das Kind. So haben wir auf der einen Seite die Einsicht, dass wir die Zeichen, die uns das Kind gibt in Bezug auf unser Verhältnis zu ihm, sorgfältig wahrnehmen müssen und in unserem Tun beachten müssen. Auf der anderen Seite aber müssen wir eingestehen, dass wir zu wenig über das Kind oder Kinder wissen, um ihre Zeichen, ihr Verhalten, ihr Sprechen, wirklich deuten zu können. Das Kind und auch der Jugendliche werden uns niemals direkt sagen, wie wir uns als Erzieher verhalten sollen, wir müssen die Äußerungen des Kindes und Jugendlichen richtig deuten.

Welches ist der Ausweg aus diesem Dilemma? Die Antwort, die seit ca. 1900 gegeben wurde, hieß: Wir müssen eine Kinderforschung betreiben. Wir müssen die uns so wenig bekannte Wesen »Kind« und »Jugendlicher« erforschen. Es entstand in großem Umfang in mehreren Ländern eine **Kinderforschung**, angeregt durch Lehrer, oft auch betrieben von Lehrern, aufgegriffen von Professoren, die zukünftige Lehrer ausbildeten. Das war etwas großartiges Neues: Kinder, Schüler und auch Studenten sollten viel mehr Freiheit bekommen und damit erhöhte sich auch die Freiheit der Lehrer, die nunmehr selbst Forschung betrieben, um Grundlagen für ein kindgerechtes pädagogisches Handeln zu gewinnen. Also mittels Forschung, mittels genauer und systematischer Beobachtung sollte ermittelt werden, wohin Kinder strebten, welche Entwicklung sie vollzogen, welche Talente und Begabungen Nahrung brauchten, auch welche Hemmnisse ihnen Schwierigkeiten machten. So konnte das erzieherische Handeln den einzelnen Kindern gerechter werden, es konnte helfen, die Möglichkeiten, die in den Kindern liegen, zur Entfaltung zu bringen und vielleicht Blockaden überwinden. Um diese Kinderforschung als eine breite Bewegung soll es heute gehen. Hat sie den Erziehern helfen können, die Richtung ihrer Erziehung von den Kindern selbst herzuleiten, die Kinder in die Rolle der Lenker ihrer Erziehung zu heben? Viele hielten diese Forschung für nötig und glaubten auch an die Chancen dieser Forschung, die aus pädagogischem Motiv betrieben werden sollte, um den Erziehern zu einem dem Kind angemessenen Handeln zu verhelfen. Der Belgier **Jean Ovide Décroly** (1871–1932) war einer derjenigen, die unterrichteten und Kinderforschung betrieben. Er sagte den Satz: »Wir führen das Kind, während es uns führen sollte.« (nach Élise Freinet, S. 51) Damit drückte er sein persönliches Programm aus, das Kind zum Lenker der Erziehung werden zu lassen. Für ihn sollte die Kinderforschung den pädagogischen Anwendungsbezug haben. Décroly war Arzt und arbeitete an einer Klinik in Brüssel, und zwar auf dem Fachgebiet Neurologie. Dort untersuchten die Ärzte Menschen mit geistiger Behinderung und mit Sprachstörungen. Décroly ging den Vertrag mit der Klinik nur ein unter der Voraussetzung, dass er einige der Kinder in seinem eigenen Haushalt aufziehen dürfe. So kamen behinderte Kinder in das Haus des jungen Paares Décroly und zeitlebens lebten solche Kinder bei Agnès und Ovide Décroly. Hinzu kamen nach und nach drei eigene Kinder des Paares. Ovide Decroly wollte Kinder so genau wie möglich beobachten. Nachdem er sich sechs Jahre lang mit beeinträchtigten Kindern beschäftigt hatte, baten ihn Eltern von nichtbehinderten Kindern, eine Schule für ihre Kinder aufzumachen, da sie überzeugt waren, dass er Kinder gut fördern konnte. Décroly leitete diese Schule fünf Jahre lang und übergab sie dann einem anderen Pädagogen, sie besteht bis heute (Dubreucq, S. 21).

Er selbst ging in die Lehrerbildung über, um seine Erfahrungen weiterzugeben. Décroly ging also einen ähnlichen Weg wie Maria Montessori, die ebenfalls in einer psychiatrischen Klinik begann und die als schwachsinnig geltenden Kinder als eine pädagogische Aufgabe erkannte. Sie schulte ihre Sinneswahrnehmungen, um sie zu geistigen Leistungen zu führen. Nachdem sie sich sicher war über ihren Weg der Sinnesschulung und dazu Materialien entwickelt hatte, ging sie zur Erziehung nichtbehinderter Kinder in einem sogenannten Kinderhaus über. Erinnern wir uns auch an den Weg Korczaks vom Arzt, dem Kinderarzt, zum Pädagogen. Alle drei – Décroly, Montessori und Korczak – gehören zu den Pädagogen, die früh im 20. Jahrhundert begannen, Wesentliches zur Kinderforschung beizutragen. Décroly beobachtete natürlich auch seine eigenen drei Kinder, besonders die beiden erstgeborenen Töchter. Da er nicht stetig Zeit dazu hatte, wurde eine Mitarbeiterin der Klinik ebenfalls in seinen Haushalt eingereiht. Sie musste Tagebücher zu den Kindern führen, Fotographien und auch Filme machen. Ungewöhnlich war es in damaliger Zeit nicht, dass einem Pädagogen oder Psychologen die eigenen Kinder die wichtigsten Studienobjekte wurden. So war es bei dem Hamburger Kinderpsychologen William Stern mit seinen drei Kindern und bei dem Genfer Entwicklungspsychologen Jean Piaget mit seinen ebenfalls drei Kindern. Bei diesen Beobachtungen entstanden große Konvolute von Tagebüchern und Protokollen, bei Stern und Décroly sicher mehrere tausend Seiten. Die Papiere Décrolys befinden sich in einem Brüsseler Décroly-Archiv. Daraus ist wenig veröffentlicht, in deutscher Sprache liegt fast nichts davon vor. Décroly erstellte so genannte Psychogenesen. Das bedeutete, er beschrieb die psychische Entwicklung und Fähigkeitsentwicklung von einzelnen Kindern und Jugendlichen über eine ganze Anzahl von Jahren. Dabei interessierte ihn, wie sich die Wahrnehmung der Kinder im Laufe der Zeit veränderte: die Wahrnehmung von Farben, die Wahrnehmung von Mengen, die Wahrnehmung der Zeit, die Wahrnehmung des Alterns der Menschen; und welche Gedanken sie sich machten, z. B. woher die Lebewesen kommen, was wertvoll ist im Leben, ob sie sich im Wettbewerb mit anderen Kindern sahen (Dubreucq, S. 4). Dabei sollten nicht nur Äußerungen der Kinder festgehalten werden, auch nichtverbale Reaktionen der Körpersprache wurden erfasst – daher die Wichtigkeit von Fotos und Filmen, ebenso Zeichnungen der Kinder. Festgehalten wurde z. B., welche Fragen Kinder stellten, und die können ja manchmal wirklich überraschend sein und tiefsinnig.

Von da ging Décroly weiter z. B. zu der Frage: Was ist denn Intelligenz? Er sah in intelligentem Verhalten eine Verfeinerung von Instinkten. Zu der Beobachtung der Kinder gehörte auch der Einsatz von Tests. Es gab ja bereits Intelligenztests und es gab den IQ – den Intelligenzquotienten. Geschaffen hatte diese Instrumente der französische Psychologe Alfred Binet zusammen mit dem jüngeren Kollegen Théodore Simon. Décroly war jedoch mit dem Intelligenztest unzufrieden. Er war ihm zu einseitig, betonte besonders Intelligenzfunktionen, die für die Schule wichtig waren. So konstruierte er auch Fragebögen, um die Gefühlsreaktionen von Kindern gegenüber ihrer Umwelt zu unterscheiden. (Dubreucq, S. 6) Ebenso konstruierte er Bilderfolgen, zu denen sich die Schüler äußern sollten (Hamaïde, S. 160,161), z. B. Bilder von einer Feuersbrunst, von dem Diebstahl von Orangen, vom Geschenk eines neuen Hutes. Die Schüler zeigten Gefühlsreaktionen auf diese Bilder: Erschrecken über die Feuersbrunst, Empörung über den Diebstahl, Besitzwunsch beim Hut. Der Umgang mit so genannten geistig schwachen und sprachgestörten Kindern hatte Décroly davon überzeugt, dass wir Kinder einseitig beurteilen – entsprechend denselben Vorstellungen und Kriterien, die auch für die schulische Bildung die größte Rolle spielen. Und diese Kriterien sind an die sprachlichen Leistungen gebunden, in mündlicher und schriftlicher Form. Das ist ein jahrhundertelanger Einfluss einer kulturell dominanten Schicht. Décroly aber war vom Verderbnis der Schule seiner Zeit überzeugt. Daher studierte er die nichtsprachlichen Äußerungsformen und Ausdrucksformen der Kinder besonders intensiv und entdeckte, welche Fähigkeiten auch die angeblich geistig schwachen und sprachgestörten Kinder haben. Décroly entwickelte seitenlange Listen von Kriterien, die bei Kindern erfasst werden sollten. Jedes Kriterium wurde vom Beobachter mit einem Zeichen bedacht. Der Beobachter wählte aus fünf möglichen Zeichen eines aus, z. B. + hieß: die Eigenschaft ist vorhanden, – hieß: sie fehlt, das Fragezeichen hieß: nicht beantwortbar (Hamaïde, S. 122). Die Kriterien beginnen mit solchen Neigungen, die der Selbsterhaltung dienen, wie Appetit, Empfindlichkeiten, Stolz, Sammelleidenschaft, Abwehrverhalten etc. Sie gehen weiter zu den Neigungen, die sozialer Natur sind, also der Arterhaltung dienen, wie Sympathie, Nachahmung etc. Es muss eine Riesenarbeit sein, diese 300 oder mehr Kriterien bei einem Kind abzuarbeiten. Ähnliche Tests entwickelte Decroly auch für die Berufsberatung: Es sollte herausgefunden werden, zu welchem Beruf ein Jugendlicher Begabung hatte.

Décroly war überzeugt: Wenn man dem Kind das richtige Material in die Hand gibt, es beobachtet und ihm die richtigen Fragen stellt, wird es ausdrücken und zeigen, was in ihm ist, welche Neigungen und Fähigkeiten es hat. Aber Décroly stellte keine Norm auf, welche Fähigkeiten ein Kind erreichen müsse. Er beobachtete es in seinem freien ungezwungenen Tun. Daher entstanden auch Berge an Protokollen. Bei Piaget z. B. war das anders. Er stellte eine Norm der vollständigen Fähigkeit auf und untersuchte die Stufen, auf denen sich die Kinder im Laufe der Jahre dieser Fähigkeit näherten. Daher konstruierte Piaget Experimente, um zu überprüfen, ob die Kinder z. B. noch auf der Fähigkeitsstufe 2 oder schon auf der nächsthöheren, also Fähigkeitsstufe 3 waren. So beobachtete Piaget die Kinder vorwiegend bei den von ihm selbst angesetzten Experimenten, um zu sehen, wie sie die jeweils gestellten Probleme lösen wollten oder lösten. Die Beobachtungen waren also bei Piaget viel gezielter und begrenzter und wissenschaftlich gut auswertbar. Das konnte man von den Beobachtungen Décrolys nicht sagen: Sie folgten dem Handeln der Kinder und nicht der Versuchslogik des Psychologen. Also waren Décrolys Beobachtungen ungerichtet, prinzipiell nicht eingegrenzt, sondern unbegrenzt. Das machte die Auswertung sehr schwierig, fast unmöglich. Aber dem geschulten Beobachter, der mit einem Kriterienspiegel für die Beobachtungen, mit Fragelisten und Tests ausgerüstet ist, enthüllen die Kinder, wohin sie streben, was sie leisten können, auch welche inneren Hemmnisse sie haben – und so sagen sie ihm indirekt, welche erzieherische Unterstützung sie von ihm erwarten. So werden sie zu Führern oder Lenkern ihrer Erziehung – einer Erziehung, die durch den psychologischen Blick sehend geworden ist. Wir erinnern uns, dass auch Korczak durch die Kinderforschung in seiner Zeit angeregt wurde. Er hatte Studienreisen nach Berlin unternommen, nach Paris und nach London (Sobecki, S. 55) – alle noch vor dem Ersten Weltkrieg. So kannte er führende Kinderforscher und Kinderpsychologen in Europa. In Berlin z. B. verbrachte er neun Monate; er informierte sich über Reformschulen, über neue Entwicklungen der Kindermedizin, der Pädiatrie, und der Kinderforschung. Für die Kinderforschung bürgerte sich damals das Wort Pädologie ein. **Pädologie** wurde oft in Beziehung zur Pädiatrie, also Kindermedizin, gesehen. Noch heute gibt es eine Zeitschrift mit dem Titel »Pädiatrie – Pädologie«. Die Arbeit mit Tests wie dem Intelligenztests und weiteren Persönlichkeitstests gehörte zur Pädologie, sie war ein wichtiges Werkzeug der Kinderforschung. Alfred Binet, der schon früh den Intelligenztest entwickelt hatte, war auch Mediziner und arbeitete in einem neurologischen Institut.

Heute haben die **Hirnforscher** einen Einfluss auf die Pädagogik. Sie sind Biologen oder Mediziner. Am bekanntesten in Pädagogenkreisen ist Manfred Spitzer. Wenn er öffentlich spricht, besteht sein Auditorium aus Hunderten von Lehrern. Er ist Direktor der Psychiatrischen Universitätsklinik Ulm. In unserer Bibliothek haben wir eine DVD von einem seiner öffentlichen Auftritte und Sie können sich diese ausleihen und zu Hause ansehen. Sie hat eine Länge von ca. 150 min, daher brauchte man zwei

Vorlesungen, um sie zu zeigen. Die Kernthese von Spitzer lautet: das Gehirn lernt immer. Es kann nie ruhig sein. Was das Gehirn im Schlaf tut, habe ich allerdings bei Spitzer noch nicht herausgefunden. Das Gehirn verarbeitet alle Eindrücke weiter. Darum ist nach seiner Meinung der lange und häufige Fernsehkonsum und Computerkonsum von Kindern und Jugendlichen gefährlich. Alles wird eine Wirkung haben. Für die Lehrer ist Spitzers Botschaft eher beruhigend als beunruhigend: Der Lehrer kann der Hirntätigkeit der Schüler vertrauen, es verarbeitet die Impulse des Unterrichts weiter, wenn auch vielleicht langsamer und etwas anders als die Lehrer erwarten. Neben Spitzer ist der Bremer Biologe Gerhard Roth bekannt in Lehrerkreisen als Vertreter der sogenannten Neurodidaktik. Er leitet im Fachbereich Biologie der Universität Bremen das Institut für Hirnforschung. Er äußert sich vor allem zur Frage der Willensfreiheit: Selbst bei Straftätern sieht er eine starke Determination durch Hirnstrukturen, also begrenzte Schuldfähigkeit. Gerald Hüther ist Neurobiologe und arbeitet in Göttingen am Max Planck Institut für Experimentelle Medizin. Er ist in Lehrerkreisen ebenfalls bekannt, weil er sich mit dem ADHS -Syndrom befasst hat. Er betont die prägende Wirkung der Sinneseindrücke in den ersten neun Monaten des Lebens. In seiner Untersuchung zum ADHS-Syndrom, dem Phänomen der Aufmerksamkeitsstörung bei Kindern, das manchmal von Hyperaktivität, also großem motorischen Bewegungsdrang begleitet wird, kommt Hüther zu einer kritischen Bewertung von Medikamenten mit dem Wirkstoff Ritalin, die solchen Kindern oft verschrieben werden. Hüther glaubt, dass Ritalin später im Leben die Parkinson'sche Krankheit auslösen kann. Diese These hat ihm Tadel von Medizinern eingebracht.

Wir erleben heute – seit etwa 15–20 Jahren – also etwas Ähnliches wie es vor 90–100 Jahren stattfand: ein Einfluss von Neurologen auf die Pädagogik. Damals hieß die neue Richtung Pädologie, heute vielleicht Neurodidaktik oder in Zukunft noch anders. Damals wie heute war nicht ausgemacht, was die neue Richtung zur Pädagogik beitragen kann. Doch gründeten damals einige der Kinderforscher oder Pädologen auch eine eigene Pädopraxis, wie wir es von Décroly gehört haben, auch von Montessori und von Korczak. Die heutigen Hirnforscher widmen sich ganz der Forschung und wirken durch Vorträge. Die Frage, die viele Interessierte damals stellten, war: Gibt es einen Weg von der Kinderforschung zur Pädagogik? Ebenso wird heute gefragt: Gibt es einen Weg von der Hirnforschung zur Pädagogik? Damals richtete sich die Forschung vorwiegend auf die Sinnestätigkeit, also die Ausbildung des Gesichtssinnes, des Hörsinnes, des Tastsinnes und Gleichgewichtsinnes (weniger des Geruchs- und Geschmackssinnes). Man fragte nach der Behaltensfähigkeit der Sinne, ihrer Gedächtnisfähigkeit. Ferner interessierte man sich für das Phänomen Intelligenz in seinen inhaltlichen Varianten. Das Denken, die Welterklärung, das Verstehen von Beziehungen – waren wichtige Themen. Die materiellen biologisch-chemischen Vorgänge im Gehirn waren noch nicht im Blick.

Man schloss höchstens rückwirkend auf Vorgänge im Gehirn; man wusste schon manches von Gehirnregionen, konnte aber die Vorgänge nur in Bildern beschreiben. Ob es heute grundsätzlich anders ist, weiß ich nicht. Für die Pädagogik ist ja die Frage: Kann uns der tiefere Blick in das Kind und den Jugendlichen hinein – in seine Entwicklung, seine Kräfte und Tendenzen hinein – sagen, wie wir es führen sollen, wie wir es erziehen und bilden sollen? Gewinnen wir Einsichten in das Kind bzw. in Kinder, die uns weiterführen in unserem pädagogischen Umgang mit ihnen?

Es ist natürlich erst einmal ein grundsätzliches Problem, dass es das Kind nicht gibt, auch nicht den Jugendlichen. Die Pädagogik ist immer in der Gefahr, mit angenommenen, vermuteten Durchschnitten umzugehen: das durchschnittliche Kind, der durchschnittliche Viert- oder Fünftklässler, der durchschnittliche Abiturient, der durchschnittliche Student oder die durchschnittliche Studentin. In der Praxis, so ist die Schlussfolgerung, muss man dann individueller auf die Einzelnen eingehen. Aber um sich zu orientieren, schafft sich der Pädagoge oft eine Durchschnittsannahme. Dahin tendieren ja auch Psychologie und Soziologie. Sie helfen sich meist, indem sie mehrere Typen bilden, das hat auch Décroly getan. So hat man schon eine kleine Vielfalt – in diesen Wissenschaften sagt man Varianz – , aber beileibe ist man noch nicht bei den wirklichen Individuen angekommen, bei den vielen sich unterscheidenden Einzelnen. Piaget hat sich aus diesem Dilemma herausgewunden, in dem er voraussetzte, dass Intelligenz etwas Allgemeines sei, dass Intelligenz bei allen Menschen nur dieselbe sein könne, so dass er sagen konnte: Alle Menschen durchlaufen prinzipiell dieselben Stufen der Intelligenzentwicklung. Manche kommen bis zur obersten Stufe, andere bleiben auf einer unteren Stufe stehen, aber die Stufen sind prinzipiell für alle Menschen gültig. Das ist natürlich auch eine Durchschnittsannahme: Im Grunde geht es um die durchschnittliche Intelligenz, die normale Intelligenz, die mehr oder weniger alle Menschen teilen. Für Piaget galt die Vorstellung der Stufen auch kulturenübergreifend. Sie erschienen ihm als etwas Allgemeines. Anders war es bei Décroly. Er beobachtete einzelne bestimmte Kinder, so ja auch William Stern. Beide sammelten so viele Beobachtungen wie möglich, zunächst ohne die Frage, wie man all die niedergeschriebenen Beobachtungen auswerten und interpretieren könne. Piaget sammelte nur solche Beobachtungen, von denen er wissen konnte, dass sie ausgewertet werden können, nämlich die Beobachtungen vom Verhalten der Kinder in den Experimenten. So machen das heute auch Psychologie und Soziologie. Sie lassen sich in der Regel erst gar nicht auf Beobachtungen ein, von denen nicht klar ist, wie man sie auswerten soll. Sie geben einen Rahmen für das Verhalten der Probanden – und haben ihre Auswertungsmethode für die Beobachtungen schon in der Hinterhand. Sie legen die Situationen des Handelns fest, die beobachtet werden. Da kommt der Pädagoge nicht mit, denn er fragt schlicht: Was ist mit all dem spontanen Verhalten der Menschen außerhalb der strukturierten Experimentalsituationen, ist es nicht wert, beobachtet und interpretiert zu werden? Würde das spontane Verhalten keine Erkenntnisse liefern? Der Pädagoge braucht ja keine Gesetzmäßigkeiten des kindlichen Verhaltens, das würde nur das Durchschnittsdenken befördern. Der Pädagoge muss den Blick auf das einzelne Kind, den einzelnen Jugendlichen gewinnen. Aber wie soll die Wissenschaft mit den vielen Einzelnen umgehen? Wenn man an die ausführlichen Psychogenesen von Décroly – über Jahre hin geführte Beobachtungen – denkt: Wie soll die Wissenschaft mit hunderten solcher Psychogenesen umgehen? Durchschnitte zu bilden, wäre das Simpelste; Typen zu bilden, wäre schon aufschlussreicher, man hätte jeweils eine große Zahl von Einzelnen in einem Typus gebündelt. Vier oder fünf Typen würden mehr aussagen als ein Durchschnitt. Wie soll aber der aktive Pädagoge Kinderforscher sein? Wie soll er es machen, wie soll er beobachten, das Beobachtete niederschreiben und interpretieren?

Von Korczaks Tagebüchern existiert nur noch das letzte, aus dem Ghetto. Es wird aber gesagt, dass Korczak nicht die Namen einzelner Kinder in seine Tagebücher aufnahm, weil er nicht zur Charakteristik einzelner Kinder gelangen wollte. Abgesehen von den Messdaten, die er täglich aufnahm, sozusagen als Arzt, schrieb er Episoden auf, kleine Vorkommnisse, und schrieb meist in der Art: Ein Kind hat etwas getan. Solche Episoden dienten ihm zur Reflexion. Auch die Reaktionen anderer Kinder schrieb er auf. Er wollte das Handeln und Sprechen der Kinder verstehen. Durch das Notieren übte er sich im Verstehen (Ungermann, S. 147 f). Er schrieb auch sein eigenes Verhalten gegenüber Kindern auf, seine Aussagen und Reaktionen. Einiges aus seinen Tagebüchern ist in seine Bücher eingeflossen. Dazu ein Beispiel: »Du bist jähzornig«, sage ich zu einem Jungen; »Nun ja, dann schlage nur zu, aber nicht zu fest; brause nur auf, aber nur einmal am Tag.« In dieser kurzen Aussage, so meint er, habe er seine ganze Erziehungsmethode zusammengefasst (Ungermann, S. 148). Er hat einen nachteiligen Charakterzug eines Jungen erkannt, diesen will er nicht ändern, er anerkennt, dass der Junge nicht anders kann, aber er gibt ihm zu verstehen, dass er sich mäßigen kann. Genauer gesagt: Der Junge soll sich selbst beobachten, soll sich ein realistisches Ziel setzen: »nur einmal am Tag«. Wenn er erst einmal die Aufmerksamkeit auf sein Verhalten richtet, dann wird es sich allmählich ändern. Das Verhalten ist nicht sanktioniert, einmal am Tag ist erlaubt. Wenn es also passiert, wird der Junge nicht verurteilt. Hinter diesem Satz steckt natürlich eine kleine Episode – eine Situation, in welcher der Junge jähzornig wurde, aber diese ist nicht überliefert. Korczak schrieb aber nicht nur ins Tagebuch, eine seiner Erzieherinnen schrieb, dass in seinen Taschen, gemeint sind offensichtlich Hosentaschen und Jackentaschen, viele graue Kärtchen steckten, auf die er schnell etwas notierte (Sobecki, S. 219). Es wird gesagt, dass er im dritten Stockwerk des jüdischen Waisenhauses Tausende von Protokollen, Tabellen, Kurven, Diagrammen, Listen und Zahlen in Heften und Aufstellungen verbarg. Korczak sagte, das seien

Ziegelsteine für einen Gesamtbau des Kindes (Sobecki, S. 220). So also konnte es aussehen, wenn ein praktischer Pädagoge zugleich Kinderforscher war. Korczak sah sich als Wissenschaftler. Die Pädologen waren nicht der Meinung, dass für die Erforschung der Kinder Sympathie und Empathie ausreichten, wenn diese auch unerlässlich seien (Sobecki, S. 216). Sie boten den Pädagogen auch Tests als Werkzeuge an (Sobecki, S. 146). Über den Wert der Intelligenztests gab es unterschiedliche Meinungen, wie wir schon bei Décroly gesehen haben (Sobecki, S. 216). Auch Korczak blieb gegenüber Intelligenzmessungen distanziert (Sobecki, S. 217). Dennoch gab es den Ehrgeiz, dass auch Lehrer und Praktiker an der wissenschaftlichen Kinderforschung teilnehmen sollten. Das galt als selbstverständlich für Kinderforscher in den USA und England, die statt Pädologie meist »child study« sagten, es galt für die belgischen und die polnischen Pädologen, die damals die stärksten Bewegungen der Pädologie in Europa aufwiesen.

Warum war es so wichtig, dass Lehrer selbst Kinderforschung betrieben? Damals stand noch die pädagogische Relevanz der Kinderforschung im Vordergrund. Ganz im Sinne des Satzes von Decroly: »Wir führen die Kinder, während sie uns führen sollten.«

In der Child Study – Bewegung in den USA gab es sogar Klubs von Müttern und Kindergärtnerinnen, die Child Study betrieben. Sie schrieben Beobachtungen und Reflexionen auf, die sie Kinderforschern an Universitäten zuleiteten (Depaepe, S. 136). Heute würde man milde lächeln darüber, aber die Mütter und Kindergärtnerinnen richteten den Blick der Forscher auf die alltägliche Realität. Unmöglich zu denken, dass Hirnforscher heute Mitteilungen von Müttern oder Kindergärtnerinnen aufgreifen würden. An dieser Bewegung lässt sich ablesen, dass es zu einem Bruch zwischen den Praxis-Forschern und den Hochschulforschern kommen musste. Es mehrten sich die Stimmen aus den Hochschulen, dass die Praktiker als Kinderforscher keine übertragbaren Ergebnisse hervorbrächten, weil sie methodisch nicht geschult seien. Immerhin hatten die lehrerbildenden Hochschulen sogenannte Übungsschulen oder Laborschulen eingerichtet, also öffentliche Schulen, die den Lehramtsstudenten Gelegenheit boten, Kinder zu beobachten. Diese Chance wurde zunehmend als eine Einstimmung der Studenten auf die spätere Berufstätigkeit gesehen, aber immer weniger als eine Möglichkeit, Studenten an der Kinderforschung zu beteiligen. Das bedeutete auf längere Sicht, dass das pädagogische Motiv hinter der Kinderforschung schwächer wurde und stattdessen eine Eingliederung in die Psychologie und die Soziologie erfolgte. Der Name »Kinderforschung« wurde häufig durch Kindheitsforschung ersetzt. Letztere ist ein soziologischer Terminus, der nur geringe Relevanz für die Pädagogik hat. In Deutschland hat die Pädologie ohnehin nur geringen Widerhall gefunden, in Deutschland gab es auch nicht die Verbindung von Medizin und Pädagogik, die zu Beginn der pädologischen Bewegung wichtig war. In Russland bzw. der Sowjetunion wurde die Pädologie durch ein Staatsdekret im Jahre 1936 verboten. Man sah darin eine Verzettelung der Kräfte der Lehrer. Der Blick der Regierenden war damals schon auf die Kollektiverziehung gerichtet. Dieses Verbot traf dann nach dem Zweiten Weltkrieg indirekt auch die polnische Pädagogik. An den Universitäten in Westeuropa setzten sich die Methoden der Psychologie und der Soziologie durch. Davon konnte die Pädagogik nicht profitieren. So blieb die Pädologie eine etwa dreißigjährige Episode in der Geschichte der Pädagogik. Die umfangreichen Materialien von Décroly und anderen Kinderforschern blieben größtenteils unveröffentlicht. In Deutschland kann man sich über die Pädologie eigentlich nur durch das Buch eines belgischen Erziehungswissenschaftlers informieren, Marc Depaepe, das aus dem Flämischen übersetzt wurde, und durch ein neues Buch einer polnischen Sozialpädagogin über Korczak. Die Autorin heißt Małgorzata Sobecki. Sie hat dieses Buch an der Universität Kassel in deutscher Sprache geschrieben und dort als Dissertation eingereicht. Heute ist sie Lehrerin in Deutschland.

Bedeutet dieses, dass mein Grundsatz: »Lass die zu Erziehenden Lenker deiner Erziehung sein« gar nicht realisierbar ist? Das wäre der erste Grundsatz, für den wir kein wirklich überzeugendes praktisches Beispiel gefunden haben. Dennoch möchte ich noch einmal an einem Zitat von Korczak zeigen, wie dieses Erziehen mittels Geführtwerdens durch das Kind aussehen könnte. Małgorzata Sobecki zeigt, wie zentral Korczak in der Bewegung der Pädologie stand, wenn ihm auch eine systematische Darlegung der Ergebnisse seiner Kinderforschung nicht möglich war. In dem polnischen Kinderheim, dem Našz Dom, sammelte Korczak Kinder aus Arbeiterfamilien, deren Eltern nicht mehr für sie sorgen konnten. 1919 wurde dieses Heim eröffnet. Korczak schaute ein bisschen voraus, als die Kinder einzogen. Was wird aus jedem werden? Was steckt in jedem, wohin streben die einzelnen? Im Verlaufe ihres Lebens im Kinderheim wird es sich zeigen. Das Kinderheim war im Unterschied zum jüdischen Kinderheim mit einer Schule verbunden, sozusagen ein Schulheim. Korczak dachte voraus. »Das Kind wird ein Arbeiter sein, ein Bürger, ein Arbeitsgeber, aber man muss warten. Geduldig warten. Aufmerksam warten. Von Stunde zu Stunde zuschauen, denken und überdenken. Schauen, denken und wieder warten. Vorsichtig, sehr vorsichtig handeln, und das nur in bestimmten Momenten – in den entsprechenden – mit kleinen Bewegungen, einem Flüstern, einem Lächeln, einem kleinen Runzeln der Brauen.« (Nach Sobecki, S. 217. Zitiert aus Sämtliche Werke, Band 9, S. 204) So beschreibt Korczak – etwas poetisch – das Wechselspiel von Beobachten, aufmerksamem Beobachten, Denken und kaum spürbarem Handeln, zurückhaltendem Intervenieren, nämlich – so wie er es liebte – vorwiegend nonverbalem Intervenieren. Er sagte bei dieser Gelegenheit, dass er im Našz Dom vorleben möchte, wie in Zukunft die Arbeiter die Seele ihrer eigenen

Kinder beachten werden und sie in die Zukunft führen werden. Die ältere Kollegin Korczaks, Józefa Joteyka, die in Polen die Pädologie begründete, benutzte den Begriff »introspektive Pädologie« (Sobecki, S. 143). Damit war eine Forschungsweise gemeint, in der vor allem Produkte der kindlichen Aktivität und des kindlichen Lernens gesammelt wurden: Aufsätze, Bilder, Modellierungen, Handarbeiten. Diese zu interpretieren, ist ohne ein gewisses Maß an Intuition nicht möglich. Eine exakte Methodik gibt es dafür nicht. Das bedeutet, der Kinderforscher fühlt sich ein in den kindlichen Ausdruck. Für Korczak hatte das intuitive Erfassen kindlicher Gedanken und Gefühle einen festen Platz – neben den Messungen mit ihren Zahlenangaben. Józefa Joteyka (1866 – 1928) verbrachte 17 Forscherjahre in Brüssel und stand dort in Verbindung mit Décroly. Ihren medizinischen Doktor erwarb sie in Brüssel, weil Frauen damals an den polnischen Universitäten noch nicht studieren durften, wie übrigens auch nicht an den deutschen. Es blieb auch für sie schwierig zu sagen, wie Ergebnisse der pädologischen Forschung in den pädagogischen Umgang mit Kindern und Schülern eingehen sollten. Die pädologische Bewegung war stark und verheißungsvoll gestartet, blieb aber unvollendet. Dafür gab es innere und äußere Gründe. Die inneren bestehen vor allem in der Unvereinbarkeit zwischen methodischer experimenteller Forschung in wissenschaftlichen Instituten und der pädagogisch motivierten Forschung von Praktikern in der laufenden Praxis. Die großen Mengen an schriftlichen Notizen und Protokollen und auch an Messdaten konnten nicht ausgewertet werden. Es kamen auch äußere Ursachen hinzu. Dazu gehören die beiden Weltkriege, die viele Verbindungen zwischen Kinderforschern in den europäischen Ländern unterbrochen haben, und auch das Verbot durch die Stalinsche Bürokratie. Dennoch behält das Ziel eine Faszination, mittels Kinderforschung eine Erziehung zu befördern, in der das Kind den Erzieher führt.

Mir scheint, dass Maria Montessori der Weg von der Kinderforschung in eine dem einzelnen Kinde zugepasste Erziehung zu einem guten Teil gelungen ist. Sie wird nicht zur Pädologie gerechnet, nahm aber an pädologischen Kongressen teil (Depaepe, S. 126). Sie hat keine eigentliche Kinderforschung betrieben, sondern eher den Umgang der Kinder mit ihrem didaktischen Material erforscht, war also früh schon auf ihr didaktisches Material konzentriert. Sie hat aber bedeutende theoretische Beiträge zum Verständnis der kindlichen Entwicklung geleistet. Schon als sie in der Neurologischen Klinik in Rom mit geistig behinderten Kindern umgehen musste, setzte sie früh Material ein, an dem die Kinder einzelne Sinne schulen können. Sie entwickelte dieses weiter, und man muss sicherlich sagen, dass das Material genial konstruiert ist und in einer großen Variation vorhanden ist. Dieses Material der vielseitigen Sinnesschulung eignet sich auch für die Erziehung nichtbehinderter Kinder im Vorschulalter, es wurde die wichtigste Säule des Montessori – Kindergartens und wurde später der Idee nach bis in die Grundschule hinein weitergeführt. Die Kinder können mit diesem Material völlig selbstständig arbeiten – Montessori sagt nicht ›spielen‹ – es hat eine immanente Fehlerkontrolle. Die Lehrerin – Montessori sagt nicht ›Erzieherin‹ – kann deshalb die Kinder gut beobachten, weil sie überwiegend still und allein arbeiten. Die Lehrerin sieht, durch welches Material das einzelne Kind momentan motiviert ist, denn die Kinder holen das Material selbstständig aus dem Schrank. Sie sieht, wie lange ein Kind mit einem Material arbeitet, ob es so lange an dem Material bleibt, bis es dieses beherrscht, wie oft es wiederholt, wie viele der Materialien es überhaupt schon beherrscht. Das Kind zeigt der Lehrerin also durch seinen Umgang mit dem Material, wo sie behutsam einen Hinweis geben sollte, wo sie die Aufmerksamkeit des Kindes auf ein neues Material lenken sollte, bei welchem Kind der richtige Zeitpunkt für die Lektion zum Erlernen von Buchstaben da ist. Die Forschung Montessoris war sozusagen ihr mehrjähriges Entwickeln und Erproben des Materials. Mit Hilfe dessen kann sie nun Kinderforschung in der pädagogischen Praxis betreiben – in der Weise, dass sie die geistige Entwicklung jedes einzelnen Kindes erfassen kann und die Angemessenheit pädagogischer Hilfe erkennt – überwiegend auf der Basis des Umgangs mit dem didaktischen Material. Auch für die soziale und emotionale Entwicklung gibt es Beobachtungspunkte, allerdings nicht so methodisch wie bei der Schulung von Sinnen und Intellekt. Montessoris Methode baut auf dem grandios konzentrierten und durchdachten vielfältigen Material auf. Es stellt nahezu von sich aus eine besondere erzieherische Beziehung zwischen der Lehrerin und jedem einzelnen Kind her. Auch Momente der Gemeinschaftserziehung sind enthalten. Das vom Material angezogene, mit dem Material beschäftigte Kind gibt aus seiner Beschäftigung heraus, ohne es zu wissen, der Lehrerin Hinweise auf das Bedürfnis nach Hilfe, Unterstützung, Begleitung, Lob und Korrektur.

Der Gedanke von Décroly: ›Wir führen die Kinder, während sie uns führen sollten‹, ist hier verwirklicht. Die Kinder können führen, weil der Umgang mit dem Material Hinweise für die Lehrerin enthält. Diese Lösung unseres Problems ist allerdings beschränkt auf die Basis des Montessori – Materials. Es ist eine spezielle Lösung, deren Anwendungsradius begrenzt ist, aber es ist eine mögliche Lösung. Man kann sagen: Das Material führt die Kinder, erst dadurch können sie zu Führern ihrer Erziehung werden. Montessori hat entschieden: Es muss eine Basis geben, von der es den Kindern möglich ist, Lenker ihrer Erziehung zu werden.

Die unvollendet gebliebene und bis heute unbefriedigend dokumentierte breite Bewegung der Pädologie, an der sich viele Wissenschaftler und Praktiker in einer größeren Zahl von Ländern beteiligten, bleibt m. E. eine Herausforderung. Sie erinnert uns daran, dass wir in der soziologischen Kindheitsforschung und der psychologischen Entwicklungsforschung die Verbindung zur pädagogischen Aufgabe verloren haben.

»Lass die zu Erziehenden zugleich Lenker deiner Erziehung sein!«

- **Schaffe dir in der pädagogischen Praxis die Freiheit des Notierens von Episoden, zum Zwecke der späteren Reflexion.**
- **Schaffe pädagogische Situationen, in denen die Kinder unaufgefordert ihr Bedürfnis nach erzieherischer Begleitung zeigen können!**
- **Erschließe aus Äußerungen und Hervorbringungen der Kinder Gedanken und Gefühle der Kinder!**

Literatur:

Depaepe, Marc: Zum Wohle des Kindes? Pädologie, pädagogische Psychologie und Experimentelle Pädagogik in Europa und den USA, 1890 bis 1940. Weinheim: Deutscher Studienverlag 1993.

Dubreucq, Francine: Profiles of educators: Jean-Ovide Decroly (1871–1932). In Prospects 22 (1992) 3, S. 379–399. (URL: http://www.ibe.unesco.org/fileadmin/user_upload/archive/publications/ThinkersPdf/decrolye.pdf)

Freinet, Élise: Erziehung ohne Zwang. Der Weg Célestin Freinets. Hrsg. von Hans Jörg. Stuttgart: Klett-Cotta 2009.

Hamaïde, Amélie: Die Methode Décroly. Deutsche Übersetzung von Marie-Therese Pape. Weimar: Böhlau 1928 (französisches Original: 1922).

Sobecki, Małgorzata: Janusz Korczak neu entdeckt. Pädologe und Erziehungsreformer. Bad Heilbrunn: Klinkhardt 2008 (zugleich Dissertation Universität Kassel).

Ungermann, Silvia: Die Pädagogik Janusz Korczaks. Theoretische Grundlegung und praktische Verwirklichung 1896–1942. Gütersloher Verlagshaus 2006 (zugleich Habilitationsschrift Universität Wuppertal).

Vorbereitende Lektüre:

Text 22: Amélie Hamaïde: Die Methode Decroly. Deutsche Übersetzung von Marie-Therese Pape. Weimar 1928. (französisches Original: 1922). Auszug S. 7–20.

13. Vorlesung
»Erziehe dich im Erziehen auch selbst!«

Dieser Grundsatz klingt wiederum herausfordernd. Wir sollen uns selbst erziehen! Wir uns selbst! Wie soll das gehen? Ich bin doch ein und dieselbe Person. Ich soll mich also selbst ermahnen! Ich soll mir selbst ein Ziel setzen! Ich soll mich selbst bewerten! Ich soll mich vielleicht auch selbst loben und mir Fortschritte bescheinigen. Ich soll über mich selbst und mein Verhalten kritisch Rückblick halten! Ich habe doch zu mir gar nicht denselben Abstand wie zu einer anderen Person. Sich selbst loben – das tun doch viele, aber meist vor anderen. Fehler gestehen wir manchmal ein, aber lieber nur vor uns selbst und nur Kleinigkeiten. Was würde es auch nutzen, sich selbst herunterzumachen. Das macht zerknirscht und missmutig. Gewiss, man soll sich in seiner Berufstätigkeit entwickeln. Wir sollen wachsen als Persönlichkeit – auch als Lehrerpersönlichkeit oder als pädagogische Persönlichkeit. Vielleicht erreichen wir dann eine Reife im menschlichen Leben. Aber das kommt doch von allein – oder kommt eben nicht. Das kann man doch nicht herbeiführen, willentlich. Wenn da eine reifere Berufspersönlichkeit ist, die Vorgesetzte ist, dann kann sie den Anfänger vielleicht weiterbringen, dann kann sie einen erzieherischen Einfluss auf die weniger Erfahrenen ausüben, aber selbst kann man das doch nicht tun.

Der Grundsatz heißt: Erziehe dich im Erziehen auch selbst! Also »im Erziehen«. Damit ist gesagt: Ich kann an mir arbeiten, nicht nur indem ich zur Weiterbildung fahre, sondern im Umgang mit den Kindern und Jugendlichen selbst. Ich bin nicht nur aufmerksam auf die Kinder und Jugendlichen, sondern auch auf mich selbst. So ist der Grundsatz gemeint. Das was ich an mir selbst, an meinem Verhalten im Umgang mit den Kindern und Jugendlichen wahrnehme, muss ich schon in der Situation, vor allem aber später, wenn die Situation vorüber ist, reflektieren. Es ist für die Selbsterziehung wichtig, dieses zu tun. Die Impulse, die mir während der pädagogischen Situationen durch den Kopf schießen, sind vielleicht flüchtig, aber wir dürfen sie deswegen nicht schnell wieder abstreifen, sondern müssen sie später noch einmal hervorholen und reflektieren, in der Art: ›Ich hatte das Gefühl, das Kind wollte noch mehr sagen, aber ich schnitt ihm das Wort ab. Warum habe ich das getan? Aus Ungeduld oder weil ich ahnte, dass das Kind etwas sagen würde, worauf ich schlecht erwidern könnte?‹ Dieses Nicht – Aushalten von Situationen geschieht ja häufig. Warum? Habe ich unterschwellig eine Furcht und möchte mich nicht einlassen? Oder: ›Dieses Mal konnte ich einen Jugendlichen motivieren, eine gute

Sache zu machen. Warum gelang es dieses Mal?‹ Es gibt viele kleine Situationen, an denen wir uns als Pädagogen schulen können – im Praktikum fängt es schon an – aber es gibt auch größere Situationen, die in kurzer Zeit zu einem tiefer greifenden Wandel unseres Verhaltens führen, zum Beispiel eine konflikthafte Zuspitzung im Verhältnis zu den Kindern und Jugendlichen oder auch zu den Kollegen.

Zu dem Thema »Selbsterziehung des Erziehers« findet man allerdings kaum etwas in der Literatur. Es ist sicher auch schwer zu erfassen. Gute Ratschläge werden hin und wieder gegeben, aber es gibt keine Beispiele dafür, wie sich bei einem Pädagogen die Selbsterziehung des Erziehers wirklich vollzogen hat. Wer wollte das auch von sich selbst beschreiben! Es haben ohnehin nicht viele Pädagogen eine Autobiographie geschrieben. Ich wundere mich, dass dieses Thema in der Erziehungswissenschaft nicht zur Geltung kommt, denn es ist doch ein äußerst wichtiges Thema. Man kann zwar vieles finden über die Weiterbildung der Lehrer, aber die Selbsterziehung dürfte viel wirksamer sein als Weiterbildungsangebote. Doch offensichtlich möchte niemand sich auf dieses Thema tiefer einlassen, weil es schwer zu beobachten und zu beschreiben ist, wie Erzieher sich in der Erziehung selbst erziehen. Auch Biographen von Pädagogen denken sich in der Regel nicht in die inneren Vorgänge ihres Helden hinein, sondern beschreiben das Wirken. Ich werde versuchen, aus den Selbstaussagen von drei Pädagogen, Erkenntnisse zu diesem Thema zu gewinnen. Von zweien von ihnen haben wir schon gehört.

Ich ziehe zuerst einen Aspekt aus der umfangreichsten Biographie zu Korczak heraus. Die Biographie wurde von der Amerikanerin Betty Lifton geschrieben, erschien 1988 in New York und 1990 in deutscher Übersetzung in Stuttgart. Sie trägt den Titel »Der König der Kinder«. Den Aspekt, den ich herausgreife, möchte ich nennen: Die Krise führt zu einer Schule der Selbsterziehung. Eine Krise stellte sich ein, als **Korczak** zum ersten Mal Kinder in einer Sommerkolonie, also einem Ferienlager, betreute. Das war im Jahre 1907, Korczak war etwa 29 Jahre alt. Von den 150 etwa 10 jährigen Jungen, die eingetroffen waren, hatte Korczak 30 zu übernehmen. Korczak glaubte, er könne die Kinder mit Freundlichkeit lenken, aber erlebte die Wildheit der Jungen bereits bei der Ankunft. Als sie den Zug verlassen hatten, um mit dem Pferdewagen weiter transportiert zu werden, gab es sogleich den Kampf um die besten Plätze; die ersten verloren Taschen, Gebetbücher und Zahnbürsten. Es gab ein großes Durcheinander. Korczak war abends bereits mit den Nerven fertig. Dann ging es nachts weiter. Einige waren nicht gewohnt, allein in einem schmalen Bett zu schlafen und fielen heraus auf den Fußboden, manche stöhnten und sprachen im Schlaf. Am nächsten Tag bei Tisch ging es wieder um die Plätze, Jungen attackierten sich gegenseitig mit Gürtelschnallen und fingen auch an, Korczak mit Geräuschen zu reizen, deren Urheber er aber nicht finden konnte. Schließlich drohte er einem Jungen eine Bestrafung an, doch der war nicht beeindruckt, pfiff laut und Korczak zog ihn an den Ohren.

Korczak hatte sich ja durchaus mit pädagogischer Literatur beschäftigt, arbeitete als Kinderarzt und war mit vielen Ideen in die Sommerkolonie gekommen. Die Jungen merkten sogleich, dass er ihre Art nicht kannte, dass er mit ihnen nicht zu sprechen wusste, und begannen mit Rebellion, Verrat und Repressalien. So sah es Korczak. Was sollte er tun? Sich aufreiben, aufgeben oder einen Neuansatz versuchen? Er musste sich über Nacht umstellen. Etwas Neues versuchen, aus einer denkbar schlechten Startposition heraus. Und genau genommen wusste er nicht, was das Neue sein sollte. Von nun an kämpfte er um das Vertrauen der Jungen, und es war ihm klar, dass er nie mehr naiv-romantische Ideen über Kinder haben würde. Sein Nachdenken lässt sich dem später geschriebenen Buch entnehmen: Die Mojscheks, Joscheks und Sruleks. Korczak denkt sich in den sozialen Hintergrund der Jungen hinein, über den er nicht genug wusste (Lifton, S. 69–71). Er spricht im Blick auf das Leben der Jungen vom Königreich des Hungers, des Kummers und der harten Arbeit. »Seine Prinzen wissen von frühester Kindheit an, was ein Laib Brot kostet, wie man die kleinen Geschwister versorgt, was Arbeit heißt.« Traurige Gedanken und Schwarzbrot – das sind die Zeichen dieser sozialen Unterschicht. Die Schrift Korczaks ist Frucht der späteren Reflexion. Wie viel davon schon in der Situation der Sommerkolonie vorhanden war, kann man nicht wissen. Korczak musste sich klarmachen, dass diese Jungen ein anderes Leben führten als die Kinder der Mittelschicht. Untereinander hatten sie andere soziale Maßstäbe. Korczak musste mehr über ihr Leben, ihre Erlebnisse erfahren. Er selbst sprach nicht Jiddisch (Lifton, S. 82), er kannte das Leben der Mojsches nicht genug, der Kinder der armen Juden. Seine Familie war assimiliert an die polnische Kultur.

Die Selbsterziehung, die Korczak als Folge der Krise zu leisten hatte, war das Sich – Vertraut machen mit der Lebensweise der Kinder, die er vor sich hatte. Er musste die soziale Begrenzung seiner Herkunftsschicht sprengen. Fast alle Erzieher müssen sich der Aufgabe stellen, sich in die Lebensweise einer anderen sozialen Schicht hineinzudenken, seien es Migranten, seien es Hartz IV – Empfänger, seien es Zugehörige zu einer »Szene«. Erzieher müssen ihre eigene Sozialisation überschreiten. Das ist ein Teil der Selbsterziehung. Sie lernen, wenigstens teilweise, von den Voraussetzungen der ihnen anvertrauten Menschen her zu denken. Dieses durch die Krise erzwungene Lernen ist nicht einfach ein Zuwachs an Erfahrungen, es ist selbst ein krisenhafter Vorgang. Er führte Korczak in eine vorübergehende Verzweiflung, denn es kam ihm zu Bewusstsein, dass er die Kinder nicht aus ihrem Milieu herausholen konnte. Betty Lifton sagt über Korczaks traurige Einsicht: »Was nützte es, kranke Kinder zu heilen, nur um sie wieder in ihre ungesunde Umgebung zu entlassen?« (Lifton, S. 79) Diese Resignation zu überwinden, ist ebenfalls Teil der Selbsterziehung des Erziehers. Es gibt keine Sicherheit, dass wir den zu Erziehenden eine gute Zukunft geben können.

Für Korczak wiederholte sich die Krise noch einmal, obgleich er sich vor einer Wiederholung gefeit glaubte. Es war, als das neu erbaute jüdische Kinderheim in der Straße

Krochmalna eingeweiht wurde, das von der Gesellschaft für Waisenhilfe modern und komfortabel erstellt wurde. Korczak erwartete wie die Erbauer, dass die Kinder mit Freude aus ihren alten engen und mit primitiven Sanitäranlagen ausgestatteten Häusern ausziehen und das neue Haus in Besitz nehmen würden. Wie schon bei der ersten Krise, so hatte Korczak erneut das Falsche erwartet. Die Kinder erschraken vor dem Komfort und fürchteten sich vor dem hellen modernen Haus. Sie wussten nicht, wie sie das Haus sauber halten sollten; allein in eigenen Betten mit Bettwäsche zu schlafen – bei relativ weit auseinander stehenden Betten, das wirkte abweisend. Es wirkte unpersönlich, es zerstörte die Gemeinschaft. Korczak bemühte sich vergebens, ihnen Waschlappen und Besen als Gegenstände des Kunstschaffens schmackhaft zu machen (Lifton, S. 94). Die Kinder verweigerten sich. Diejenigen Kinder, die bisher dominant waren, versagten, sie konnten nicht mehr führen. Die Kinder waren untereinander nicht mehr kooperativ. Sie wendeten sich gegen Korczak, indem einige das Gerücht ausstreuten, es sei ein Wurm in der Suppe gefunden worden, so dass keiner mehr aß. Sie entwendeten Brot vom Tisch und versteckten es unter ihren Matratzen, denn sie glaubten nicht, dass es beim nächsten Mal wieder so viel geben würde. Ebenso entwendeten sie Besteck. Einiges Glas zerbrach. Korczak ergriff der ohnmächtige Zorn. Er brüllte die Kinder an und beschimpfte sie als Gauner. Die Tränen schossen ihm in seinem Zorn und seiner Hilflosigkeit in die Augen. Man muss es verstehen: der Stolz auf das neue Heim, an dessen Planung Korczak mitgewirkt hatte, und die unfassbare Enttäuschung über das Verhalten der Kinder. Jetzt gab es nur eins. Er musste seine Gefühle völlig unter Kontrolle bekommen, auch wenn vor seinen Augen beim Reinemachen mal wieder ein Urinal aus Porzellan zu Bruch ging, wahrscheinlich gar nicht aus Versehen. Er musste sich beherrschen und musste die Kinder einzeln überzeugen, bis wieder ein Gemeinschaftsbewusstsein entstand (Lifton, S. 94/95). Das dauerte etwa ein halbes Jahr. Dieses Geschehen spielte sich ab in der zweiten Jahreshäfte 1912 und der ersten Jahreshälfte 1913, also fünf Jahre nach der Krise in der Sommerkolonie.

Das Beherrschen-Können der eigenen Emotionen ist ein wichtiger Teil der Selbsterziehung des Erziehers. Korczak hatte sich seinen hohen Erwartungen überlassen, seine große Vorfreude war echt – und wir könnten sagen, sie war auch verdient. Und doch hätte vielleicht der Intellekt fragen sollen, ob die Kinder es ebenso empfinden wie er. Die Mischung von echtem Gefühl mit der Bereitschaft, dieses Gefühl auch zurückzuhalten, ist sicherlich eine der schwierigsten Lektionen in der Selbsterziehung des Erziehers. Besonders die berechtigte Empörung über unverständliches Fehlverhalten muss kontrolliert werden. Korczak glaubte, diese Lektion schon gelernt zu haben und musste sie doch zum zweiten Mal lernen. Der Erzieher darf nicht emotional unempfindlich werden, im Gegenteil, starke Gefühle wie Freude und Empörung sind wichtige Triebfedern, aber das Denken muss mitsprechen und sagen dürfen: Man könnte es vielleicht auch anders sehen.

Frau Stefania Wilczyńska, die starke Säule des Kinderheims, war ja ebenso wie Korczak aus allen Wolken gefallen, als die Kinder mit ihrem Widerstand gegen das neue Haus begannen. Beide mussten die Enttäuschung überwinden. Da das neue Haus größer war als das alte, kamen 50 neue Kinder hinzu – in diese schwierige Stimmung hinein. Stefania und Korczak mussten um das Vertrauen der Kinder werben. Sie hatten eine große Niederlage erlitten und mussten bescheiden bleiben gegenüber den Kindern. Sie mussten aufmerksam sein, aber auch entschlossen.

Zunächst war noch eine Schule in dem Heim, so wie es auch im polnischen Kinderheim Našz Dom war. Ein großzügiger Spender hatte dafür Geld gegeben. Demgemäß waren auch Lehrer im Heim. Diese hatten wenig Empfinden für die schwierige Erziehungssituation, auch nicht für die sensible Lage der Erzieher. Sie wollten ihre Stellung als Lehrer gewürdigt sehen und sahen sich insbesondere gegenüber dem so genannten technischen Personal als überlegen an – Köchin, Hausmeister, Waschfrau. Aber Korczak wusste, dass diese Personen in einem Kinderheim erzieherisch sehr wichtig sind, er benötigte auch diese Personen für sein Erziehungskonzept. So traf er eine mutige und radikale Entscheidung: Er schloss die Schule, entließ die Lehrer bis auf einen einzigen, und schickte die Kinder in eine benachbarte öffentliche Schule. Der übrig gebliebene Lehrer hatte die Aufgabe, den Kindern im Heim bei den Hausaufgaben zu helfen (Lifton, S. 95). Korczak hatte die Kraft zu einer solch radikalen Entscheidung, jetzt wo die ganze Einrichtung auf dem Spiel stand. Korczak hatte inzwischen eine geistige Vorstellung von seinem erzieherischen Konzept und hielt konsequent daran fest. Er scheute auch vor einer harten Entscheidung nicht zurück. Es ging jetzt darum, sich selbst und seiner Idee von Erziehung treu zu bleiben. So blieb es in den folgenden dreißig Jahren.

Es ist eigenartig, aber Korczak suchte nach einer weiteren Möglichkeit, die Kinder kennen zu lernen, die ihm manchmal so zusetzten. Er ahnte, dass sie noch eine andere Seite hatten. Daher sein gelegentliches Umherwandeln im Jungenschlafsaal. Dort lag manchmal einer wach, manchmal schluchzte einer. Korczak wollte auch die empfindsame Seite der Jungen ansprechen, die sie tagsüber nicht zeigten. Er wollte sich vergewissern, dass es diese empfindsame Seite gab. Und er erfuhr mehr über ihr Leben, ihre unglückliche Zeit bei Eltern oder Verwandten, die sie schließlich in das Kinderheim brachten. Ein Junge schlief nicht wegen Zahnweh. Er sprach Korczak an und er hatte Angst, wieder mit seinen Schmerzen allein gelassen zu werden, wie es bei einer Tante war, dann bei einem Onkel, dann bei einer unbekannten Frau, die ihn aufgenommen hatte. Nun hatte er Angst, dass auch Korczak ihn wieder wegschicken könnte. Er hatte doch den Ball über die Grenze geworfen. Korczak brachte ihn zum Einschlafen. Einer der wildesten Jungen, der andere beim Spielen störte und gerade eine Fensterscheibe zerbrochen hatte, schluchzte. Korczak sprach ihn leise an. Am Tage hatte er den Vorfall mit der Fensterscheibe abgestritten. Jetzt konnte Korczak ihm sagen, dass er wisse, es war nicht der Wind, es war der Junge selbst. Es kam kein Widerspruch. Korczak versuchte, die Ängste des Jungen wegzunehmen. Er sei ihm gar nicht böse. Er könne ruhig schlafen. Er bot ihm eine Extrasemmel an, aber der Junge wollte nicht. Sein Schluchzen wurde weniger. Ein wenig fühlte er sich getröstet, vielleicht war es auch erleichternd, dass er nicht mehr alles abstreiten musste.

Aber Korczak verbot sich jetzt alle Sentimentalität. Er erzog sich zum Realismus. Er sagte sich: Trotz allem – einige werden wieder weglaufen und eine Weile draußen herumstreunen, bis sie wahrscheinlich zurückkommen. Er durfte sich nicht einbilden, dass sie ihn lieben würden und aus Liebe gehorchen würden. Nein, er verstand jetzt, dass manche eine Art Nostalgie hatten. Sie fühlten, dass ihr früheres Leben nun zu Ende war, aber sie wollten es noch einmal sehen. Eine Art Abschlussschmerz. Er nahm diese gelegentliche Sehnsucht nicht persönlich, sie war nicht gegen ihn oder das Kinderheim gerichtet. Korczak hatte gelernt, er hatte sich im Erziehen selbst erzogen. Den Kindern gönnte er ihre Träume, aber er selbst durfte nicht mehr träumen, er musste Realist sein. Träumen führt dann, wenn es Widerstände gibt, rasch in die Resignation. Davor bewahrte sich Korczak, und das war sicherlich eine große Leistung der Selbsterziehung.

Als zweiten Pädagogen möchte ich für das Thema Selbsterziehung des Erziehers auf **Karl König** schauen. Ihn haben wir schon kennen gelernt als den Gründer der Camphills, dieser dorfgleichen Lebensgemeinschaften von behinderten und nichtbehinderten Menschen. Ihn lernten wir kennen in Verbindung mit dem Grundsatz: Mache dein Anliegen elementar. Wie schon bei Korczak ist es auch bei König schwierig zu erforschen, wie die Selbsterziehung des Erziehers verlief. Wie kann man so tief in solche Persönlichkeiten hineinschauen? Es gibt eine sehr schöne und gründliche Biographie über König. Sie hat sein jüngerer Mitarbeiter im schottischen Camphill geschrieben: Hans Müller-Wiedemann. Er ist selbst ein anthroposophischer Heilpädagoge geworden. Er schreibt als ein dankbarer Schüler oder auch jüngerer Freund, doch seine Biographie ist nicht aus der Haltung der Bewunderung geschrieben, er hat die persönlichen Notizen und Tagebücher Königs studiert und erfasst von mehreren Seiten her das Wesen dieses Menschen, der Arzt, Wissenschaftler, Heilpädagoge und ein geistlicher Mensch zugleich war. In dem Leben Karl Königs (1902 – 1966) ging es immer um das Bilden von Gemeinschaften. Heilpädagogik konnte für ihn nur das Werk einer Gemeinschaft erwachsener Menschen sein, die sich dieser Aufgabe gemeinsam widmen. In der Gemeinschaft musste ein Geist herrschen, der alle weiterbrachte im Verständnis dieser Aufgabe und in der Kunst dieser Aufgabe. Von seinem Naturell her war Karl König gar kein Gruppenmensch, er war eher ein Einzelgänger, wie auch Korczak. Aber anders als Korczak gründete König eine Familie, seine Frau und ihre gemeinsamen Kinder lebten mit in der Camphill – Gemeinschaft in Schottland. (Müller-Wiedemann, S. 294–296)

Wir kommen vielleicht nie so weit, geistige Beweger einer Gemeinschaft von Menschen zu sein, die wir zur Hingabe an eine Aufgabe führen. Wir sind wahrscheinlich durchschnittlicher, wir sind vielleicht einfach Arbeitnehmer und tun das, was uns als Pflicht aufgetragen wird. Dennoch aber kann uns der Blick auf Menschen helfen, die sich ganz und gar der selbst gewählten Aufgabe widmen. Vielleicht gehört es für jemanden, der mit einer Gemeinschaft von Menschen so etwas Neues beginnt, dazu, dass er trotz der Gemeinschaft, die ihn umgibt, auch einsam ist. Er kann nicht aufgehen in der Gemeinschaft, die er führen muss. Seine Vision geht weiter, er sieht, wie notwendig es ist für viele bedürftige Menschen, dass es solche Einrichtungen gibt. Daher treibt ihn auch eine Ungeduld, die den übrigen Mitgliedern der Gemeinschaft oft unverständlich bleibt, weil manche Mitglieder finden, es sei doch gut so. Der Leiter einer sozialpädagogischen Einrichtung sieht seine Aufgabe anders als die Mitarbeiter; er sieht nicht nur die Kinder oder Klienten, sondern auch die Mitarbeiter, die er führen und entwickeln muss. Wie für Korczak, so war es auch für König eine Herausforderung, das Tun der Gemeinschaft und darin sein eigenes Agieren zu »objektivieren«. So nennt es Müller-Wiedemann (S. 191). Das bedeutet im Grunde, die Entwicklung der Gemeinschaft als etwas Notwendiges zu begreifen und das Notwendige ihrer weiteren Entwicklung zu erkennen. Willensimpulse und Wünsche der einzelnen müssen geklärt werden durch den Bezug auf das Ideal der Gemeinschaft. Alle Mitglieder der Gemeinschaft erziehen sich selbst, und das geht nur, wenn allen ein gemeinsames Ideal vorschwebt (Müller-Wiedemann, S. 179). Dieses Ideal besteht letztlich darin, ein tieferes Verständnis des Menschen zu gewinnen, der menschlichen Schicksale und Bestrebungen. Darin gilt es letztlich die Aufgabe zu sehen, die dem Menschen auf der Erde gestellt ist.

Das klingt groß oder gar überhöht, aber nur ein solch großes Denken kann dem behinderten Kind helfen. Denn die Behinderung macht es dem behinderten Menschen schwer, sich als Teil der Menschheit zu sehen, als teilhabend an der menschlichen Aufgabe. Es war Königs Überzeugung, dass wir dem behinderten Kind vor allem unser Selbstverständnis als Mitmensch entgegenbringen, und dass es dieses als erstes und wichtigstes aufnimmt, auch wenn es in der Aufnahme unserer gesprochenen Sprache begrenzt ist und ebenso begrenzt in der Durchführung der von uns entgegengebrachten praktischen Aufträge. Von der Selbsterziehung der Erzieher, sich tiefer mit der menschlichen Bestimmung zu beschäftigen und zu identifizieren, geht ein Impuls auf die behinderten Menschen über. Aus dieser Haltung heraus können Ärzte und Erzieher auch Therapien finden. Dazu müssen sie sich ein Bild machen von den seelischen Folgen einer Behinderung. König selbst wiederum wollte einen Impuls von seiner eigenen Selbsterziehung auf die Mitarbeiter übertragen. Dazu musste er sich klarmachen, dass er von den Mitarbeitern keine emotionale Unterstützung erwarten durfte, keine »Tröstungen«, wie er sagte

(Müller-Wiedemann, S. 191). Das gehörte zur »Objektivierung«, zum realistischen Blick auf das Notwendige. Aus dem Geistigen musste er seine emotionale Stärkung beziehen. Das ist der Anspruch der Selbsterziehung.

König führte so genannte Kinderkonferenzen durch. Bei einem solchen Treffen ging es um ein einzelnes behindertes Kind. Es versammelten sich alle erwachsenen Personen, die mit dem Kind zu tun hatten: die so genannten Gruppeneltern, welche die so genannte Familie leiteten, in welcher das Kind lebte, ferner die Therapeuten für Eurythmie, für Kunsttherapie, ferner auch die Köchin, Lehrer und Ärzte, ferner Schwestern und Helfer. Die Krankengeschichte des Kindes wurde verlesen und jede anwesende Person musste sprechen über ihre Beobachtungen und ihre Erfahrungen mit dem Kind. Es ging darum, die besondere Natur des Kindes zu erkennen und daraus therapeutische Maßnahmen abzuleiten. Für König waren diese Konferenzen ein Urquell der heilpädagogischen Tätigkeit (Müller-Wiedemann, S. 240). Er selbst lernte viel daraus für das Verstehen einzelner Kinder und das Finden der Therapien. Insbesondere für die teilnehmenden Ärzte war es eine nachhaltige klinische Weiterbildung. Eine neue Generation anthroposophischer Ärzte wurde für die Heilpädagogik gewonnen. Die Kinderkonferenzen hatten auch etwas Künstlerisches an sich, es ging um eine Art »Nachschaffen« der behinderten Persönlichkeit, genauer gesagt, des Wesens der behinderten Person (Müller-Wiedemann, S. 240). Es galt, ihre seelischen Hemmnisse und Anstrengungen anschaulich zu machen, in Bildern und Metaphern. Dazu bedurfte es großer Konzentration der ganzen Gruppe und sogar einer gewissen Feierlichkeit, denn es ging um die Menschenkunde. Durch die Zunahme der Zahl behinderter Menschen, besonders Kinder, wurden die Kinderkonferenzen häufiger und schließlich täglich. Um 1952 waren 250 behinderte Kinder in Camphill (Müller-Wiedemann, S. 248). Die Kinderkonferenzen halfen König und allen beteiligten Mitgliedern von Camphill über die Ratlosigkeit hinwegzukommen, mit der sie zunächst einem behinderten Menschen gegenübertraten. Die wenigsten Helfer, die mit König von Wien aus nach England und dann nach Schottland emigriert waren – über unterschiedliche Zwischenstationen – waren ausgebildete Ärzte, die meisten waren noch Studenten und wurden erst später Ärzte.

Auch durch eine andere Einrichtung bewahrte sich König davor, in die Routine zu verfallen. Das waren die so genannten klinischen Kinderbesprechungen, man könnte auch sagen Kindersprechstunden. König ließ sich reihum in den Häusern behinderte Kinder vorstellen. Alle Ärzte, Schwestern und andere Mitarbeiter kamen hinzu. König schaute jedes Kind an, sprach mit ihm, und gab heilpädagogische Hinweise oder stellte Fragen. Andere Anwesende äußerten sich. So hat König hunderte von behinderten Kindern gesehen und heilpädagogisches Vorgehen beraten. König nutze also Wissen und Erfahrung der Mitarbeiter auch für die eigene Entwicklung als Arzt und Heilpädagoge. Auch die Lehraufgaben, die er später übernahm, waren ein Mittel, durch Lehren zu lernen. Er richtete 1991 heilpädagogische Kurse ein, die später zu einer heilpädagogischen Schule ausgeweitet wurden. Viele kamen aus dem Ausland, um in Camphill über Heilpädagogik zu lernen und andere Camphills zu gründen.

An dem, was ich bisher gesagt habe zur Entwicklung Camphills, fällt auf, dass es seit den fünfziger Jahren, also einige Jahre nach Ende des zweiten Weltkriegs, starke Veränderungen in Camphill gab. Camphill wurde rasch größer, eine heilpädagogische Schule für behinderte Kinder kam hinzu, und König wendete sich viel stärker nach außen als in den ersten zehn Jahren in Camphill. Er bot heilpädagogische Kurse an, reiste und hielt Vorträge an vielen Orten und begann mit neuen Camphills in England und Irland. Die ersten zehn Jahre waren vor allem der Gemeinschaftsbildung gewidmet. Es gab den starken Druck von außen. Die Nachrichten aus Deutschland und Österreich waren furchtbar, jüdische Freunde und Angehörige, die dort geblieben waren, wurden abgeholt und verschwanden. England wurde bombardiert und schlug dann im Bombenkrieg zurück. Die Österreicher in Schottland, die sich in Camphill versammelt hatten als Flüchtlinge, wurden dennoch als feindliche Ausländer betrachtet (Müller-Wiedemann, S. 160), die Männer wurden für einige Monate verhaftet und auf einer Insel interniert. Man sah sich wie in einer Arche Noah und wusste nicht, was aus der großen Flut werden würde. So galt es, die Kräfte der Gemeinschaft zu stärken. Aber man kannte sich gegenseitig wenig. Die früheren Studenten waren 12 bis 15 Jahre jünger als König, so fiel ihm selbstverständlich die Führungsrolle zu, die er auch schon in Wien eingenommen hatte.

König hatte in dieser Zeit sehr strenge, wenn nicht rigorose Vorstellungen. Er wollte die Gemeinschaft zu einer Art von Orden formen. Alle sollten sich ganz der Aufgabe hingeben, privates Eigentum gab es praktisch nicht, auch keine Bezahlung, die Gemeinschaft gab jedem was er brauchte. Jeder beteiligte sich an den alltäglichen Arbeiten in den Häusern und Gärten. Wenigstens einmal in der Woche kam die Mitarbeiterschaft zusammen, besprach den Tag, sprach über Persönlichkeiten der Geistesgeschichte, rezitierte Gedichte. König gab jedem Studienaufgaben, jeder berichtete. Man lebte auf engen Raum zusammen unter kärglichen Bedingungen. Man musste lernen, einander zu ertragen, jeder musste lernen, sich im Spiegel der anderen zu sehen (Müller-Wiedemann, S. 149). Nach einigen Jahren kamen am Sonnabend abends die Bibelandachten hinzu. Jeder sollte sich auf die Passage aus der Bibel vorbereiten und sein inneres Erleben damit mitteilen. Später wurden auch behinderte Kinder zum Bibelabend hinzugezogen. Camphill wurde eine Art esoterischer Gemeinschaft. König wollte sie zu einer Gemeinde der Christengemeinschaft formen. 1943 bricht die Gespanntheit, unter der die Gemeinschaft steht, zum ersten Mal auf. Einige verlassen Camphill und beginnen unweit von Camphill eine neue heilpädagogische Arbeit (Müller-Wiedemann, S. 177). Es ist eine erste ernsthafte Krise. Es gibt Tendenzen der Depression, während der Luftkrieg um England heftiger wird. Schottland ist nicht geschützt, denn die Bomber der deutschen Luftwaffe fliegen von Norwegen heran. Für König selbst ist es eine Krise. Seine Ungeduld und sein cholerisches Temperament haben ihn fortgerissen, als Führer der Gemeinschaft hat er überzogen, seine Strenge war unzumutbar, 1943 waren es immerhin 32 Mitarbeiter (Müller-Wiedemann, S. 176), die Zahl der behinderten Kinder hatte 50 überschritten (Müller-Wiedemann, S. 173). König erkannte zwei Fehler. Sie hatten begonnen, ihre Vergangenheit zu verachten und sie wollten ihr Ideal zu schnell verwirklichen. König dachte in nahezu kosmischen Zusammenhängen, er sah in der kleinen Gemeinschaft, so unscheinbar sie war am Nordrande Europas, eine Gegenkraft gegen die zerstörerische Macht, die Deutschland und Österreich unterjochte und nun ganz Europa unter ihren Stiefel bringen wollte. Die Gegenkraft konnte nur aus dem Selbstopfer kommen und so sah er die selbstlose, anspruchslose, nur den hilfebedürftigen Kindern hingegebene Gemeinschaft als eine Art Opfer an. Daher der Ordensgedanke, angelehnt an den Templerorden. Nur die sich in Liebe aufopfernde Gemeinschaft kann dem Bösen noch Einhalt gebieten, nicht mit Waffen, sondern auf einer höheren Ebene. All das war mit der früheren Einstellung nicht zu erreichen, die Gemeinschaft musste sich neu definieren.

Darin lag eine gewisse Geringschätzung der Motivation, die sie früher in Wien zusammengeführt hatte, und diese Geringschätzung erkannte König jetzt als gefährlich. König musste umdenken. Dieses Umdenken führte zu einer Umorganisation der Camphill-Gemeinschaft. Nur Freiwillige sollten dem spirituellen Kern der Gemeinschaft, dem Herzorgan wie der Mediziner König sagte, angehören (Müller-Wiedemann, S. 218), die übrigen blieben auch im Camphill und widmeten sich der heilpädagogischen Aufgabe, ohne aber an der spirituellen Vertiefung teilzunehmenden. Die Teilgruppen wurden auch finanziell auf eigene Füße gestellt. Die spirituelle Gemeinschaft nennt er die Camphill Community, daneben gab es jetzt zwei oder drei so genannte Working Communities. König musste also eine soziale Differenzierung leisten, die Gemeinschaft musste als sozialer Körper gegliedert werden. Das war auch eine rechtliche Aufgabe, daneben eine ökonomische und natürlich auch eine geistliche (Müller-Wiedemann, S. 192) Die Erwachsenen, die sich mit nichtbehinderten und behinderten Kindern in einem Hause zusammenfanden, bildeten so genannte Wahlfamilien. Noch anders als König sich bisher gesehen hatte, über und für die Gemeinschaft denkend als spiritueller Führer, musste er nun auch sozialer Gestalter sein.

Nach dem Kriegsende fällt der äußere Druck ab. Es ist jetzt Zeit, die heilpädagogischen Erkenntnisse einzusammeln. König hatte das Opfer gebracht, manche

Erkenntnis nicht aufschreiben zu können, obwohl er den dringenden Wunsch hatte, z. B. über Epilepsie zu schreiben und über Bewegungsstörungen, aber er schaffte nur eine Abhandlung über Mongolismus. Die Frucht der vielen Kinderbeobachtungen und Kinderbesprechungen war zu ernten. Die neue soziale Struktur der Gemeinschaft wurde nach dem Kriege erprobt, und es zeichnete sich ein neues soziales Bild ab: das Dorf, also eine Gemeinde, eine politische Gemeinde mit ihren notwendigen Funktionen (Müller-Wiedemann, S. 299 f), also ein dauerhafter Lebensort. Es galt der vorherrschenden Tendenz, große psychiatrische Anstalten zu bauen, eine andere pädagogisch – soziale Lösung gegenüberzustellen. Dieser Gedanke wurde nicht zuerst im schottischen Camphill verwirklicht, sondern in einer neuen Gründung in Südengland. Die »Dörfler«, behinderte und nichtbehinderte, Erwachsene und Kinder, machten sich ihr Dorf zu eigen, gründeten Werkstätten, und lebten in Wahlfamilien (Müller-Wiedemann, S. 301). Jeder findet eine Aufgabe und kann etwas beitragen. Das Dorf war keine Durchgangsstation, um später irgendwo in die Gesellschaft integriert zu werden, es war als bleibender Lebensraum gedacht.

Im Grunde war damit ein Zyklus durchlaufen, der so nur möglich war, weil der ursprüngliche heilpädagogische Impuls der Wiener Zeit gegen die Eroberungen des Nationalsozialismus und Rassismus in Europa verteidigt werden musste. Die Gemeinschaft war in relativ wenigen Jahren durch einen Prozess der Selbsterziehung gegangen, der in dieser Intensität in friedlichen Zeiten kaum möglich gewesen wäre. Dieser Prozess hat ebenfalls in relativ wenigen Jahren zu einer Ausbreitung des Camphill in mehreren Ländern geführt. Die größte Last der Selbsterziehung trug König. Er trieb den heilpädagogischen Gedanken in neue Dimensionen voran und musste erfahren, dass seine Ungeduld das Werk wieder zu zerstören drohte. Er musste umdenken und neu denken. Als die Früchte dieser extremen Zeit schließlich reiften, gelang König die Einsicht, dass er das Werk in andere Hände legen musste. 1954 bestimmte er einen Nachfolger, obwohl er damals selbst erst 52 Jahre alt war (Müller-Wiedemann, S. 294). Der Arzt wusste damals auch die Zeichen seines Körpers zu deuten. Er hielt Vorträge, schrieb und veröffentlichte und hielt Kontakt mit den Camphills in vielen Ländern, schließlich zog er in das deutsche Camphill am Bodensee, wo er mit 64 Jahren starb.

Was ist Selbsterziehung des Erziehers bei dieser neben Korczak vielleicht größten Erziehergestalt des 20. Jahrhunderts in Mitteleuropa? Er lernte die Dynamik seines eigenen Werkes richtig zu deuten, als die Dynamik seines eigenen Werkes ihn zum Umdenken zwang. Er folgte mit enormer Kraft seinem Ideal, aber er widerstand der Gefahr, aus dem Ideal eine Doktrin zu machen. Er horchte auf die Gemeinschaft, die er führte, und erkannte dabei die eigenen Fehler und Schwächen. Er spürte, dass seine Impulse sich weiter entwickelt hatten und dass er die Führung in andere Hände legen musste. Wir sehen hier nicht nur die Selbsterziehung eines

Erziehers, sondern die Selbsterziehung eines geistlichen, geistigen und sozialen Gestalters, der für sehr belastete Menschen Erleichterungen schuf und ihnen Sinn gab. Noch mehr wäre zu sagen: Auch ein solch tatkräftiger Mensch braucht ältere Freunde, die ihm helfen, seine Möglichkeiten gut einzusetzen. König hatte sie: in der anthroposophischern Ärztin Ita Wegmann in der Schweiz, Weggefährtin Rudolf Steiners, und in dem ersten Schularzt der Rudolf-Steiner-Schule in Stuttgart, die 1919 gegründet wurde. Sein Name ist Eugen Kolisko. Sie lernten Camphill nicht mehr kennen, aber ihr Denken und Sprechen blieb König gegenwärtig.

Eigentlich liegt es jetzt nahe, noch zu einer dritten jüdischen Persönlichkeit jener Zeit zu kommen, die zwar im Zentrum ihres Denkens nicht Pädagogin war, aber als ausgebildete Philosophielehrerin auch pädagogisch tätig war. Ich meine die Französin **Simone Weil** (1909–1943). Die Frage nach dem Sinn des Lehrens und Lernens ging in ihr philosophisches Denken ein. Mit König verbindet sie der Gedanke, dass nur das Selbstopfer dem Ausbruch der Menschenverachtung etwas entgegensetzen kann. Sie meinte das noch radikaler und individueller als König, der für eine Gemeinschaft dachte. Sie lehrte uns, wie der Text in der Textsammlung zeigt, die Aufmerksamkeit. Es ist nicht die angestrengte Aufmerksamkeit des Schülers, der nicht versteht was der Lehrer sagt, es ist eine unangestrengte völlig offene Aufmerksamkeit. Es ist die Aufmerksamkeit, die nicht das Erwartete entdecken will. Es ist die Aufmerksamkeit auf das Alltägliche, kaum Beachtete, Unscheinbare.

Simone Weil war überzeugt, dass die Sklaven der Antike und die heutigen Arbeitssklaven in den Fabriken nie wirklich gesehen werden. Wir haben keine Aufmerksamkeit für sie. Die Nicht-Sklaven sehen sie nicht wirklich, so wie unsere Gesellschaft die Armut nicht sieht. Aber sieht ein Sklave den anderen, wie sehen sie sich gegenseitig, was sehen sie in ihren Gesichtern? Ist das mitmenschliche Empfinden ganz abgestumpft? Simone Weil suchte die Gemeinsamkeit der Menschen. Um aufmerksam werden zu können auf die heutigen Sklaven, die Fabrikarbeiter, ging die Studienrätin für ein Jahr ganz als Arbeiterin in die Fabrik, wohnte auch in einem Raum im Arbeiterviertel, unerkannt, ohne das Einkommen der Lehrerin, ganz eingetaucht in das Fabrikarbeiterschicksal. Es war ein schweres Jahr mit unguten gesundheitlichen Folgen. Es war Simone Weils Art der Selbsterziehung.

Ganz einzutauchen, keine Beobachterposition einzunehmen, die Zwischenmenschlichkeit der Arbeiter ganz in sich einzulassen. Das war für sie Aufmerksamkeit, rückhaltlos. Sie fing manchmal Blicke auf, die ihr Solidarität und Mitgefühl sendeten. Sie war überzeugt: Wenn alle Sicherheiten wegfallen, wenn körperliche Entbehrung da ist, wenn Erniedrigung bis zur Sprachlosigkeit da ist, bleibt doch der Funken der Mitmenschlichkeit, einer Solidarität zwischen Sklaven. Das wollte sie wissen, das war ihre Wahrheit. Diese Wahrheit kam ihr entgegen in Zuständen völliger Erschöpfung und völligen Ausgeliefertseins. Solche Wahrheit zählte für sie, so erzog sie sich zur Aufmerksamkeit. Aus dieser Aufmerksamkeit heraus konnte sie anderen eine Wahrheit sagen, als Lehrerin der Philosophie oder mitten in der Erregung des spanischen Bürgerkrieges, anders wären es Worte ohne Wahrheit geblieben. Solch eine Ebene der Selbsterziehung werden wir nicht erreichen, sie transzendiert unser Weltbild. Aber respektieren wir sie wenigstens!

Es ist nicht unwichtig zu sehen für uns Normale, dass Pädagogen auch an Grenzen gehen und diese manchmal durchstoßen. Nicht mit den Kindern, sondern mit sich selbst. Das ist ein auf heilsame Art beunruhigendes Wissen. Alle drei heute benannten Pädagogen haben die Selbsterziehung bis an die Grenze ausgeweitet – um solidarisch zu bleiben mit den Verstoßenen, Verfolgten. Pädagogik ist eine Auseinandersetzung mit unserer Existenz, das gilt für uns alle. Ich habe mit dieser Vorlesung Ihr Selbstverständnis als Pädagogen stimulieren wollen. Zunächst ihr Selbstverständnis als Berufseinsteiger, denn das wird zunächst anstehen, beginnend mit Praktika. Heute habe ich ihre Phantasie auf die Möglichkeit eines Pädagogenlebens gerichtet. Vielleicht ist das manchen zu viel. Das akzeptiere ich. Aber vielleicht hilft es auch einigen, den Blick so weit zu schicken, um zu ahnen, was Identifikation mit der Pädagogik bedeuten kann. Von solch einem Ausblick kehrt man vielleicht ein wenig beunruhigt ins Alltägliche zurück, aber vielleicht auch etwas erwartungsvoller. Lassen Sie sich darauf ein, Pädagoge oder Pädagogin zu werden. Ich würde es gern erleben, was Sie nach 10, 20 oder 30 Jahren Erfahrung mit diesem Beruf sagen werden. Verständigen Sie sich stetig über ihre Erfahrungen mit diesem Beruf, nicht unbedingt mit mir, aber mit Berufsgenossen und mit Interessierten. Nur in der auf Ehrlichkeit gerichteten Kommunikation kommen Sie weiter!

»Erziehe dich im Erziehen auch selbst!«

- **Stelle dich im Falle der Krise deinen Fehlern, z. B. Fehleinschätzung, z. B. mangelnder Realismus!**
- **Versage deinem Temperament und deiner Emotionalität extreme Ausprägungen!**
- **Mache dich mit dem Lebensmilieu und der Denkweise der zu Erziehenden vertraut!**
- **Lerne aus den Analysen und Handlungsvorschlägen deiner Kollegen und Mitarbeiter!**
- **»Objektiviere« das Verhalten der zu Erziehenden und ebenso dein eigenes, d. h. setze es gedanklich in Beziehung zu deinem Ideal!**

Literatur:

Lifton, Betty Jean: Der König der Kinder. Das Leben von Janusz Korczak. Aus dem Amerikanischen von Annegrete Lösch. Stuttgart: Klett-Cotta 1990.

Müller-Wiedemann, Hans: Karl König. Eine mitteleuropäische Biographie im 20. Jahrhundert. Stuttgart: Verlag Freies Geistesleben 1992.

Korczak, Janusz: Eindrücke und Notizen aus Sommerkolonien. Die Mojscheks, Joscheks und Sruleks. In: Janusz Korczak: Sämtliche Werke, Band 10, hrsg. von Friedhelm Beiner. Gütersloher Verlagshaus 1999, S. 73–148.

Vorbereitende Lektüre:

Text 23: Simone Weil: Betrachtungen über den rechten Gebrauch des Schulunterichts und des Studiums im Hinblick auf die Gottesliebe. In: Simone Weil, Das Unglück und die Gottesliebe. München 1952, Auszug S. 95–108.

14. Vorlesung
Reflexion zur Vorlesung

Es wurde in dieser Vorlesung kein systematischer Zugang zu dem Thema »Pädagogische Klugheit« gesucht. Stattdessen ließ sich die Vorlesung von der überlieferten pädagogischen Literatur leiten. Wo könnte man pädagogische Klugheit finden, wenn nicht bei großen Pädagogen zumindest der letzten zweihundert Jahre? Das Denkverfahren der Vorlesung ist also mehr assoziativ als systematisch und keineswegs philosophisch. Daher hat die Vorlesung starke narrative Anteile. Pädagogik lässt sich wahrscheinlich besser in Geschichten zur Geltung bringen als in wissenschaftlichen Diskursen. Sie braucht immer wieder Beispiele. Doch wenn eine gewisse Anzahl von Geschichten erzählt oder berichtet ist, entsteht das Bedürfnis nach mehr Verallgemeinerung. Jede einzelne Vorlesung zielte bereits auf Verallgemeinerung im Sinne von Handlungsmaximen. Sie wurden aus den Narrationen erschlossen, keineswegs aus einer allgemeinen Idee von Erziehung abgeleitet. Stehen die Handlungsmaximen nur beziehungslos nebeneinander? Das ist sicherlich nicht der Fall. Daher soll in dieser Reflexion, die weiterhin assoziativ Gedanken aus der Vorlesung verbindet, ein Zusammenhang hergestellt werden. Er soll zeigen, dass die lose assoziierten Handlungsmaximen in einen Gedankenweg eingebunden werden können, auch wenn dieser keinen Anspruch auf Stringenz oder Vollständigkeit in Form einer Erziehungstheorie stellt. Er zeigt, dass die Handlungsmaximen eine mögliche sinnvolle Auswahl aus einem Kosmos des Denkens über Pädagogik und Erziehung darstellen. Für alle Handlungsmaximen gilt, dass sie auf kluges pädagogisches Handeln zielen. Pädagogische Klugheit zeigt sich in unterschiedlichen Facetten. Die Vorlesung soll helfen, die eigene pädagogische Praxis, wo sie auch stattfindet, kritisch zu reflektieren daraufhin, ob sie sich durch ein kluges Handeln auszeichnet.

Aus den Beispielen erkennen wir, dass es in der Pädagogik um das Verhältnis des Erziehenden zu Kindern und Jugendlichen und Klienten überhaupt geht, also auch Erwachsenen. Doch dieses zweiseitige Verhältnis ist nicht alles. Oftmals steht es in einer Konstellation von weiteren Personen, die nicht selten auch erzieherische Intentionen haben, zum Beispiel die Eltern von Kindern und Jugendlichen, zum Beispiel eine Institution wie die Schule, zum Beispiel auch Personen, die ein erzieherisches Projekt oder Werk unterstützen, oder – noch unbestimmter – eine **Öffentlichkeit**. Zu der Zweierbeziehung kann also eine dritte Größe hinzutreten. Die Erziehenden haben diese meistens ebenso im Blick wie das Gegenüber in Gestalt derjenigen Personen, die sie durch die Erziehung erreichen möchten.

Ohnehin ist die Zweierbeziehung keine reine Zweierbeziehung. Denn der Erzieher übt eine Aufgabe aus oder erfüllt sogar einen Auftrag. Er steht nicht nur für sich, sondern steht für etwas Allgemeineres. Er steht für einen Wert, eine Idee, eine Erkenntnis, eine Organisation, einen Staat. Es ist also immer ein Drittes im Spiel in dieser Zweierbeziehung. Eine Erzieherin oder ein Erzieher handeln nicht aus eigenem Interesse, eigener Nutzenmaximierung, auch nicht aus ideeller oder gar ideologischer Fixierung, erst recht nicht aus Selbstdarstellungstrieb, sondern sie handeln in einer öffentlich legitimierten und beachteten Funktion. Das bedeutet: Der Erzieher beobachtet sich in gewissem Umfang auch selbst. Er trennt zwischen sich als Privatmensch – als Einzelmensch – und als öffentlichem Menschen. Das tun alle Personen, die eine öffentlich beachtete Funktion ausüben. Wenn man es streng betrachtet, sind also drei »personae« im Spiel: der Erzieher als Privatmensch, der Erzieher als öffentlicher Mensch und der durch Erziehung angesprochene Mensch. Man nennt letzteren in der Erziehungswissenschaft öfter den Educandus und den Erzieher den Educator, man könnte auch die weiblichen Formen wählen: die Educanda und die Educatrix. Oft sind es educandi und educandae, also mehrere Personen, die das Gegenüber des Educators oder der Educatrix bilden. Im älteren deutschen Sprachgebrauch sprach man von »Zöglingen«. Die erzieherische Beziehung ist also auf jeden Fall eine **dreiwertige Relation**. Man kann aber auch für die educandi und educandae annehmen, dass sie in dieser Rolle nicht nur Privatmenschen sind, sondern sich auch bewusst sind, dass sie eine öffentlich beachtete Rolle ausfüllen, wenn sie in der Erziehungsrelation agieren, zumindest wenn diese über den Rahmen der Familie hinausreicht. Sowohl die Erzieher als auch die »Zöglinge« bringen in die erzieherische Beziehung ein **Rollenverständnis** ein, auch wenn ihr Handeln darin nicht aufgeht, sondern auch etwas Privates behält. Das Rollenverständnis hat eine öffentliche, mithin allgemeine Komponente. Die erzieherische Beziehung stellt also ein **Beziehungsfeld** mit mehreren »personae« dar, auf jeden Fall mehr als zwei.

Die Beteiligten an der Erziehung – educatores und educandi bzw. educatrices und educandae – stellen ihr Handeln zumindest punktuell darauf ein, dass sie in einem komplexen Feld von Beziehungen agieren. Das Handeln im Beziehungsfeld hält für beide Seiten erfreuliche Situationen bereit, aber auch anstrengende, stressbelastete. Beide Seiten dürften ein Interesse haben, das Beziehungsfeld so weiter zu entwickeln, dass die erfreulichen Momente zahlreicher werden. Junge Kinder streben oft direkt ein erfreuliches Erlebnis an, ältere Kinder und erst recht die Erzieher wissen, dass die Herstellung erfreulicher Momente einiges an Vorbereitung kostet. Beide Seiten können die erzieherische Beziehung als eine Abhängigkeit erleben, jede Seite muss auf die andere Rücksicht nehmen. Stellen die educandi und educandae eine Gruppe dar, so müssen sie begreifen, dass sie auch von zahlreichen anderen educandi und educandae partiell abhängig sind, nicht nur von der Erzieherin oder dem Erzieher. Es herrscht in dem erzieherischen Beziehungsfeld also eine **gegenseitige Angewiesenheit**, die sich als gegenseitige Ergänzung darstellen kann, aber auch den Appell zur gegenseitigen Rücksichtnahme und zu gegenseitiger Unterstützung enthält. Für die Kinder und Jugendlichen ist es nicht leicht nachzuvollziehen, dass Erzieher zwei »personae« sind, sie müssen erst verstehen, dass Erzieher eine allgmeine Aufgabe erfüllen, nicht nur ihrem persönlichen Impuls folgen. Für Erzieher kann es anstrengend werden, wenn Kinder zu oft persönlichen Impulsen nachgeben, die nicht gut mit den allgemeinen Motiven der erzieherischen Beziehung in Übereinstimmung zu bringen sind.

Die gegenseitigen Angewiesenheit im erzieherischen Beziehungsfeld ist elementar für die erzieherische Beziehung. Sie ist leichter leb-bar, wenn alle Beteiligten die Angewiesenheit in ihrem Handeln berücksichtigen. Daher gibt es eine Tendenz im Beziehungsfeld, die ich nennen möchte: das Anwachsen der Autonomie auf beiden Seiten bzw. allen Seiten. Im Beziehungsfeld sollten Impulse gesetzt werden oder Kräfte freigemacht werden, die zur Stärkung der Autonomie aller Beteiligten beitragen. Für die Erzieher ist eine wachsende Autonomie der educandi und eduandae in ihrem Handeln im Beziehungsfeld wünschenswert, sie müssen auch selbst ihre Autonomie stärken. Das bedeutet nicht, dass beide Seiten sich voneinander abzukoppeln versuchen, sondern es bedeutet, dass alle Beteiligten mehr und mehr verinnerlichen, welche Chancen in diesem Beziehungsfeld liegen und wie es aufrechterhalten werden kann und seine Chancen entfalten kann. Es werden zunehmend indirekte Hinweise genügen, um die Beteiligten auf die Gemeinsamkeit des Agierens im Beziehungsfeld hinzuweisen. Es werden Freiheiten auftreten, weil die Beteiligten Vertrauen in die Internalisierung dieser Gemeinsamkeit gewinnen.

Beide Seiten müssen ein Interesse an der **Autonomie** der anderen Seite gewinnen, müssen gegenseitig ihren Handlungsspielraum achten und die Ausweitung des Handlungsspielraums anerkennen. Die erzieherische Beziehung ist auf ein Wachstum an Chancen und auch an Intensität angelegt. Das gilt für das intellektuelle Wachstum ebenso wie für das emotionale Wachstum und auch das Anwachsen der Willenskraft. Wachstum und Erziehung hängen ohnehin eng zusammen, wenn es um Kinder und Jugendliche geht, weil das körperliche Wachstum eine starke Komponente in der erzieherischen Beziehung ist, aber in geistig-emotionaler und willensmäßiger Hinsicht hängen sie auch zusammen, wenn es um die Bildung oder Erziehung Erwachsener geht. In der etwas konventionelleren, dennoch aber treffenden Sprache der Pädagogik gesagt, ist Reife ein immanentes Ziel des Wachstums. Das Wachsen in der erzieherischen Beziehung kann auch als ein Reifen bezeichnet werden, und zwar auf beiden Seiten. Erzieher reifen in ihrem Beruf, und die Personen im Gegenüber reifen nicht weniger. Manche Themen bzw. Grundsätze dieser Vorlesung deuten auf den beruflichen Wachstumsprozess der Erzieher hin, andere auf den Reifungsprozess der educandi und educandae. Während die Erzieher mehr und mehr berufliche Autonomie gewinnen, erreichen die educandi und educandae mehr und mehr Wachstumsautonomie, wir könnten auch sagen Entwicklungsautonomie. Sie gewinnen eine Stärke der Selbsterziehung und der bewussten Entwicklung ihrer Persönlichkeiten. Beide Seiten stärken ihr Selbstbewusstsein gegenüber der anderen Seite, aber auch gegenüber den öffentlich geprägten Rollenbildern, die in ihr Handeln einfließen. Pädagogik legt es darauf an, das gesamte Beziehungsfeld zu entwickeln.

Ich habe diese pädagogische Intention unter das Stichwort »pädagogische Klugheit« gestellt. Gemeint ist ein kluges und pädagogisch selbstbewusstes Agieren im erzieherischen Beziehungsfeld. »Klug« bedeutet: auf die Vermehrung der erzieherischen Chancen und die Stärkung der erzieherischen Kraft in diesem Feld gerichtet. Dazu gehören direkte und indirekte Handlungsweisen. Dabei habe ich vorwiegend auf das Handeln des Erziehers geschaut, weil die Vorlesung sich an Studierende richtet, die sich auf einen pädagogischen Beruf vorbereiten. Sie sollten sich immer fragen: Was kann ich als Pädagoge tun zur pädagogischen Stärkung unseres Beziehungsfeldes? Dann ergeben sich von allein auch Gesichtspunkte für das Handeln von educandi und educandae. **Pädagogische Klugheit** ist also kein Privileg von Erziehern, sondern wird auch eine Fähigkeit von manchen educandi und educandae werden, obwohl diese eine pädagogische Klugheit nicht benötigen. Für die Erzieher ist sie unerlässlich und bezeichnet eine Stärke der erzieherischen Profession. Manche educandi und educandae erkennen das erzieherische Handeln als klug und eignen sich ein gewisses Maß an erzieherischer Klugheit an.

Die Quelle pädagogischer Klugheit ist die **Selbsterziehung des Pädagogen**. Das wurde in der 13. Vorlesung deutlich (Erziehe dich im Erziehen auch selbst!). Sich den eigenen Fehlern stellen, sein eigenes Verhalten beobachten und nach Möglichkeit kontrollieren, Urteile und Vorschläge anderer Beteiligter ernsthaft prüfen und manches davon auch annehmen, sich selbst fragen, ob man noch seinem beruflichen Ideal treu ist oder treu bleiben kann, und daraus ggf. Konsequenzen ziehen – so stärken Erzieher ihre Autonomie. Sie bewahren sich davor, ihren Anspruch an sich selbst in der Routine der Praxis kontinuierlich zu senken, sich der Routine schließlich zu ergeben und darin einen Verschleiß zu erleben. Sie gewinnen die Kraft, das als richtig Erkannte auch durchzusetzen, und sie erhalten ihre Souveränität, gegebenenfalls die Arbeitssituation zu wechseln. In der Selbsterziehung erstellen Pädagogen ein inneres Modell des Erziehungsverhaltens, nämlich sich selbst gegenüber, das sich bis in ihr Erziehungsverhalten gegenüber den educandi und educandae fortsetzt. In diesem Binnenverhältnis zu sich selbst stärkt sich die Urteilsfähigkeit und sammelt sich Beharrlichkeit des Verhaltens an.

Auf die Selbsterziehung der educandi und educandae hat der Erzieher kaum Einfluss. Denn Selbsterziehung ist immer in einem bestimmten Maße auch **Selbstüberwindung**, wir sahen das an dem in der **2.** Vorlesung erwähnten Beispiel aus Pestalozzis Roman Lienhard und Gertrud (Gib im pädagogischen Handeln dem »fruchtbaren Moment« eine Chance!), wir sahen es in der **6.** Vorlesung in noch dramatischerer Weise an der Selbsterziehung Gandhis zur Gewaltlosigkeit im erbitterten politischen Kampf. Gertrud musste Lienhard zunächst begleiten bei dem schwierigen Gang - vorbei am Gasthaus. Danach konnte er es allein, er konnte seinen Impuls, die dortige Gesellschaft aufzusuchen, in Schach halten. Gandhi musste sich selbst immer wieder im Meditieren sammeln an seinem Spinnrad und er musste seine Anhänger durch sein Fasten bis an die Grenze des Hungertodes zur Unterdrückung ihres Racheimpulses führen.

Auch für die educandi und educandae gilt, dass Erziehung in Selbsterziehung übergehen muss, wenn sie nicht ihr Ziel verfehlen soll. In dieser Aufgabe ist der Erzieher jedoch überfordert, wenn er auf sich allein gestellt ist. Die **Selbsterziehung der Kinder und Jugendlichen** muss sich als eine Resultante aus den Kräften eines Beziehungsfeldes ergeben, in dem der Erzieher nur eine Einflussgröße unter anderen ist. Ohne die Dynamik eines Gruppenprozesses kommt sie wohl kaum in Gang. Selbst Gertrud zog in Pestalozzis Roman die Kraft der sterbenden Nachbarin (Rudis Mutter) hinzu, weil sie allein ihren Ehemann nicht zu einer inneren Umkehr bewegen konnte. Kinder und Jugendliche können sich als Einzelwesen nicht selbst erziehen, auch viele Erwachsene können es nicht. Der Erzieher kann darauf hinwirken, dass die Gruppe, mit der er es zu tun hat, eine Infrastruktur für ihr Zusammenleben und Zusammenwirken bekommt und selbst mitentwickelt.

Die Voraussetzung dazu ist, dass die Kommunikation in dem erzieherischen Beziehungsfeld eine **dialogische Struktur** hat. In der **4.** Vorlesung (Mache dein Vorhaben dialogisch!) hatten wir gesehen, dass Korczak uns auf seine typische Art zu dem Gedanken der Dialogik verhilft - indem er seine eigenen wirklichen oder erfundenen Bemühungen in ihrem Scheitern beschreibt. Korczak ist ein zu kluger Erzieher, um direkt auf ein Ziel zuzugehen, auch nicht im Verhältnis zu seinen Lesern und Radiohörern, er wusste, dass ein Scheitern, wenn es komisch genug ist, mehr Gedanken auslösen kann als die Schilderung eines perfekten Pädagogen-Verhaltens. **Komik und Humor** erzeugen die entspannte Gemütsverfassung, aus der Gedanken aufblitzen können. Eine ähnliche humorige Verkehrung einer pädagogischen Kommunikation haben wir auch bei Neill kennen gelernt.

Es ist aber fraglich ob man die Korczak'sche **Methode der freundlichen Überlistung** weiter empfehlen sollte, denn es gehört ein großes Talent an Phantasie und

Sprachvermögen dazu, diese erfolgreich einzusetzen (Vorlesung **9**: Überliste auf freundliche Weise!). Was einem Korczak gelang, kann bei uns Normal-Erziehern auch sehr daneben gehen, wenn nämlich die Lernenden sich nicht mehr ernst genommen fühlen sollten. Bei Korczak finden wir die eigenartige Spannung, sich einerseits ganz für die Kinder einzusetzen, ihnen ein schönes und pädagogisch reichhaltiges Leben zu ermöglichen, das zumindest in seinen emotionalen Werten stark von der tristen Realität der Umgebung abstach, andererseits aber auch eine gewisse Distanz zwischen sich und die Kinder zu legen, etwa indem er den Kindern die Selbstverwaltung einrichtete, indem er einen Teil der Kommunikation mit den Kindern ins Schriftliche verlagerte und indem er der praktischen Stefania Wilczyńska die tägliche Führung des jüdischen Heims und der Kinder überließ. Das war für den Intellektuellen Korczak sicherlich eine Notwendigkeit und natürlich auch für den Schriftsteller Korczak. Er wollte sich gar nicht als Meister der Pädagogik darstellen, vielmehr als einen etwas kauzigen Erzieher, der mit ungewöhnlichen Methoden neben Misserfolgen auch manchmal pädagogische Erfolge erringen konnte. Dahinter verbarg sich zugleich das Bemühen, die pädagogische Praxis des Kinderheims für eine ernsthafte erziehungswissenschaftliche Forschung zu nutzen, der jedoch die Darstellung versagt blieb. So gehört zu Korczak eine sehr originelle pädagogische Klugheit, die aus tiefgehender Reflexion ungewöhnliche Handlungsweisen hervorbringt – solche des Humors und auch der gütigen List, dazu ein Forschungsverhalten und vor allem ein brillantes, manchmal verwirrendes, oftmals packendes und schließlich versöhnendes Erzählen.

Der dialogische Charakter der Kommunikation reicht jedoch selten aus, um eine Bereitschaft zur Selbsterziehung freizusetzen. Es ist auch nötig, eine **Infrastruktur der Verantwortlichkeit** in einer größeren Gruppe herzustellen, die stark genug ist, unter den Kindern und Jugendlichen diese Bereitschaft zu wecken. Wir sahen das in der **6.** Vorlesung an den Beispielen von Kurt Hahn in der Salemer Internatsschule und an Alexander Sutherland Neill in der Internatsschule von Summerhill. Es wurden Symbole, Organe und Verfahren der Mitverantwortung und Mitentscheidung entwickelt, die in bestimmtem Umfang eine Selbstregierung der Gruppe ermöglichten. Dazu gehörten in Summerhill die Vollversammlung und in Salem eine Art von »Regierung«, in die Schüler aufsteigen konnten. Janusz Korczak hat ein Kameradschaftsgericht entwickelt und Verfahren dafür eingeführt. In Korczaks typischer Manier war diese »Infrastruktur« eigentlich nicht das, als was sie zunächst erschien. Sie war kein Instrument der Bestrafung, obwohl viele Kinder das zunächst glaubten, sondern ein Weg, die Kinder in das Verzeihen einzuüben. Makarenko hat eine Kommandeursstruktur in seiner Kolonie geschaffen, die als eine Autoritätsstruktur wirkte, dennoch aber so konstruiert war, dass auch Kommandeure Verantwortung nicht in Macht ummünzen sollten. Selbsterziehung ist im kindlichen und jugendlichen Alter noch mehr als im erwachsenen Alter auf die Kommunikation in der Gruppe angewiesen und aus dieser Kommunikation müssen im Interesse der Selbsterziehung Verantwortlichkeiten hervorgehen, seien diese in einem gewissen Maße formalisiert oder informeller Art. Verantwortlichkeiten sind mit Autorität verbunden, insofern ist die Infrastruktur der Verantwortlichkeit auch eine **Infrastruktur der Autorität**, jedoch darf diese niemals starr werden und muss für alle Beteiligten transparent bleiben.

Der Aufbau persönlicher Autorität ist sicherlich eine der schwierigsten Aufgaben in der Selbsterziehung der Pädagogen. Das Amt oder die öffentlich erteilte Aufgabe ist nur ein Startpunkt für den **Aufbau persönlicher Autorität** als Erzieher oder Erzieherin. Das erzieherische Beziehungsfeld enthält immer auch die Komponente des Widerstandes. Grundsätzlich wird sie von beiden Seiten her ins Spiel gebracht, wenn auch in unterschiedlicher Weise und Intention – von der Seite der Erziehenden und der Seite der Lernenden. Erzieher setzen bewusst Widerstände, um die Kräfte der Lernenden zu schulen. Sie stellen die Lernenden vor Schwierigkeiten, welche diese überwinden sollen, allein oder mit Hilfe der Erziehenden. Damit verfolgen sie einen erzieherischen oder einen didaktischen Zweck. Umgekehrt gehört Widerstand aber auch zu Reaktionsweisen der Lernenden, zunächst als nahe liegende Reaktion auf eine Aufforderung durch die Erzieher. Ihn gilt es in vielen Situationen des Unterrichtens und des Zusammenwirkens mit pädagogischem Geschick zu überwinden. Der Widerstand kann sich aber verhärten, besonders wenn mehrere Lernende gemeinsam widerstreben. Er kann sich sogar gegen die Person des oder der Erziehenden richten, in diesem Falle wird er ein ernstes Problem. Selten wird in der pädagogischen Literatur geschildert, wie ein **Widerstand einer Gruppe** innerhalb der Gruppe der zu Erziehenden überwunden werden kann. Von Makarenko haben wir ein Beispiel der Überwindung eines kollektiven Widerstands näher betrachtet (Vorlesung 7: Schaffe dir Mit-Pädagogen!). In einer solchen Situation sind sowohl die persönliche Autorität des Pädagogen und der Pädagogin gefordert, als auch die Aktivierung der formellen oder informellen Infrastruktur der Verantwortlichkeit in der Gruppe. Die Pädagogen müssen ihr Ziel klar vor sich haben und die gesamte Gruppe muss es kennen, und sie müssen diejenigen stärken, die ihr Ziel teilen, ohne sie in Loyalitätskonflikte zu bringen. Sie müssen mehr und mehr einzelne für ihr Ziel gewinnen. In diesem Falle müssen sie sich ihrer Führungsrolle bewusst sein und müssen sie auch herausstellen können.

In solchen Situationen wird das Handeln der Erzieher zum Teil gegenwirkend. Über gegenwirkendes erzieherisches Handeln hören wir selten etwas, weil unser Grundmodell das unterstützende, nachgehende, fördernde erzieherische Handeln ist. **Gegenwirkendes erzierisches Handeln** tritt in alltäglichen pädagogischen Situationen in der Familie und in der Schule auf und ist besonders gefordert in

Resozialisierungsmaßnahmen. Makarenkos wohlgeplante Überrumpelung der widerstrebenden Gruppe ist sicherlich ein ungewöhnliches Vorgehen, jedoch konnten wir auch an Makarenkos Schilderung lernen, dass das erzieherische Handeln in solchen Situationen verbunden sein muss mit Botschaften der Verständigung, mit unverhofften Vertrauensbeweisen und Humor. Diese Komponente sichert es als ein pädagogisches Handeln, das sich vom justizartigen Handeln unterscheidet. Ein solches Handeln kommt aus persönlicher Autorität und führt wiederum zu persönlicher Autorität.

Für Erzieher muss persönliche Autorität verbunden sein mit der Fähigkeit zu verzeihen. Ohne diese Fähigkeit wird Autorität starr und kann in Machtstreben umschlagen. Auch diese Fähigkeit wird in der Selbsterziehung erworben. **Das Verzeihen kann eine erzieherische Kraft sein.** Wir haben das schon an Korczaks Bemühen erkannt, die Kinder in das Verzeihen einzuüben. Wichern hat das Verzeihen als größere erzieherische Kraft erkannt als das Bestrafen (Vorlesung **8**: Vertraue der Kraft des Verzeihens!). Er setzte das Verzeihen ganz an den Anfang der erzieherischen Beziehung mit den Kindern und Jugendlichen. Im Leben der bisher sozial ungebundenen Kinder und Jugendlichen war dieser Anfang ein neuer Ton, eine lockende aber doch schwer verständliche Eröffnung. Verzeihen schließt notwendig ein Vertrauen ein! Verstanden die Ankömmlinge diesen Anfang, so verlieh er ihnen eine neue Freiheit mit neuen Chancen und gab ihnen ein Versprechen auf neue Gemeinschaftserfahrungen. Er gab eine neue Richtung vor. Doch ist er mit Gefahren verbunden, denn Kinder und Jugendliche können das Verzeihen als Freibrief für ein ›Weiter wie bisher‹ verstehen. Auf Seiten der Erzieher sind damit Ängste verbunden. Tatsächlich erwies sich nach einiger Zeit, dass einige die Moral der Gemeinschaft untergraben hatten. Erzieher machen sich durch ein rückhaltloses Verzeihen und ein Vertrauen ohne Vorbehalt und Neugier eventuell hilflos. Auch für Wichern hätte die Gründung des Rettungshauses schon nach etwa einem Jahr im Scheitern enden können. Erst die Entdeckung, dass ein nicht geringer Teil der Kinder und Jugendlichen die Chancen des Hauses für sich erkannten und versuchten, das gemeinschaftliche Leben aus eigener Kraft fortzusetzen, gab dem schon resignierenden Wichern neue Zuversicht. Er erfuhr, dass das, was er theoretisch als richtig erkannte, wirklich tragfähig ist. Sich noch tiefer in das hineinzudenken, was man als Erzieher als richtig erkannt hat, ist ein wichtiger Zug in der Selbsterziehung von Pädagogen.

Doch Erziehung ist mindestens eine dreistellige Relation: Erzieher – zu Erziehende – und ein interessiertes und beobachtendes Publikum, manche unterstützend und wohlmeinend, andere kritisch und skeptisch, also eine Öffentlichkeit. Die drei Größen zusammen bilden die gesamte Konstellation. **Die Öffentlichkeit** ist dabei genauso einflussreich wie die Erziehenden und die Lernenden, auch wenn die Beteiligten am engeren Erziehungsgeschehen den Einfluss nicht immer wahrnehmen. Er ist von beiden Seiten internalisiert und muss nicht oft thematisiert werden. Erziehern ist das Eingebundensein in eine Öffentlichkeit nicht immer angenehm, den Lernenden schon eher, weil sie sich davon Transparenz versprechen. Jedoch tun Erzieher auch gut daran, die Öffentlichkeit bewusst zu vergrößern und mehr Öffentlichkeit zu suchen. So schützen sie eventuell ihr Erziehungsprojekt. Wir erfuhren in Vorlesung 11 (Schaffe eine Öffentlichkeit, die dein pädagogisches Tun reicher macht!), dass Célestin Freinet aus pädagogischen Gründen die Schaffung einer größeren Öffentlichkeit betrieben hat. Durch öffentliches Sprechen und Schreiben über das eigene pädagogische Tun können Mitstreiter gewonnen werden. In damaliger Zeit war die Korrespondenz dazu das best geeignete Mittel. Die eigenen Schüler wurden durch die Kontakte zur Aktivität animiert, jeder konnte sich beteiligen und beitragen. Öffentlichkeit gewährt Erziehern und Schülern mehr Austausch über ihr Tun, gibt ihnen Chancen sich mitzuteilen und gewährt Freiheit und Schutz gegen eventuelle bürokratische Unterdrückung.

Öffentlichkeit kann in sozialen und ökonomischen Situationen, in denen abhängige Menschen in ein schweigendes Miteinander herabgedrückt werden, völlig fehlen. Paulo Freire musste seine Pädagogik aus dieser Voraussetzung heraus betreiben (Vorlesung 4: Mache dein Vorhaben dialogisch!). Eine Mauer des Schweigens zu durchbrechen ist eine Aufgabe, die pädagogische Klugheit erfordert. Freire suchte nach den Schlüsselwörtern, die im Leben solcher Menschengruppen vital genug sind, um zu Anlässen für das Sprechen in der Gruppe werden zu können und dann auch für das Erlernen des Schreibens. In einer solchen Situation wird Pädagogik unvermeidlich eine politische Aktion. Die Lernenden ergreifen Initiativen, wenn die Mauer des Schweigens erst einmal durchbrochen ist.

Pädagogische Klugheit kommt besonders im **engeren Erziehungsgeschehen zwischen Erziehern und zu Erziehenden** zur Geltung. Es ist eine Täuschung, wenn Erzieher sich für die alleinigen Urheber des pädagogischen Geschehens halten. Sie können nicht erzieherisch handeln, wenn sie nicht Signale verarbeiten, die von den zu Erziehenden ausgehen. Ihr Aufmerksamkeitsradius muss größer sein als der der Lernenden, sie müssen diese intensiver beobachten als umgekehrt. Erzieher können sich in gewissem Umfang darin schulen, den »**fruchtbaren Moment**« im Erziehungs- und Lernprozess zu erkennen (Vorlesung 2: Gib Im pädagogischen Handeln dem fruchtbaren Moment eine Chance!). Vor allem müssen sie darauf mit Angeboten reagieren. Es ist der Moment oder ein kürzerer Zeitraum einer Chance. Die zu Erziehenden bringen solche Momente hervor – aus ihrer inneren Entwicklung heraus. Sie können diesen Moment selten selbst artikulieren, aber ihre Bereitschaft ist erkennbar. Für Erzieher ist es wichtig, ihre Angebote im richtigen

Schwierigkeitsgrad zu offerieren. Sie müssen eventuelle Hindernisse zur Entfaltung der Chance erkennen und sie aus dem Wege räumen.

Es gilt grundsätzlich, dass die zu Erziehenden immer auch Mit-Lenker des pädagogischen Handelns auf Seiten der Erzieher sind (Vorlesung **12**: Lass die zu Erziehenden zugleich Lenker deiner Erziehung sein!). Es mag nicht immer leicht sein, eine Antwort auf die Frage zu finden: Was hat das Kind, was hat der Jugendliche oder der Erwachsene mir zu sagen, was möchten sie mir sagen? Doch eine Reflexion darüber erhöht die Aufmerksamkeit. Wir haben gehört, dass es sinnvoll ist für Erzieher, sich Notizen über Episoden und Äußerungen von Beteiligten zu machen. Unaufgefordert hervorgebrachte Äußerungen und Handlungen sagen einem Erzieher oft mehr als erbetene Äußerungen.

Im Geschehen zwischen Erzieher und zu Erziehenden kann **Beziehung** ein größeres Gewicht haben als didaktische Kunst. Besonders für Kinder und Jugendliche ist diese Dimension von größter Bedeutung. Sie kommt nur zustande, wenn Erzieher sich in ihre Gegenüber hineindenken. Der Umgang mit Kindern und Jugendlichen kann den Erzieher im Laufe seiner Berufstätigkeit dahin führen, die Persönlichkeit einzelner relativ sicher zu erfassen (Vorlesung **5**: Nimm die Persönlichkeit der zu Erziehenden wahr!). Gerade Kinder verstellen ihre Gefühle selten und auch Jugendlichen gelingt dieses kaum. Nicht nur den Gesichtsausdruck einzelner Kinder und Jugendlicher lernt ein Erzieher zu lesen, er achtet auch auf unscheinbare Handlungen wie z. B. Teilen von Dingen mit anderen Kindern, Hilfeleistungen oder Verweigerung von Hilfeleistungen, Anzeichen von Tierliebe und Ordnungssinn, ästhetische Gestaltung eigner Produkte der Schrift oder der Handarbeit. Es sind auch Handlungen von Interesse, die im familiären Rahmen oder in Betätigungen außerhalb der Schule gezeigt werden. Es geht darum, positive Anknüpfungspunkte für ein Persönlichkeitswachstum zu erkennen, um bei der Zuteilung von Aufgaben und Verantwortlichkeit daran anzuknüpfen. Wenn sich der Eindruck des Erziehers von der Persönlichkeit eines Kindes oder Jugendlichen festigt, stärkt sich seine innere Beziehung zu ihm. Das gilt nicht nur für den Fall, dass die Persönlichkeitsstruktur, die er erkennt, erfreulich ist.

Beziehung erleichtert eine gute Interaktion, aber die **Interaktion** stellt trotzdem eine eigene Aufgabe für den Erzieher dar. Sie kann ganz im Bereich der Erziehung liegen oder auch mehr im Bereich der Didaktik. Oft entscheidet die Eröffnung der Interaktion über die Fortsetzung. Erzieher tun gut daran, elementar anzusetzen und damit eine Offenheit für Allgemeineres zu schaffen, aus dem sich Spezielles ergeben kann. Mit einfachen Aussagen einzusteigen, auf die das Kind oder der Jugendliche ohne Mühe replizieren kann, gibt mehr Chancen für eine längere Interaktion als sogleich speziell und fordernd zu beginnen (Vorlesung **3**: Mache dein Anliegen elementar!). Mitunter ist es nötig, in der Leiter der Voraussetzungen herabzusteigen, um vielleicht wieder aufsteigen zu können. Theorien über die Ursachen von Antwortschwächen und Leistungsschwächen sollten nicht gebildet werden und angebotene Theorien sollten als Versuche angesehen werden, nicht als Erkenntnisse. Die Potenzialität von Kindern und Jugendlichen zeigt sich anders, wenn sie Lernstoff replizieren sollen und wenn sie praktisches Können beweisen können. **Der Weg über das Können zum Wissen** wird selten beschritten und ist für unsere Schulkultur ungewohnt (Vorlesung **9**: Unterstütze das Können, nicht das Nichtkönnen!). Erzieher dürfen keinen engen Begriff des Könnens verwenden. Wir tun manchen Schülern Unrecht, wenn wir nur Können honorieren, das wir zuvor als Kompetenzen beschrieben und gefordert haben. Wir laufen Gefahr, auf diese Weise das Nicht-Können zu unterstützen. Wenn es uns gelingt, überhaupt ein Können ans Licht zu bringen, sollten wir es stabilisieren und ausweiten. Die Suche nach geeignetem Wissen setzt dann von allein ein. Wir müssen dem Kind und Jugendlichen und auch dem erwachsenen Lerner einen Lernweg zum Können ermöglichen und ihm auch die Chance geben, auf seinen Lernweg zurückzublicken, um das Vertrauen in seine Lernfähigkeit zu stärken.

Die Haltung ›Auf mich kommt es an‹, ist für Erzieher sicherlich eine gute Haltung, insbesondere für Anfänger. Dennoch dürfen sich Erzieher darin nicht überfordern. Es muss hinzutreten: Auf uns Erzieher kommt es gemeinsam an! Zur pädagogischen Klugheit gehört es auch, auf die Kollegen zu achten und in den Beziehungen und Interaktionen in Kollegien Wohlwollen und gegenseitige Unterstützung zu stärken. Der Thematisierung des Umgangs miteinander im Kollegium sollten Erzieher nicht ausweichen. Diese Blickrichtung tritt wahrscheinlich erst nach einiger Zeit der eigenen Erfahrung im erzieherischen Umgang mit Klienten und Lernenden hervor, sie sollte eingenommen werden, wenn in den zweiwertigen Beziehungen eine gewisse Sicherheit erreicht wurde. Letztlich aber können die Anforderungen, die im erzieherischen Beziehungsfeld insgesamt auftreten, nur in **Kollegialität** gelöst werden. Letztlich sichert **pädagogische Klugheit** den professionellen Stand von Erziehern im erzieherischen Beziehungsfeld.